UNE SI DOUCE OCCUPATION

DU MÊME AUTEUR

Romans

Figurants pour un convoi, Mercure de France.
I. L'Attente devant un piédestal.
II. L'Envol d'un migrateur.
III. Mémorial d'un autre âge.
Méphisto Club, Orban.
Le Grand Résident, Albin Michel.

Histoire-Documents

Combattant du Vercors, Fayard.
Mission sans retour — L'affaire Wallenberg, Albin Michel.
L'Affrontement, Albin Michel.

Gilbert Joseph

UNE SI DOUCE OCCUPATION

Simone de Beauvoir
Jean-Paul Sartre

1940-1944

Albin Michel

ISBN 2-226-05423-5

T

1.

Sartre avant la captivité

Dans la forêt de Padoux, trois militaires s'efforçaient de creuser chacun son trou avec des bâtons pris aux arbres. Creuser, creuser et s'enfouir! Disparaître, échapper à la mort! La crainte et l'abêtissement étaient sur leurs visages. Les bâtons grattaient le sol durci sans l'entamer. Le soldat Jean-Paul Sartre, le caporal Jean Pierre et le soldat Gaston Pieterkowski jetèrent leurs outils et regardèrent autour d'eux, hors d'haleine, sans trop discerner ce qui se passait. L'émotion, la fatigue et une impression d'accablement les égaraient en cette journée du 20 juin 1940, et ce qu'ils voyaient, personne ne le sait[1].

À quelques pas d'eux, sous la feuillée, le général de brigade François, flanqué de son chef d'état-major, avait installé un poste de commandement très provisoire en attendant de décamper ailleurs, au gré d'une débâcle qui le bousculait depuis quarante jours. Au sol, une cantine bâillait sur de la paperasse. Une carte dépliée entre les mains, le général François cherchait désespérément l'emplacement d'une seule unité ou l'esquisse d'une ligne de front. « Que faire »[2] ? C'était

---

1. Témoignage de Jean Pierre à l'auteur.
2. Service historique de l'armée de Terre (SHAT), carton 32 N 315.

devenu l'expression unique de sa pensée à propos de la guerre. Le général François se redressa si l'on peut dire car la lassitude le tenait voûté. Quoique âgé de cinquante-six ans, c'était déjà un vieil homme ou, ce qui revient au même, un homme du passé. Sa division d'infanterie, la 70ᵉ, n'existait plus que dans sa tête. Une partie avait été rattachée à un autre commandement sans qu'il ait eu son mot à dire. Quant au reste, il se réduisait à deux ou trois îlots de résistance encerclés par l'ennemi, à des bandes de fuyards, à de longs cortèges de prisonniers dociles soulevant la poussière des routes sous la conduite de quelques soldats de la Wehrmacht. Des cent dix officiers qui avaient orné son état-major avant la débâcle, il n'en restait plus que trois et ils ne montraient ni vigueur ni gestes décidés. Le plus vif, le commandant Kocher, était seulement nerveux. Réduit à son poste de commandement, le général n'envisageait même pas de le défendre avec des armes individuelles. C'est pourquoi il avait décidé de se dissimuler dans la forêt, à l'écart de tout passage, attendant l'armistice dont il savait depuis trois jours qu'il serait sollicité et espérait qu'une clause le tirerait d'affaire. « En vérité, je n'y comptais pas beaucoup, notera le général après la guerre, mais que faire [1] ? »

Dans cette forêt où quelque deux cents soldats s'étaient mis à l'abri en compagnie de leur général, des débris jonchaient le sol, le propre d'une armée en déroute étant de sécréter en permanence la vision de son désastre. La défaite avait autant de visages, autant de postures qu'il y avait de militaires dont les

---

1. SHAT, carton 32 N 315.

uniformes, démodés, dépareillés, ajoutaient au malheur public par des silhouettes de caricature. L'ennemi était partout. Il ne s'agissait même plus de résister mais de savoir où aller. Il ne s'agissait pas davantage de reculer mais de ne pas se retrouver prisonnier. Et chacun d'évoquer un hypothétique réduit vosgien, sorte de mirage, à une vingtaine de kilomètres, non loin d'Épinal. Encore fallait-il franchir cet espace où les Allemands pullulaient, manœuvraient, attaquaient et conquéraient, laissant échapper leurs hurlements à travers le vacarme des tirs et des explosions. Si près et si loin ! Réussir à passer dans ce réduit chimérique et attendre la signature de l'armistice pour échapper à la captivité.

Au-dessus de la tête des deux cents hommes à qui le général pouvait encore donner des ordres, la forêt formait comme un grand parasol qui épargnait l'ardeur d'une journée torride. Le général qui aimait se déplacer entouré d'officiers en fut réduit à des pas, solitaire, entre les arbres. Comme la plupart des généraux français il avait l'air d'un vieux monsieur poli et soigné, aussi peu guerrier que possible, la dernière représentation d'une France à l'agonie. Cette forêt, le pressentait-il ? était son ultime refuge. Le 20 juin ! Et demain ?

Depuis trois jours déjà, la voix chevrotante du maréchal Pétain avait prononcé à la radio ces mots fatidiques passés à la postérité : « Je me suis adressé cette nuit à l'adversaire pour lui demander s'il était prêt à rechercher avec moi, entre soldats, après la lutte, et dans l'honneur les moyens de mettre un terme aux hostilités. » Ainsi, l'ennemi mortel de la France sous l'emblème de la croix gammée était-il devenu un banal adversaire et la guerre une simple lutte. Chez les soldats qui se battaient encore, ces paroles dangereuses produisirent un effet de flottement et de renoncement. Pourquoi se faire tuer puisque les combats vont cesser ? Quelques heures après, des avions allemands lâchaient sur la troupe du général François des tracts annonçant « l'avènement de Pétain [1] ».

À la fin de l'après-midi, cédant au destin plus qu'à une idée stratégique, le général et ses suiveurs mirent le cap sur Padoux où ils avaient établi leurs quartiers, la veille, avant de se cacher dans les bois. Sur la chaussée, dans les fossés, à travers les champs alentour se développait un chaotique cimetière de matériels abandonnés. Tout semblait renversé pêle-mêle. Même les véhicules hors d'usage, poussés n'importe où, n'étaient plus d'aplomb sur leurs quatre roues. C'était le panorama de l'écrasement d'une armée, du trépas d'une nation qui se déployait à perte de vue et d'où le soleil arrachait des éclairs fulgurants qui, dans cette perspective de mort, paraissaient être le seul feu qu'aient jamais craché ces fusils, ces mitrailleuses, ces canons abandonnés sous la fournaise de juin. De cette terre sèche s'élevait comme une poussière d'argent. Rien ne bougeait dans les champs en dehors des lapins. Quelques paysannes, raidies dans leurs vêtements rapiécés, stationnaient en bordure de leurs terres envahies par la ferraille et elles regardaient passer les malheureux soldats.

Le général avait regagné en voiture Padoux, accompagné de son chef d'état-major, le commandant

---

1. SHAT, carton 34 N 583.

Kocher, démangé par la poudre d'escampette. Le reste de la troupe se débandait sur le chemin poudreux qui mène au village. Des expressions telles que « contre-offensive » ou « attaque de diversion » ne hantaient plus toutes ces têtes vouées au mauvais sort. Quant à l'honneur qui est la patrie des gens dépourvus, le mot suscitait une moue de dérision quand par hasard il traversait une conversation. Ce qui caractérisait peut-être le plus ces militaires loqueteux dont les bandes molletières défaites pendaient comme des pansements sales, c'était le silence dont ils s'enveloppaient. On se taisait ou on parlait à voix basse. Même les chevaux errant à l'écart ne hennissaient pas. Autour d'eux, aucun son propre à la nature ne passait dans l'air : pas un murmure de vent, pas un chant d'oiseau. Parfois, ils se poussaient du coude et braquaient les yeux sur le désastre et l'on percevait, malgré le bruit monotone de la troupe, la soudaineté des explosions, que le silence était à l'affût, prêt à envelopper ces vestiges d'une armée défunte.

Parmi les traînards, un trio : Jean-Paul Sartre, son caporal Jean Pierre et Gaston Pieterkowski, son dévoué serviteur toujours prêt à le soulager d'un fardeau ou à lui refiler un peu d'argent.

Il faisait si chaud qu'on avait l'impression que le ciel se tendait et allait éclater. Tout à coup, la forêt cessa. De loin, sur une sorte de pan incliné, pelé par la sécheresse, où végétaient des pommiers tordus, Padoux apparut comme recelant un trésor d'architecture. Un ensemble en pierre taillée d'où s'élançait un clocher faisait masse et dominait des masures espacées dont le devant était souvent encombré par un tas de fumier ou un lot d'instruments aratoires. Quelques pas encore et on découvrait le groupe monumental formé par l'école des garçons servant aussi de mairie, et l'école des filles encadrant la belle église néogothique, parée d'une horloge à quatre faces, construite vers la fin du XIXe siècle, orgueil des 453 habitants de Padoux dont le plus clair des revenus communaux provenait du petit bois où le général François avait cru pouvoir s'abriter de la bataille. Ces villageois logeaient dans des maisons délabrées mais accordaient à la religion et à l'instruction des édifices prestigieux.

Le soldat Sartre, qui ne savait plus marcher, clopinait sur la route, piquant par moments une pointe de vitesse, ce qui était sa manière de sursauter aux détonations, et ses trois musettes bourrées de manuscrits lui battaient les flancs. D'après ceux qui l'ont connu et que nous avons rencontrés, Sartre s'était toujours trouvé à l'abri, loin du front, et n'avait pas vu pendant toute la guerre un seul mort. Il se détournait de la souffrance physique, incapable de prêter assistance. Que quelqu'un saignât du nez et il avait la nausée. Il ne cherchait même pas à surmonter ses faiblesses. Il n'avait porté une arme que pendant quelques jours, au commencement de l'offensive allemande, un antique fusil modèle année 1874, avec l'ordre de combattre les chars. Mais comme lui-même et ses compagnons fuyaient en camion plus vite que l'avance des blindés, il imita son entourage et jeta le fusil.

Sur le chemin de Padoux, il crevait de chaleur dans son uniforme de grosse laine bleue et sous son harnachement. La sueur qui coulait sous la bordure de son béret liquéfiait la crasse de son visage grimaçant d'effort à suivre la cadence des autres et, comme les autres, il gardait le silence au milieu de cette bande sinistrée dont il n'émanait pour toute vie que les raclements des godillots sur les aspérités du chemin.

Le trio se précipita dans la belle école des filles et se réfugia au fond de la cave déjà surpeuplée[1].

Pendant qu'ils se terraient, les grandes unités françaises de l'Est, réduites à quelques éléments disparates, allaient finir, tant l'espace diminuait, par s'émietter dans d'inextricables mouvements dus le plus souvent au hasard. En réalité, la bataille de France avait coûté en cinq semaines plus de cent mille morts français dans des contre-attaques héroïques, des sièges désespérés ou parce qu'il n'y avait rien d'autre à accomplir que de mourir en combattant.

Ce qui restait du groupe d'armées II, auquel était rattachée la moribonde division du général François, était complètement encerclé dans une poche d'une traversée de 30 kilomètres allant de Rambervillers à Gérardmer. Le corps blindé allemand, commandé par le fameux général Guderian, procédait à l'encerclement par un mouvement enveloppant à l'ouest et au sud tandis que les armées allemandes I et VII effectuaient une manœuvre identique au nord et à l'est avant d'accomplir leur jonction. La poche serait alors réduite à un petit sac dont il suffirait de nouer les cordons pour que les rescapés français, pris au piège, meurent ou se constituent prisonniers.

Aucun chef français n'était plus en mesure de se

---

1. Témoignages d'Henri Longepierre et de Jean Pierre.

représenter la bataille ni même de connaître ce qui se produisait à quelques mètres de soi. On en était revenu aux inquiétudes des guerres plus primitives : qui donc pouvait se cacher derrière un buisson, derrière un pan de mur ? Si l'on avait pris une vue cavalière du vaste secteur qui entourait Padoux où s'était réfugié le général François, on aurait décelé à quelques fumées estompant le ciel qu'au sud un détachement se battait encore à Bru. À l'entrée de ce village, l'ennemi semblait bloqué en lisière du bois environnant. Sous un déluge d'obus, deux cents Français appartenant au 228ᵉ Régiment d'infanterie luttaient à mort et avaient même réussi à capturer quelques Allemands. Puis, faute de munitions, ils effectuaient leur reddition. Rendue furieuse par cette résistance inaccoutumée, « la vague hurlante aborde la barricade, menée par un Unteroffizier écumant de rage qui abat d'un coup de parabellum à bout portant dans le ventre le premier des nôtres rencontré, puis un autre en pleine tête... puis un troisième... un autre encore. Ils veulent nous tuer tous. Ils demandent aussi s'il y a des Polonais " pour les brûler " [1] ».

Ailleurs quelques troupes s'étaient enfermées dans des forts. Au Petit-Donon, on tiendra trois longues journées malgré les bombardements et un lâcher de ces tracts annonçant « l'avènement de Pétain ». Dans un autre fort, à Dogneville, un capitaine français se présente devant la position où quelques dizaines d'hommes combattaient encore, prêts à se sacrifier.

---

1. SHAT, carton, 34 N 166. Dans certaines unités françaises se trouvaient des soldats polonais qui après l'écrasement de leur pays en septembre 1939 avaient réussi à gagner la France pour poursuivre le combat.

Le capitaine exigea que la petite garnison capitule et remette ses armes à une compagnie ennemie embusquée dans les parages. « Assez de sang versé ! Je vous somme de vous rendre ! » Les combattants refusent mais laissent entrer le capitaine. Il réitère deux fois l'ordre de déposer les armes et fait ouvrir la porte aux assiégeants allemands. Plus tard, cherchant à réduire cet acte de lâcheté, le capitaine prétendra avoir été victime d'une mystification [1].

Toujours près de Padoux, le fort de Longchamp et le fort des Abelphes finiront par succomber.

Regrouper la division du général François n'aurait été qu'un vœu pieux. La division n'existait plus, les régiments n'existaient plus, les compagnies n'existaient plus. Rien d'organisé n'existait encore. La troupe battait en retraite dans un désordre inexprimable, hurlant : « Sauve qui peut ! L'ennemi est à moins d'un kilomètre ! », créant la panique parmi les populations prises entre le flux et le reflux des fuyards et les tumultes de la débâcle.

Parfois, la présence de prisonniers français parqués par l'ennemi près de ses positions empêchait l'artillerie française, encore au combat, de se mettre en batterie et de tirer. De temps à autre, arrive l'ordre de se rendre sans détruire le matériel. Quelquefois, on capitule sans ordre, si précipitamment que le matériel ne peut être détruit à temps. Éternelles victimes des champs de bataille, les chevaux tués ou blessés et achevés, ou laissés à l'agonie. Parmi les chevaux rescapés, des animaux de trait convoités par les

1. *Ibid.*, carton 32 N 315, « Sur les derniers événements auxquels a participé la 70ᵉ D.I. », par le lieutenant-colonel Kocher.

fuyards exténués. On voyait des officiers se hisser sur le dos de ces bourrins dont certains avaient le poitrail et les épaules si puissants, la croupe si énorme et les flancs si rebondis que les cavaliers arquaient les jambes comme ces clowns qui chevauchent des ballons en rebondissant. Surtout, à mesure que le désastre s'étendait, « beaucoup, peut-être encore plus parmi les officiers que dans la troupe, sont fascinés par les Allemands dans lesquels ils ont tendance à voir des surhommes [1] ».

Ce qu'on appelait « la honte de Wissembourg » restait vivace malgré le chaos où les esprits avaient sombré depuis lors. Un mois plus tôt, Wissembourg, à la frontière allemande, la seule ville où le général François aurait pu montrer son ardeur à combattre, avait été évacuée, trente-deux heures avant même l'arrivée de l'ennemi, sur un ordre supérieur lancé par défaitisme.

Emporté parmi les autres, Sartre avait accompli en camion une course d'obstacles pour distancer l'ennemi, sans même s'en rendre compte : débâcle à Morsbronn, repli sur Haguenau, encerclement déjoué de justesse au col de la Chipotte. « Qui ne l'a pas vu ne peut se faire une idée de l'encombrement indescriptible des routes de l'Alsace à la Moselle, double et parfois triple courant, encombrement qui retardait l'arrivée des troupes sur le champ de bataille, augmentait la fatigue des hommes... Tout se passait comme si personne dans les états-majors n'était chargé d'organiser les colonnes ou de régler les mouvements... Et ce fut la pagaille », notera quelques

---

1. SHAT, carton 32 N 315.

années plus tard le général François du fond de sa retraite[1].

Quand, après ce sauve-qui-peut, le général et ceux qui le suivaient obstinément en camion, dont Sartre et ses deux équipiers, arrivèrent à Rambervillers, les fuyards et les troupes abandonnées de leurs chefs cheminaient au hasard, se croisant, piétinant à cause du nombre. Le général François dénombra plus de vingt unités différentes qui, dans ce fourmillement aveugle, cherchaient quelque issue[2].

Où était le temps où le général François, peu de jours après la déclaration de guerre, rédigeait une note de service par laquelle, en un français approximatif, il donnait la recette de la victoire et ses principes de commandement : « Napoléon Ier disait qu'il n'était pas inspiré par un génie au moment du besoin, mais qu'il avait longuement réfléchi à tout ce qui pouvait se passer, ce qui lui permettait de décider rapidement.

« Donc, sur toutes choses, être en avance d'une ou même de plusieurs idées et ne jamais être surpris par l'événement[3]. »

C'est ainsi que pendant la retraite, le général François, qui avait sans doute quatre ou même cinq idées en avance sur l'événement, ordonnait à son artillerie de ne pas tirer sur l'ennemi afin d'éviter d'être repéré. Est-ce cela qu'aurait fait Napoléon ?

Pendant que Sartre et ses compagnons, planqués au fond de la cave de l'école des filles de Padoux,

1. *Ibid.*
2. *Ibid.*
3. *Ibid.*

attendaient l'aube, dans le village régnait une activité désordonnée. Des militaires, la peur aux trousses, traversaient l'agglomération et leurs silhouettes noires se profilaient dans la nuit trouble. Chacun d'eux abandonnait ce qui lui restait d'équipement, ajoutant encore aux dépouilles qui encombraient la voie. Même des voleurs auraient été découragés par l'abondance du butin. C'était une fuite à l'aveuglette dans une impasse. Et ceux qui attendaient cachés savaient que le jour à naître apporterait le dénouement. Dans cette nuit où défilaient tant de spectres, les restes du 228e régiment d'infanterie — la 2e compagnie —, seule unité dépendant encore directement du général François, chargée de défendre Padoux, se dispersait en quête de points d'appui pour faire face à l'ennemi. Jour et nuit les Allemands progressent. Le jour, ils combattent; la nuit, ils s'infiltrent. Quand la résistance est trop forte, ils enveloppent l'objectif, l'enserrent et l'étouffent. Là où tout cède, ils submergent.

Dans la cave de l'école des filles, Sartre et ses deux compagnons pressentent aussi que la fin est proche. Qui prit la décision? Sans doute Gaston Pieterkowski : « Partageons notre argent avant d'être capturés. »

Sartre retourne ses poches. Comme d'habitude, il n'a pas le sou et est endetté. Son argent est parti en repas de restaurant et en verres d'alcool. Le caporal Jean Pierre sort méticuleusement son portefeuille : quelques billets. Pieterkowski, le commerçant, est le mieux pourvu. Ils partagent; c'est-à-dire que Sartre reçoit. Il en a l'habitude. Ses dettes envers ses deux équipiers sont balayées d'un revers de la main[1].

Sartre notera que Pieterkowski est « vert » parce qu'il est juif[2]. Pieterkowski connaît le sort réservé aux juifs par les Allemands à ce stade de l'histoire du IIIᵉ Reich. Saisie des biens, sévices, camps de concentration, morcellement des familles. Au mieux, l'expulsion. Sa femme et son fils sont peut-être repliés à Perpignan, non loin de la frontière espagnole. S'il pouvait seulement les rejoindre... « Avec la tête que tu as, tu ferais mieux de te tenir tranquille », lui conseilla Sartre[3]. Ce dernier a d'ailleurs noté avec minutie dans ses carnets toutes les caractéristiques qui, selon lui, sont typiquement juives et font de Pieterkowski un juif[4].

Le temps presse. Des détonations encore lointaines annoncent la fin de la liberté. Rapidement, les bruits de guerre deviennent intermittents. On devine que l'ennemi a nettoyé le terrain. S'il n'apparaît pas encore à Padoux, c'est qu'il doit être embarrassé par les milliers de prisonniers qui lui tombent sur les bras.

À Padoux, le village n'est plus qu'une décharge de matériels de guerre. Parfois, une fumée noire tourbillonne : des documents et quelques drapeaux brûlent. Le général François a pris ses quartiers à la cure, chez l'abbé André. Il doit se contenter du jardinet du presbytère comme terrain de manœuvre. Il tourne en rond.

Sartre et ses deux camarades hasardent le nez hors de l'école, accompagnés de Longepierre, un fonction-

---

1. Témoignage de Jean Pierre.
2. Sartre, *Carnets de la Drôle de Guerre*, Gallimard, 1983.
3. Témoignage d'Henri Longepierre.
4. Sartre, *Carnets de la Drôle de Guerre*, *op. cit.*

naire des impôts, et de Civette, employé des transports parisiens, un chaud lapin[1]. D'autres les rejoignent. Propos oiseux et oisiveté. Pas question de prendre des armes et de résister. On mange et l'on va de nouveau se terrer dans la cave. On sent l'encerclement jusque dans ses os ; l'espace se resserre.

Dans son roman *Les Chemins de la liberté (La Mort dans l'âme)*, Sartre, jouant de l'ambiguïté de l'auteur qui s'incarne plus particulièrement dans un personnage, s'offre dans la personnification de Mathieu une fin de guerre magistrale et héroïque à Padoux. Ce dernier sera le seul à se battre en se nichant théâtralement dans le clocher de l'église, tirant à tout venant jusqu'à la mort en se tenant des discours d'inspiration existentielle. Auparavant, lors d'une sorte d'entracte et de poétique farniente, il posera au distingué intercesseur d'un copain assidu auprès d'une demoiselle des postes. Ces pages sont arrangées et écrites de manière à persuader le lecteur que Sartre a vécu cet épisode[2].

Le partage d'argent entre amis fut suivi plus tard par un partage sur grande échelle des caisses de l'intendance mise à sac : cigarettes, pinard, etc. La dernière aubaine. Perdus dans ces délices, les soldats

---

1. Témoignage d'Henri Longepierre.
2. À Padoux, l'auteur apprit que de mémoire de Padousien, il n'y avait jamais eu de poste ni de postière. Information confirmée par la liste de la commune par profession de l'époque.

Après la guerre, Henri Longepierre, ayant lu le roman de Sartre et rencontrant Sartre, s'étonna auprès de lui qu'il se soit décrit en termes élogieux alors que les autres camarades n'étaient que des minables et des ivrognes. « Il prit alors un ton tout à fait rassurant pour me dire qu'il n'y avait dans son roman que des porte-parole et que Mathieu ce n'était pas lui mais celui qu'il aurait voulu être, c'est-à-dire un héros. » Henri Longepierre : conférence à l'académie de Mâcon, 4 septembre 1980.

achevèrent de s'abâtardir. Tous attendaient sans panique l'inéluctable capture et pour s'y préparer, ils disaient : « Les Allemands, bah! au fond ce sont des gens comme nous. » Sartre aurait eu le loisir de revêtir la défroque d'un paysan et de tenter d'échapper à la capture. Mais il reculait devant toute décision hardie et singulière. Plutôt que de prendre un risque, il préférait subir le sort commun, trouvant dans l'obéissance — il saluait réglementairement les officiers à six pas — une jouissance conservatrice, un sentiment de sécurité, un conformisme qui le mettaient à l'abri des heurts et des responsabilités.

Le lendemain, 21 juin, vers huit heures du matin, les Allemands firent leur entrée à Padoux. Suivant la version française, « la 2ᵉ compagnie a essayé de se défendre. Malheureusement, elle était submergée par la masse des fuyards emplissant le village. Il y avait là les membres d'un état-major d'armée : il ne s'est trouvé personne pour organiser la résistance ou même rendre possible à la 2ᵉ compagnie de consommer ses munitions contre les Allemands. La section Richter qui a ouvert le feu contre une colonne motorisée allemande doit cesser son tir pour ne pas tirer sur les Français sortant du village avec des drapeaux blancs. À 9 h 45, toutes les troupes de Padoux sont prisonnières des Allemands[1] ».

À titre de semonce, pour montrer que le temps était compté, les Allemands lâchèrent des rafales d'armes automatiques sur l'église. On distingue encore aujourd'hui des impacts sur le clocher. À coups de bottes et de crosses, ils martelèrent ou forcèrent les

---

1. SHAT, carton 34 N 166.

portes, dont la plupart furent ouvertes par les militaires français, manifestement pressés de se constituer
prisonniers. Il en sortait de partout et des lieux les
plus inattendus. Ils ne se rendaient pas dans leur
dignité de soldat, veillant à leur tenue, mais en se
bousculant comme s'ils ne supportaient pas la tension
qui résulte de ce temps infime où l'on passe de l'état
d'homme libre à celui de prisonnier.

Dans l'école des filles, ils sortirent un à un d'abord
de la cave, puis du bâtiment, les mains levées,
maladroits, les yeux papillotants, habités par la peur
des coups qui rend docile par avance. Il n'y eut ni
coup ni rudoiement. De la pointe de leurs armes, dans
un incessant mouvement de va-et-vient, les quatre ou
cinq Allemands qui les tenaient en joue semblaient les
compter. Sartre, comme ses camarades, fut cueilli en
douceur [1]. C'était le jour de son anniversaire. Il avait
trente-cinq ans. L'Allemand qui braquait son arme
sur lui ne pouvait savoir qu'il venait de capturer le
plus distingué représentant de la philosophie existentielle allemande en France.

Le général François fut parmi les premiers à être
pris. Il se rasait dans sa chambre, au presbytère. Il
apparut avec la moitié du visage barbouillée de
mousse de savon. Son rasoir à la main, il se plaignit
qu'on l'emmenât à demi rasé, lui un général, comme
si son grade pouvait faire encore impression [2]. Rien
que dans le secteur Est de la France, 88 généraux
furent faits prisonniers, qui se résignèrent à suivre
leurs vainqueurs de bonne grâce, connaissant le sort

---

1. Témoignages d'Henri Longepierre et Jean Pierre.
2. Témoignages de l'abbé André et de Mme Yvonne Albert.

somme toute enviable que leur réservait, en tant que prisonniers de marque, la Convention de Genève. Le paradoxe veut que si les généraux sont responsables de la défaite, devenus prisonniers, ils connaissent un traitement de faveur. Les photos et les films sont nombreux, nous montrant ces généraux souriant avec déférence à leurs vainqueurs. Pas un seul ne se donna volontairement la mort, témoignant par son sang qu'il ne pouvait survivre à la défaite, ou avait cherché à mourir les armes à la main.

Alors que la tradition et les ordres reçus contraignent les vaincus à brûler les drapeaux et à détruire les documents, et cela même sans un ordre — c'est l'honneur du soldat qui le commande —, le général François rassembla un reste de papiers et de documents et les emporta avec lui. Les Allemands les confisquèrent pour les étudier.

Quand il quitta le presbytère encadré d'ennemis, le général n'avait plus un seul officier auprès de lui. Le dernier, son chef d'état-major, le commandant Kocher, s'était enfui vers l'hypothétique réduit des Vosges et, chemin faisant, « après m'être dissimulé dans les bois, relatera-t-il, sans vivres, trempé par la pluie, n'ayant pas trouvé auprès des habitants terrorisés le secours espéré, je dus me rendre aux autorités allemandes à Rambervillers, le 25 juin[1] ». Reddition effectuée trois jours après la signature de l'armistice franco-allemand et plusieurs heures après son entrée en vigueur.

---

1. SHAT, carton 32 N 315.

2.

Haxo

Le rassemblement des prisonniers à Padoux dura longtemps malgré les injonctions lancées par des voix gutturales. Peu de gardiens pour cette multitude. Curieux spectacle que celui des Allemands agités, se démenant devant la masse amorphe des captifs ! Dans l'ensemble, ceux-ci s'étaient vite accoutumés à leurs gardiens mais ils les voyaient avec le relief particulier que prennent les êtres insolites auxquels est dévolue la toute-puissance du vainqueur. Certains Français pensaient probablement que la qualité de prisonnier leur garantissait la vie sauve et que ces terribles Allemands n'avaient plus de raison de les tuer. C'était même étrange : il avait suffi de lever les mains en l'air pour passer de l'autre côté de la guerre.

Alors que certains soldats, en prévision de la captivité, s'étaient rasés et lavés avec une sorte de solennité, Sartre restait sale et barbu. Il portait une vareuse effrangée et s'embarrassait dans les sangles de ses trois musettes bourrées de manuscrits[1].

Après des heures d'attente, les prisonniers, d'abord parqués sur des aires dégagées à la sortie du village, reçurent l'ordre de se mettre en route. Une longue et

---

1. Témoignages de Jean Pierre et Henri Longepierre.

forte colonne se forma, grossie de minute en minute par l'afflux d'hommes débusqués des fermes isolées, des bois et des moindres caches. Il rejoignaient tous la colonne au pas de course sous les coups de gueule des Allemands. Ils couraient, sautillaient et certains, trop émus, paraissaient danser tant leurs pas étaient compliqués. La colonne s'enflait de ces attardés, et bientôt l'effectif atteignit environ 20 000 hommes, de sorte que, tout en avançant sur la route, le convoi semblait toujours s'étirer vers son point de départ, et dans l'air figé de cette journée étouffante, les brodequins qui râpaient le sol soulevaient des tourbillons de poussière collante qui pénétrait dans les poumons, marquant les commissures des lèvres d'une pâte grisâtre. Personne, sans doute, ne regardait en arrière vers la hauteur où, rejeté loin de la route, Padoux aux masures basses formait un village sans densité réelle malgré le puissant ensemble de son église et de ses deux écoles, sortes de monuments fabuleux pour un espace écrasé.

Sartre avait un avantage sur ses compagnons. Se voulant voué à la gloire des lettres, il croyait assister à sa propre histoire, mémorisant des mots, des attitudes, des comportements qu'il consignerait sur le papier à la première occasion et qui serviraient sa légende. Il n'y avait en lui aucune révolte et il n'émettait pas de récrimination. Il était sain et sauf. Jean-Paul regardait vivre Sartre.

Des paysannes, de celles qui la veille s'étaient plantées au bord de leurs champs pour regarder passer les soldats de l'armée en déroute, ne purent se retenir d'exprimer leur dégoût à ces vaincus en quelques phrases bien senties. Un officier allemand leur lança : « Vous feriez mieux de leur donner à boire[1]. »

Peu à peu, tenaillés par la faim, les prisonniers s'inquiétaient de leur destination. Les nouvelles se mêlaient aux bobards. L'armistice était imminent. Des bruits circulaient sur leur libération. Ils estimaient qu'ils étaient si nombreux que les Allemands les relâcheraient pour s'en débarrasser.

Du côté des officiers, voici à chaud ce que l'un d'eux exprima : « Ignorant tout des événements, les uns pensaient que la lutte continuait aux colonies, les autres que nous avions une armée en Angleterre. Chacun espérait avant tout une libération prochaine mais se demandait moins ce qu'allait devenir le pays. Rancœur contre tout, contre tous, sauf contre soi-même... Confondant les causes et les effets, chacun place les responsabilités là où elles le chargent le moins. Le cataclysme est dû à la veulerie ou à l'incapacité des autres, mais alors que nous nous demandons s'il y a encore des capacités de lutte, nous recherchons rarement l'évasion si elle présente un risque. Nous souffrons de notre défaite mais le patriotisme n'est pas encore réveillé. Notre chair regimbe, mais l'esprit national a du mal à renaître dans toute sa force et sa pureté[2]. »

Sartre et ses camarades sont perdus dans le moutonnement des captifs sur la large route ensoleillée, traînant leurs godillots, incapables de s'extraire de ce magma vivant. Sartre est comprimé par la panse de ses trois musettes aux manuscrits plus importants

---

1. Témoignage de Jean Pierre.
2. SHAT, carton 34 N 166. Rapport du lieutenant Charvet.

pour lui que le sort de la France. Elles contiennent surtout *L'Âge de raison*, première partie des *Chemins de la liberté*, et des carnets de notes prises au jour le jour pendant la Drôle de Guerre. On se repère. Des amitiés naissent ou se défont, des hostilités se créent spontanément. Ce troupeau brasse toute l'humanité. La plupart de ces hommes ont des soucis de famille, de travail, des drames secrets. Le cas de Sartre est remarquablement simple : il n'a que lui-même à charge et n'a jamais été une charge pour lui-même. Il n'éprouve de passion que pour sa tâche d'écrivain, encore qu'il soit travaillé par un donjuanisme de pacotille. Son seul souci : écrire, et que ses écrits le fassent accéder à la célébrité et aux belles femmes dont il serait plutôt embarrassé étant, par penchant et capacité, attiré surtout par des jeunes femmes déracinées et névrosées. Or, écrire, il le sait, on le peut toujours — il y réussit en pleine débâcle —, et s'il fallait faire des concessions pour en obtenir le loisir et se procurer du papier, il pactiserait sans rechigner. Il accepte d'emblée la défaite et ses conséquences. Il vivra à l'heure allemande puisque l'Allemagne a montré qu'elle était militairement invincible. Quant au nazisme, il ne s'en est jamais préoccupé, étant peu enclin à défendre les droits de l'homme ou à se compromettre pour quelque passion humanitaire. « Ce sera bientôt l'armistice et la paix bientôt », écrivait-il quelques jours plus tôt à Simone de Beauvoir en s'inclinant devant le fait accompli[1]. Une paix rapide ne peut être qu'allemande. La défaite, il la subit sans révolte. Il ne s'évadera jamais, c'est une

---

1. *Lettres au Castor*, Gallimard, 1983, lettre du 14 juin 1940.

vérité dont il est conscient par la connaissance intuitive qu'il a de lui-même.

L'étape ne sera pas cruelle. Les quelque 20 000 prisonniers accompliront d'une traite 14 kilomètres jusqu'à Rambervillers. La route monte et descend. Plus tard, s'en souvenant, Sartre écrira : « L'immense troupeau se laisse glisser jusqu'en bas de la côte comme s'il obéissait à sa seule pesanteur... Ils pourraient se jeter sur les Allemands (une dizaine qui s'égaillent sur la route), les étrangler, s'enfuir à travers champs : à quoi bon[1] ! »

On le vérifiera par la suite, Sartre inventa toujours des prétextes pour ne pas s'évader. Sur cette route des Vosges, il répéta au caporal Jean Pierre : « C'est impensable qu'on nous emmène en Allemagne. La guerre va bientôt être finie. On travaillera en France[2]. »

Certains imaginent même qu'ils ne sont pas prisonniers et que les Allemands les escortent jusqu'à un centre de triage afin de les expédier chez eux. D'autres, sans vergogne, braillent leur joie. À côté de Sartre, le gros Pieterkowski se tait. Il est juif. Cela suffit à annihiler toute illusion. Le caporal Pierre ne dit rien. Socialiste par vocation, il est en principe contre la guerre, mais cette défaite le révulse. Au moment d'être fait prisonnier, il a vu un Alsacien se jeter dans les bras d'un Allemand en s'écriant : « Ah, vous voilà enfin[3] ! »

1. *La Mort dans l'âme*, La Pléiade, p. 1349. D'une manière générale l'assise historique que Sartre entend donner à *La Mort dans l'âme* n'offre aucune solidité. Il confond les dates, se trompe d'événements et se révèle aussi peu fiable que possible dès qu'il évoque l'histoire.
2. Témoignage de Jean Pierre.
3. Témoignage de Jean Pierre.

Un nouveau venu s'est immiscé dans le trio, Henri Longepierre, l'inspecteur des impôts, dont Sartre tirera quelque profit matériel comme on le verra.

À Rambervillers, les prisonniers sont parqués dans le « stade de la liberté », une enceinte consacrée aux sports. Longue nuit. De l'eau, on parvient à s'en procurer, mais la nourriture manque. Cette disette rend encore plus docile la foule des vaincus qui désormais attend sa pitance du vainqueur.

Le lendemain, dans la journée, le vieux général Condé, quoique prisonnier depuis quarante-huit heures, signa l'ordre du jour n° 40 entraînant la reddition de l'armée des Vosges à laquelle avait appartenu pendant quelques jours la défunte division du général François. Les rares détachements français qui combattaient encore se sentirent trahis et saluèrent leurs morts. Des drapeaux blancs furent brandis çà et là par ceux qui se rendaient. Ailleurs, c'était un clairon qui lançait les notes déchirantes de la capitulation. D'autres continuèrent le combat pendant encore un jour et une nuit. Il y avait tellement de prisonniers que les Allemands leur donnaient souvent une direction ou un nom de ville et laissaient les captifs se mettre en route presque librement, sous le commandement d'officiers français qui, après les avoir conduits à la défaite, les emmenaient en captivité. Au loin, le canon tonnait encore mais personne n'y prêtait attention.

Quand Sartre et les siens quittèrent Rambervillers aux rues tortueuses, ils accomplirent une dernière étape de 15 kilomètres. La route s'encaisse, rétrécit, monte et descend. Toujours aussi peu de gardiens pour cette multitude docile qui se clochardisait d'heure en heure. L'interminable cortège traverse Ménil-sur-Belvitte puis chemine par l'épaisse forêt de Deneuvre dont les ombrages rafraîchissent le souffle. Et c'est l'arrivée à Baccarat où tour à tour la colonne immense s'élargit ou se resserre en fonction du passage des rues.

Quand ils débouchèrent sur une grand-place, deux officiers allemands se tenaient les jambes écartées sur le bitume dans cette posture que les officiers vainqueurs affectionnent pour s'ancrer au sol. En un tournemain, ils effectuèrent une sélection : un contingent part à droite vers la cristallerie transformée en camp, et le gros de l'effectif est dirigé vers le haut de la ville en longeant la voie ferrée. Soudain, la tête de la colonne parvient devant une haute grille aux forts barreaux dont les deux battants ouverts s'articulent sur des pilastres de pierre et de brique ; le fronton, surmonté d'une croix de Lorraine, s'orne de ces mots : Caserne Haxo. À l'origine, c'est l'ancienne caserne du 20e bataillon de chasseurs à pied, datant de la fin du XIXe siècle. Sur le devant les écuries, à l'arrière le manège.

La colonne s'étrangle au passage du portail et afflue dans la cour de plusieurs hectares où s'alignent en profondeur de hauts bâtiments. À mesure qu'elle entre, elle s'épand comme un fleuve sans digue sur le sol pentu. Manifestement, rien n'a été préparé ; tous les volets sont clos. Environ 16 000 prisonniers submergent le pavé des cours et le sable des manèges. L'espace est bourré quand tous ces hommes s'asseyent ou s'allongent, harassés, déprimés, affamés, n'ayant même pas la ressource de se retourner contre un mur pour échapper à cet environnement de détresse. Comme tout le monde, Sartre et ses compagnons jouent des quatre membres pour trouver logement par terre. Deux miradors, montés à la hâte, dominent cette mêlée immobile.

À l'heure où les grilles de la caserne Haxo se referment sur ces milliers de captifs, le gouvernement du maréchal Pétain signe l'armistice avec l'Allemagne.

Pour Sartre et ses camarades commence une longue période d'attente, d'incertitude et d'espoir qui durera cinquante jours. Curieux internement fait de rigueur et de laisser-aller. Sur ces hommes résignés s'appesantit le désœuvrement qui tourna vite à l'abrutissement. De sordides querelles éclataient. Il y eut un cas de folie. Un prisonnier, cédant à l'angoisse, se mit à hurler : « Sauvez-vous ! sauvez-vous ! les Allemands vont nous tuer tous ! » Mouvements de panique dans la cour. D'un mirador, un tir de mitrailleuse coucha cinq hommes à terre qui furent inhumés à côté des latrines [1].

De nombreux prisonniers originaires de l'Est purent informer leurs familles du lieu de leur internement. Elles accoururent par tous les moyens de locomotion. Les Allemands autorisèrent non seulement les visites mais laissèrent les prisonniers sortir dans Baccarat avec leurs parents. La plupart revenaient docilement à la caserne Haxo avant l'heure du couvre-feu. Quant à ceux qui avaient pris le large, leur petit nombre passa inaperçu. Persuadé comme d'autres d'être libéré, le caporal Jean Pierre, sur le

1. Témoignages d'Henri Longepierre et Jean Pierre.

conseil de son beau-père venu le voir, resta, de crainte de se mettre en situation illégale, au lieu de s'en aller avec lui revêtu de vêtements civils [1].

Le bruit courait que les Allemands feraient défiler les prisonniers à Paris, sous l'Arc de Triomphe, afin de rendre hommage à la 5ᵉ armée française à laquelle tous ceux de la caserne Haxo avaient appartenu un jour ou l'autre, et à son chef le général Bourret. Nouvelle d'autant plus stupéfiante que le général Bourret n'avait pas su éviter l'encerclement de ses troupes et s'était lui-même rendu à l'ennemi sans faire d'histoires. Sous cette vague d'optimisme, des prisonniers entendaient profiter de l'aubaine du séjour forcé à Baccarat pour acheter à bas prix de la cristallerie, tant ils étaient convaincus d'une libération prochaine et que les Allemands les escorteraient sous peu jusqu'à Nancy où ils prendraient le train. C'est à croire que personne n'avait pris connaissance, ou que tous feignaient de l'ignorer, de la convention d'armistice qui stipulait, article 20 : « Les membres des forces armées françaises qui sont prisonniers de guerre de l'armée allemande resteront prisonniers de guerre jusqu'à la conclusion de la paix. » Est-ce cette clause qui portait la grande majorité d'entre eux à souhaiter que l'Angleterre capitulât ou qu'elle fût rapidement vaincue ? Sur ces entrefaites, vint aux oreilles des prisonniers le refus proclamé par Churchill de cesser le combat ou de traiter avec Hitler. La nouvelle ne fut pas toujours bien accueillie. Il semble que Sartre ait eu à cette occasion une parole d'espoir : « Mais si l'Angleterre ne capitule pas, la guerre n'est peut-être

---

1. Témoignage de Jean Pierre.

pas perdue[1]. » Par la suite, il ne s'exprima plus à ce sujet, et ceux que nous avons pu interroger, prisonniers avec lui, s'accordent pour dire que Sartre ne parlait jamais de guerre et ne se mêlait pas de politique.

L'espoir vivace que tous partageaient de rentrer chez eux, Sartre s'en fit l'écho dans un message de trois lignes qu'il put adresser à Simone de Beauvoir sept jours après sa capture : « Mon charmant Castor, je vais très bien et je vous verrai bientôt. Restez à Paris et attendez-moi sagement. Je vous aime de toutes mes forces[2]. » Pour lui, dont l'avenir n'était pas directement menacé, la proposition se posait en ces termes : quand pourrait-il écrire et à quelles conditions ? Par chance, il n'était pas de ces écrivains qui ne peuvent travailler que claquemurés. La vie de café avait entraîné Sartre à écrire partout, en n'importe quelles circonstances. Nul autre que lui ne savait mieux s'isoler. Il écrira en pleine débâcle quand autour de lui les soldats étaient exténués par la retraite et la défaite, obsédés par les incertitudes de l'heure à venir. Le 10 juin, alors que la bataille de France est perdue, que l'armée vit une lente agonie, que la débandade est générale, Sartre écrira à Simone de Beauvoir : « Nous déménageons... Les nouvelles ne sont pas bonnes. Abandon de Narvik, déclaration de guerre de l'Italie — et puis un mot inquiétant de la radio de 18 h 30 : la bataille qui fait rage " au nord de Paris ". Y a-t-il eu donc un si important recul ? Jusqu'à Compiègne ? Nous le saurons sans doute à

1. Témoignage de Jean Pierre.
2. *Lettres au Castor*, *op. cit.*, lettre du 28 juin 1940.

19 h 45. Ainsi de jour en jour on a des nouvelles bien pénibles. J'ai tout de même bien travaillé aujourd'hui. Le chapitre Mathieu-Marcelle est terminé [1]... »
Pendant les huit mois de la Drôle de Guerre, Sartre s'était montré tel qu'il était : un boulimique de l'écriture, un affamé de mots, un graphomane délirant. Sa correspondance et ses carnets éclairent sa méthode de travail et montrent comment fonctionne Sartre écrivain. Écrire, la joie d'écrire à tout propos, n'importe où pourvu qu'il pût tracer des phrases, éprouver la vigueur et les ressources de son intellect aussi bien sur le plan romanesque ou épistolaire que dans l'ordre métaphysique, cédant d'abondance au verbe spéculatif, au développement du discours, rejoignant par moments de hauts sommets comme chutant l'instant d'après au rang d'un Vadius et d'un Trissotin, mais toujours avec grand air et un tempérament de feu. Il pouvait écrire vainqueur, vaincu, dans la solitude ou au milieu d'un tapage intense. Il aurait été comme ce proscrit girondin qui, s'étant réfugié au fond d'un puits, y avait écrit ses Mémoires. Que valait le monde sans lui ! Le monde n'existait qu'en relation avec l'intérêt qu'il voulait bien lui porter et dans la mesure où il se hisserait au premier rang, nimbé de cette gloire démesurée et irrationnelle qu'est la gloire littéraire en France. Ce qui est caractéristique de sa manière, c'est qu'il était incapable d'écrire sans s'infliger de copieuses lectures. Lire et écrire, c'était pour lui complémentaire. Il ne pouvait lire s'il n'écrivait pas, il ne pouvait écrire s'il ne lisait pas. Il avait besoin des autres écrivains, et parfois des plus

1. *Ibid.*, lettre du 10 juin 1940.

médiocres, suivant ce qui lui tombait sous la main, et il parcourait leurs textes à l'affût de tout ce qui pourrait le servir. À ce titre, il était un écrivain sous influence. Il suffit de lire ses lettres et carnets. Il ne peut rester un seul jour sans lecture. Il réclame des ouvrages d'une surprenante médiocrité mais où il se croit assuré de trouver une manière de traiter ce qu'il se propose d'écrire ou qui rejoignent ses préoccupations.

Il ne met pas à profit la Drôle de Guerre pour couper court avec cette habitude nocive. Faire table rase et méditer, enfin délivré de ce fatras de livres. Il en réclame sans cesse, il n'en reçoit jamais assez. Encore que l'exemple de Descartes, qui considéra comme nulles toutes ses lectures et se flattait de ne pas posséder de bibliothèque, le fascine, et il reprendra à son compte la fameuse expression de demeurer tout le jour enfermé seul dans un poêle [1]. C'est donc un écrivain incapable de tirer une œuvre de la méditation, une tête trop pleine, qui s'échine avec brio et qui a compris depuis longtemps — depuis son adolescence — que l'effort acharné finit par produire un style et par transmuer en œuvre propre les emprunts faits à d'autres auteurs.

Grâce à des obligations militaires inexistantes, à des camarades tolérants, à des chefs indifférents, il avait pu poursuivre pendant la Drôle de Guerre son labeur littéraire. Esprit pratique, il se jetait sur les livres qu'il recevait ou qu'il trouvait. Tout en s'agaçant de la renommée des autres, il jaugeait leurs œuvres, les fouillait pour voir s'il n'y avait rien à

---

1. *Lettres au Castor, op. cit.*, lettre du 22 octobre 1939.

prendre et il se fiait à sa puissance de travail hors du commun qui, un jour, lui assurerait la prééminence.

Sa quête de livres fut plus difficile quand il se retrouva interné à la caserne Haxo. Il découvrit un tome de l'ouvrage de Vaulabelle : *l'Histoire des deux Restaurations*. Après la Libération, dans une interview, il prétendit qu'il y retrouva « les traits de cette nouvelle Restauration — celle de 1940 — où Pétain dans la France occupée jouait le rôle de Louis XVIII[1] ». C'était méconnaître l'histoire que de comparer la Restauration avec la révolution réactionnaire, sans précédent, que le maréchal Pétain avait imposée à la France. Mais il est un texte que tous les internés de Haxo lisaient, celui de la Convention de Genève, imprimé dans les livrets militaires, qui leur apprenait les droits et les obligations inhérents à leur état de prisonnier.

Parallèlement à sa fringale de livres, un besoin de ravitaillement en vivres se faisait sentir. Il fut tiré d'affaire par son camarade Henri Longepierre, l'inspecteur des impôts, qui avait pu entrer en rapport avec un ancien collègue de Baccarat devenu entreposeur des Tabacs, nommé Barbut, qui envoyait régulièrement sa femme de ménage approvisionner en biftecks de cheval Longepierre, Sartre et deux autres prisonniers. Barbut procura également du papier à Sartre[2].

Pendant ces cinquante premiers jours de captivité, marqués par une régression générale du comportement, Sartre, porté à céder à ses antipathies, accentua

---

1. *Les Lettres françaises,* 2 décembre 1944.
2. Archives Longepierre : lettre de Barbut à Mme Longepierre.

ce penchant, surtout à l'égard de Jean Pierre. Il faisait sentir à son ancien caporal qu'il n'était qu'un petit intellectuel de province, calfeutré dans sa médiocrité, à la vie étriquée bien réglée. Faute de mieux, Sartre se raccrochait à son agrégation pour marquer sa supériorité. À mesure que le temps passait, il se dégradait physiquement sans rien perdre de sa vigueur intellectuelle. Les conditions précaires de la captivité comblaient son penchant à être sale. Alors que la plupart des prisonniers s'ingéniaient à se garder propres, il s'évertuait à s'encrasser. Certains de ceux qui le connaissaient et le fréquentaient peu ou prou l'avaient surnommé, à cause de ses mains noires : « L'homme aux gants[1] ». Mais Sartre n'en avait cure ; son humeur restait égale, et il était incapable de se plaindre. Sans doute n'était-ce là que mésaventure pour « le brave stoïque » qu'il était, ainsi qu'il se qualifiait parfois, encore que, cadenassé en lui-même, il se considérât plutôt comme un malade de Freud[2].

La vie conservait un semblant de réalité matérielle : on mangeait, on dormait, on restait assemblé en troupeau, on distribuait et on expédiait le courrier.

Pendant cette période, Sartre envoyait à Simone de Beauvoir, aux jours autorisés, des lettres enjouées, faites de petits riens et de choses essentielles, et qui sont d'une grande fraîcheur de ton. Il s'efforçait d'établir un distinguo entre le terme prisonnier — ce qu'il affirmait ne pas être — et le mot détenu qui lui semblait moins contraignant et signifiait qu'on avait pour lui des égards et qu'ayant la possibilité de vivre

1. Témoignages d'Henri Longepierre et Jean Pierre.
2. *Lettres au Castor*, *op. cit.*, lettre du 23 juillet 1940.

sous la tente il faisait, au fond, du camping. Ses lettres nous apprennent surtout que Sartre n'a pas du tout « renoncé à son destin » et qu'il envisage même de faire paraître *L'Âge de raison,* étant disposé à des concessions. Il annonce qu'il écrit un ouvrage de métaphysique : *L'Être et le Néant,* dont il a rédigé quatre-vingts pages et qu'il finit son roman. « Mais, ajoute-t-il, j'ai perdu cette grâce du dedans que j'avais encore à Morsbronn, ça n'est pas la faute de l'internement qui est tout à fait doux, mais à cause de mon entourage français qui est ce que vous pouvez imaginer : bêtise, bassesse, jalousie, espiègleries stupides, coprophilie, etc. J'ai pris quelque autorité sur ceux qui m'entourent, mais cela ôte toute envie de rire [1]. » Autrement, la vie n'est pas assombrie par la discipline. Dans l'enceinte du camp règne un semblant de liberté. « Seulement, quoi qu'on fasse, on le fait par millier d'hommes. L'unité d'action est le millier d'hommes. Vous ne pouvez imaginer une atmosphère sociale plus dense et plus chargée [2]. » Sartre reste vigilant à ce qui se passe. Il note tout sur ses carnets qu'il tient rigoureusement : ce que fut la débâcle, comment il fut fait prisonnier et il consignait inlassablement des scènes de la vie quotidienne à la caserne Haxo. Il est convaincu d'être libéré avant le 1er septembre car les Allemands établissent une différence, croit-il, entre les militaires capturés avant et après les pourparlers d'armistice ; or Sartre a été pris après.

Ce qui compte, c'est son destin. Il l'aidera de toutes

1. *Ibid.*
2. *Ibid.*

ses forces à s'accomplir. Il prévoit que les temps à venir seront durs, qu'il y aura de lourds fardeaux : « Mais cela ne me décourage aucunement, et j'ai l'intention d'être aussi dur que le temps lui-même [1]. »

Un jour, un prisonnier lui ayant demandé s'il était l'écrivain Sartre, son moral monta au zénith et, du coup, « par goût et quasi-mysticisme », il décida de se laver et de se raser, ce qui fit sensation dans son entourage.

Pour les visiteurs, un parloir était aménagé près de la grille d'entrée principale. C'était le chemin ordinaire des rares évasions qui passaient inaperçues. Il est vrai que les Allemands libéraient des prisonniers par petites pincées, presque exclusivement des Alsaciens et des Lorrains. L'annexion de l'Alsace et de la Lorraine était en cours. Elle avait commencé dès six jours après la signature de l'armistice par l'arrestation et l'expulsion des préfets et des évêques de Metz et de Strasbourg. Violation des conventions d'armistice qui aurait dû entraîner son abrogation si la France n'avait pas été gouvernée par des hommes qui entendaient tirer parti de l'effroyable défaite pour asseoir leur pouvoir dont la nature était faite de la soumission totale au vainqueur.

Ces cinquante jours d'internement à la caserne Haxo furent décisifs pour Jean-Paul Sartre qui céda aux événements. Coupé du monde, plongé dans la masse des prisonniers où se retrouvaient tous les types humains, contraint à une cohabitation qu'il subissait en réussissant à s'isoler en lui-même, Sartre avait pris ses résolutions. Quel que fût le monde qui se prépa-

---

1. *Lettres au Castor*, lettre du 28 juillet 1940.

rait sous l'hégémonie allemande, il entendait y figurer au premier rang et accomplir ce qu'il appelait son destin. Il était sûr de trouver l'appui déterminé de Simone de Beauvoir, elle-même saisie par l'envie d'accompagner Sartre dans sa gloire et d'y prendre sa part. Séparés par tant d'obstacles, tous deux savaient que leur volonté et leurs espoirs coïncidaient.

La ligne de chemin de fer était située à une dizaine de mètres de la grille de la caserne Haxo. Des trains arrivaient et repartaient sans que les grincements des essieux suscitassent en Sartre un désir d'évasion. C'est ici que se placent les premiers symptômes de sa « mauvaise foi » telle qu'il devait en poser les principes à l'usage d'autrui. Afin de trouver une excuse à ce refus d'évasion, il accréditait dans son entourage l'idée que les Allemands ne les emmèneraient pas en captivité outre-Rhin, mais qu'ils resteraient en France. Il prêcha la patience et mit en garde contre toute évasion car un fugitif repris ne couperait pas, lui, à l'internement en Allemagne. Pieterkowski, que la perspective d'une déportation en Allemagne terrorisait étant donné ses origines juives, se rangea à l'avis de Sartre.

Dans les premiers jours d'août, une affiche signée du commandant du camp est placardée au mur du parloir. Elle annonce que les prisonniers internés à la caserne Haxo demeureront en France. Le lendemain commença l'évacuation. La voie ferrée est à deux pas. Des milliers de prisonniers — ceux qui moutonnaient sur les routes de la captivité cinquante jours plus tôt — envahissent les quais, faisant face à un premier train de marchandises. Un ordre retentit, repris de proche en proche par des voix impératives. Dans une belle bousculade tout le monde parvient à se hisser dans les wagons. Les Allemands passent de l'un à l'autre et ferment les portes.

Longepierre qui se trouvait avec Sartre relatera un incident révélateur au cours de ce transfert :

« Nous avons été entassés à raison de quarante par wagon dans des wagons à bestiaux solidement cadenassés avec toutefois une étroite fente d'aération entre les portes, le tout cheminant à la vitesse moyenne de 30 à 40 kilomètres à l'heure, en direction de Trèves, via la Belgique et le Luxembourg. Au passage de Lérouville, il y eut un arrêt de trois quarts d'heure. Les portes des wagons furent ouvertes pour permettre à la population civile de nous ravitailler en eau potable. Il faisait une chaleur torride. Bien entendu, il était interdit de descendre des wagons et les sentinelles veillaient sur le convoi avec leurs fusils chargés. Toutefois, la présence des civils qui venaient très nombreux sur le quai de la gare rendait la surveillance difficile... Compte tenu de la température ambiante, nous étions à peine vêtus. Pour ma part, je portais seulement un pantalon de treillis et une chemise civile. En sautant subrepticement du train, tête nue, avec un bidon en main, il paraissait possible de tenter l'évasion en se mêlant à la population civile.

« L'idée aussitôt retenue, je pris soin d'associer Sartre à ce projet, lui proposant même, avec l'accord d'un autre camarade, d'échanger sa tenue militaire contre une tenue semblable à la mienne pour l'encourager dans cette aventure.

« — Et si les Allemands ne trouvent à l'arrivée que 38 prisonniers au lieu de 40 dans notre wagon ? Et s'ils décident de fusiller Robin considéré comme le responsable parce qu'il s'est improvisé interprète auprès de nos gardiens et aussi parce qu'il est le plus ancien et qu'il est sergent? Prends garde aux conséquences possibles de ton acte. Ceci étant dit, il reste que le premier devoir d'un soldat prisonnier est de tenter toutes les chances d'évasion qui se présentent à lui, donc à toi de décider. En ce qui me concerne, je reste.

« Évidemment, j'ai renoncé à mon projet[1]. »

Longepierre finira par comprendre, lors d'autres occasions, que Sartre se donnait des gants pour ne pas s'évader. Nous vérifierons par la suite comment il rejettera toutes les opportunités d'évasion.

Suivant Longepierre, à l'arrêt de Lérouville, Sartre lui aurait remis des feuillets manuscrits en le chargeant de les détruire. Longepierre les déchira et jeta les morceaux sur la voie ferrée par la fente des portes coulissantes, quand le train fut reparti.

« Je les ai répandus depuis Lérouville jusqu'à Trèves. C'étaient les derniers carnets de la Drôle de Guerre et un récit sur la caserne Haxo, dira Longepierre. Sartre les jugeait compromettants[2]. »

Un événement important s'était produit. Le train quittait Lérouville quand, tout à coup, dans le wagon, quelqu'un remarqua qu'il empruntait l'embranchement de Verdun et non celui de Châlons. Ce qui signifiait que le train se dirigeait vers l'Allemagne[3].

---

1. Causerie faite à l'académie de Mâcon le 4 septembre 1980 par Henri Longepierre. Cette anecdote fut confirmée à l'auteur de ce livre par M. Robin.
2. Témoignage de Henri Longepierre.
3. Témoignage de Jean Pierre.

3.

« Le bon Castor [1] »

Le 20 juin, la veille du jour où Sartre était fait prisonnier à Padoux, la bourgade de La Pouèze, perdue dans la campagne angevine, semblait sans vie. Les volets étaient clos. Personne dans les rues. Le bétail avait été retiré des pâturages et des étables. On ne percevait pas de ces sons confus, de ces bruits de fond propres aux agglomérations rurales. Du ciel translucide tombait une chaleur étouffante.

Au creux du virage de la route qui traverse La Pouèze, une barrière ouverte donnait accès au « Brionneau », la demeure du Dr Morel, gros propriétaire local. Enserrée entre un bâtiment de service et une ferme contiguë, s'élevait une maison massive mais sans grandeur dont le crépi blanchâtre cachait de belles pierres. Seuls ornements de cette façade quelconque, des lucarnes à fronton se détachaient des hauts combles en ardoise du pays. Dès qu'on entrait dans la maison, on se sentait attiré d'une pièce à l'autre. La fenêtre unique de chaque pièce, prise dans l'épaisseur du gros mur, admettait juste ce qu'il faut de lumière pour ne pas rompre un enchantement.

---

1. C'est ainsi que Sartre désignait Simone de Beauvoir aux jeunes femmes qu'il courtisait.

D'antiques meubles familiaux semblaient cernés par un espace qui leur conférait une sorte d'humanité et on se disait que, depuis le temps, ils avaient dû entendre et voir bien des choses. De ces murs, de ces objets émanait une société qui n'était plus, à laquelle avait succédé une autre image du monde destinée, elle aussi, à s'abolir.

Rien ne bougeait dans cette demeure. À l'étage, une chambre aussi vaste que le salon du dessous. Au fond de la pièce, dans un lit dominé par les solives du plafond, un homme reposait dans la pénombre. C'était le Dr Morel, maître des lieux qui, neurasthénique depuis des années, ne se levait pas, interdisant sa chambre aux invités qu'il hébergeait sans les avoir vus, mais se tenant au courant de tout ce qui se passait.

Sa chambre était tapissée de livres posés en désordre sur de hauts rayonnages. Des livres, il en traînait sur tous les meubles. Une servante restait auprès de lui et, par moments, sa femme et sa fille entraient, s'enquéraient de ses éventuels désirs et elles s'attardaient avant de repartir à travers la maison déserte où il y avait partout des bibliothèques dont les livres, soigneusement alignés, étaient serrés comme pour montrer qu'ils avaient trouvé un emplacement définitif et que plus personne ne les lisait. Elles rejoignaient dans le jardin qui s'étendait derrière la maison la quinzaine de personnes qui encombraient les aîtres une ou deux heures plus tôt et s'étaient repliées dans une tente ronde dressée sous un tilleul. Près de l'arbre, une bâche dissimulait la voiture de Mme Morel.

Une inquiétude pesante se dégageait de ce groupe

composé surtout de femmes et d'enfants. Mme Morel
et sa fille Jacqueline s'éreintaient à loger, à nourrir ces
gens qui s'entraidaient tous avec la bonne humeur qui
règne durant les jours de grand malheur. Tous
excepté Simone de Beauvoir, excessivement nerveuse
et abattue tout à la fois. Elle avait un fin profil de
jeune garçon et sa figure était boutonneuse. Semblant
hors d'état de prendre soin d'elle-même, elle était
sale, les vêtements en désordre, et elle se grattait
jusqu'au sang le dos des mains. Débarquée à l'impro-
viste chez Mme Morel, elle ne s'intégrait pas au
groupe. Si jamais on lui adressait la parole, elle
répondait par monosyllabes en portant sur les autres
des regards sans indulgence comme si elle voulait
décourager les meilleures volontés et rester libre de se
tourmenter à sa guise. On aurait dit qu'elle voulait
voir jusqu'où elle pouvait aller. Neuf jours plus tôt,
elle avait fui Paris, en passe d'être occupé par les
Allemands, dans la voiture de M. Biennenfeld dont la
fille Bianca était une de ses anciennes élèves du lycée
Molière. Bianca partageait ses faveurs entre Sartre et
Simone de Beauvoir, couchant avec l'un et l'autre.
Sur les routes encombrées de réfugiés, au milieu du
désastre de tout un peuple, La Pouèze était apparue à
Simone de Beauvoir comme le seul refuge, et, quittant
les Biennenfeld à Laval, elle avait réussi à s'y rendre.

Bien que n'ayant pas vu de soldats ennemis,
Simone de Beauvoir percevait leur présence et elle ne
cessait de regarder du côté de la haie qui dissimulait
la route. Elle demeurait raidie, hagarde, entièrement
repliée sur soi et, prise de tremblements, elle recom-
mençait à se gratter le dos des mains et tout à coup
éclatait en sanglots. Parfois, elle attrapait Mme Morel

par le bras et se lamentait comme si elle trouvait plaisir à s'entendre : « Est-ce qu'*ils* arrivent ? » Des larmes montaient à ses yeux rougis ; son visage exprimait une peur indécente. On comprenait vite que le sort de Sartre l'inquiétait. Elle se posait à son propos un tas de questions qui la torturaient et elle se laissait aller à l'excitation nerveuse, sûre que personne ne la contrarierait. Elle voyait Sartre mort, son unique souci autre qu'elle-même, et ses lamentations redoublaient. Elle ne songeait même pas à se rendre utile, à se joindre aux réfugiés, et elle ne pouvait réprimer le dégoût que lui inspiraient les enfants dont la seule vue la faisait grimacer. Quand, sur une fausse alerte, elle crut que les Allemands arrivaient, elle courut se cacher dans le grenier en se comprimant les tempes entre ses poings comme dans un étau. « Une loque : une véritable loque », dira Jacqueline, la fille de Mme Morel en évoquant ces faits dont elle avait été témoin [1].

Malgré son surmenage, Mme Morel était attristée de voir cette jeune femme à bout de forces s'abandonner à la panique. Depuis des années, Mme Morel était la bienfaitrice de Sartre et de Simone de Beauvoir, une amie dont la fidélité s'était accommodée des déceptions qui pouvaient naître de la fréquentation de ce couple de philosophes. L'effondrement de Simone de Beauvoir ne surprenait pas Mme Morel. Sa physionomie arborait une expression qu'elle lui connaissait et qui lui rappelait des événements survenus à Séville quelques années plus tôt.

C'était en Espagne, l'été 1932. Mme Morel voya-

---

1. Témoignages de Jacqueline Isorni et Marie-Antoinette Carretier.

geait dans la péninsule en compagnie de Pierre Guille, ancien normalien qui avait été le répétiteur de lettres de son fils, puis était devenu le chevalier servant de la mère. C'est Guille qui avait présenté Sartre à Mme Morel, laquelle cherchait également un répétiteur de philosophie pour ce fils qui ne parvenait pas à passer son baccalauréat. Sartre et Simone de Beauvoir devaient retrouver Mme Morel et Guille à Séville. Généreuse, Mme Morel défrayait ses amis. Le lendemain de leurs retrouvailles, intervint le pronunciamiento du général Sanjurjo, le militaire le plus acclamé d'Espagne, pendant qu'ils se promenaient dans le centre de la ville, non loin de leur hôtel. La république espagnole vacillait sous les coups de boutoir du général séditieux. La foule manifestait, applaudissant et conspuant tout à la fois. Des factions s'affrontaient. Mme Morel et ses amis furent pris dans le grand mouvement de la multitude qui battait en retraite. Elle tenta de calmer ceux qui l'entouraient tandis que Guille, Sartre et Beauvoir se sauvaient. Se rendant compte aussitôt que Mme Morel était en péril, Guille dit à Sartre et à Beauvoir qu'il fallait retourner la chercher, mais les deux autres refusèrent. Abandonnant leur amie, Sartre et Beauvoir s'enfuirent. Ils coururent si bien et si loin que le jour passa sans qu'ils refassent surface. Ce ne fut que le soir que Sartre et Beauvoir réapparurent à l'hôtel où Mme Morel et Guille les attendaient ; ils ne firent aucune allusion aux événements et ne s'enquirent pas du dénouement[1].

---

1. Témoignages de Jacqueline Isorni et Marie-Antoinette Carretier. Dans *La Force de l'âge* Simone de Beauvoir parle du « divertissement » occasionné par ce coup d'État manqué et affirme que cette agitation « l'enchanta ».

La femme qui s'était cachée dans le grenier de la maison de La Pouèze était bien celle qui avait fui à Séville. Mme Morel en prit son parti : il ne fallait pas compter sur Simone de Beauvoir.

Au cours des derniers jours, toute la maisonnée avait vécu pendue à la radio. Chacun avait pu entendre la voix du maréchal Pétain annoncer : « C'est le cœur serré que je vous dis qu'il faut cesser le combat. » Comme tant d'autres, Simone de Beauvoir approuvait les paroles de Pétain qui mettaient un terme à la déroute militaire et à l'exode. Toute entreprise qui finissait la guerre avait son approbation. Elle n'en pouvait plus d'assister à l'effondrement d'un univers familier bâti en commun avec Sartre. Ses crises de détresse l'avaient épuisée. Elle avait l'habitude de penser sa vie et l'irruption des Allemands la contraindrait à un autre mode de pensée si elle ne s'en accommodait pas rapidement. Dans cette confusion prédominait une inquiétude : quelle allait être sa place dans le monde sous le règne allemand ?

Telle était bien la question qu'elle ressassait et qui mettait en éveil son esprit pratique. C'est ainsi que, loin de Sartre mais façonnée par leur délire commun, elle ne pouvait renoncer à ses ambitions littéraires, à ses rêves de gloire, en dépit du chaos qui, en simplifiant les mentalités, révélait les tendances majeures d'un individu. Depuis deux ans, Sartre était un écrivain reconnu et admiré par ceux qui comptaient dans le milieu littéraire, même s'il n'avait pas encore touché le grand public. Il était tenu pour un écrivain important après la publication de *La Nausée* et du *Mur* et ses articles parus dans la *NRF* lui

valaient la réputation d'être un esprit redoutable et
plein de ressources, tandis que Simone de Beauvoir
s'échinait à écrire depuis dix ans dans la plus
complète obscurité. Elle pensait enfin boucler un
roman avec lequel elle se battait depuis plus de trois
années, et elle y misait son avenir. Seul Sartre
pourrait l'aider à le faire publier et elle ignorait tout
de son sort. Dans cette simplification des mentalités,
au cours de ces jours tragiques, l'affection et l'ambition qui la liaient à Sartre la sollicitaient totalement et
s'exprimaient sans détour. L'idée que des troupes
françaises puissent poursuivre la guerre hors de la
métropole, en Afrique du Nord, l'exaspérait. Autant
de temps perdu pour elle et Sartre, pensait-elle. Tout
comme Sartre, elle ne saisissait pas le danger mortel
que faisait courir au monde la volonté d'hégémonie de
Hitler. Il ne lui venait pas à l'esprit que le seul devoir
incombant à des hommes libres consistait à lutter à
mort contre le nazisme. Les mêmes idées tourbillon-
naient sans cesse dans sa tête : elle voulait se ménager
dans la défaite un espace personnel où elle pourrait
vivre, aimer, écrire, connaître le succès littéraire,
convaincue de rejoindre les préoccupations essentielles de Sartre. Vivre dans le désastre comme si le
désastre n'existait pas. Fait remarquable, aucune
perspective nouvelle ne s'imposait à elle. Au
contraire, elle s'attachait à ses habitudes et chassait
toute pensée qui pouvait la distraire de ses préoccupations familières. La défaite ne lui inspirait aucun défi,
aucun acte de courage. Elle se rabattait sur des
pensées conservatrices qui créaient une impression de
sécurité. Cependant, tant que l'ennemi n'était pas
arrivé à La Pouèze, elle se sentait menacée de mort,

vivait dans la terreur, gémissait. Elle était si malade d'angoisse qu'elle aurait voulu abolir le présent, être plus vieille de quelques semaines, sauter dans le futur.

Les invités de Mme Morel étaient toujours réunis sous la tente ronde quand, dans le cours de l'après-midi, un jeune jardinier, Marcel Beaufils, monté dans un tilleul pour cueillir les fleurs, s'écria : « Les voilà ! » Il pointait la main en direction de la haie. Le vacarme des chars dont les tourelles apparaissaient au-dessus de la haie créa un instant de saisissement insoutenable [1]. Simone de Beauvoir courut s'abriter derrière la bâche qui dissimulait la voiture de Mme Morel. Le bruit des blindés s'amplifia comme un orage qui grossit. En moins de rien, La Pouèze avait basculé dans un monde d'asservissement. La Pouèze cessait d'être une commune libre et connaissait le sort de Paris occupé six jours plus tôt. En quelques secondes, les affres de l'attente se dissipèrent devant le fait accompli. C'étaient certes les mêmes gens qui parlaient et vivaient mais leur statut n'était plus le même. Désormais, ils obéiraient au vainqueur qui disposait de tous les droits.

La nouvelle s'était répandue jusque dans la campagne. Le danger de mort n'existait plus. Le village déserté se repeupla. Gens et bêtes regagnaient qui son logis, qui son étable ou son écurie. Mais le mot « réquisition » était dans l'air. Nul doute que pour se nourrir, les Allemands allaient se payer sur la bête.

1. Témoignage de Marcel Beaufils.

Les chars encombraient les rues, bientôt suivis par les véhicules hippomobiles dont était également dotée cette armée super-motorisée. Des dizaines de chevaux promptement dételés étaient conduits aux divers points d'eau. Les cours des fermes résonnèrent de leurs sabots. Rapidement, pour des besoins de ravitaillement et de réquisitions, population civile et soldats allemands furent mêlés. Ces rapports occupèrent tout le monde. La peur était passée. Restaient l'appréhension et la crainte de se faire voler ou de ne pas recevoir suffisamment son dû.

Une heure n'était pas écoulée depuis l'arrivée de l'ennemi que le maire se présenta chez les Morel accompagné d'un officier et de son ordonnance. L'officier réquisitionna le salon juste sous la chambre du Dr Morel. Une vieille princesse russe qui l'occupait en perdit la tête et se vit morte. Il fallut la déloger ; elle se livra à des extravagances. L'ordonnance prit aussitôt possession des lieux tandis qu'à l'extérieur retentissaient les voix gutturales d'Allemands qui conduisaient leurs chevaux à l'abreuvoir de la ferme jouxtant la maison des Morel.

Simone de Beauvoir s'était repliée dans le grenier. Puis, elle quitta son refuge et rejoignit au premier étage le groupe que formaient, devant la rampe de l'escalier, Mme Morel, sa fille Jacqueline et sa petite-fille Marie-Antoinette que sa mère tenait dans ses bras. L'officier allemand avait déjà aperçu la fillette en débarquant dans la maison. Il voulut être aimable. D'une voix forte, il demanda : « Où est le bedit anche ? — Laissez-la aller, qu'elle y aille », dit Simone de Beauvoir en tentant de prendre l'enfant à la mère pour l'envoyer à l'Allemand. « À elle, il ne fera rien. Elle ne risque rien ! » et elle s'efforça en vain de faire descendre la petite fille[1].

Cependant, Simone de Beauvoir venait de faire une expérience qui ravivait de vieilles et permanentes terreurs. La mort ! Cette mort dont elle sentait la présence et dont l'idée la ravageait au point d'en perdre la raison. Si elle avait tellement peur des Allemands, ce n'était pas en tant qu'ennemis de son pays mais parce qu'ils pouvaient lui délivrer la mort. « Que philosopher c'est apprendre à mourir », lui avait-on pourtant enseigné. Or la simple idée de la mort l'empêchait de philosopher et la livrait à des frayeurs irrépressibles. Il se formait dans son esprit des images d'épouvante. La mort lui semblait une affaire strictement personnelle : elle n'était pas la fin des autres dont elle ne se souciait pas, mais sa fin particulière à elle, le terme de toute chose, la dissolution dans le néant, l'abolition absolue de son être.

En cette fin d'après-midi où prenait place l'occupation de La Pouèze, Simone de Beauvoir regardait encore les Allemands avec frayeur : comment réagiraient-ils si on les contrariait ? Utiliseraient-ils leurs armes ? C'est pourquoi elle voulait pousser la petite Marie-Antoinette vers eux, pour les amadouer, les désarmer. La fillette représentait pour elle, en ces heures, une garantie contre la mort, une manière de demander grâce. Même si les Allemands circulaient pacifiquement dans la cour de la ferme et à travers la propriété des Morel, ils incarnaient le pouvoir de tuer. Un rien pouvait les y inciter. Simone de Beauvoir se représentait les Allemands tels qu'elle

---

1. Témoignage de Mme Marie-Antoinette Carretier.

voulait les voir, comme s'ils n'existaient que pour lui inspirer, à elle, la peur de la mort.

Le lendemain, quand elle se leva, elle entendit dans la cour le remue-ménage des chevaux entrecoupé d'injonctions criées à pleins poumons. Ils étaient là, un fait irréversible, comme une modification de paysage après un ouragan. L'œil s'habitue. La peur de la mort qui faisait entrer Simone de Beauvoir en transes n'était pas entièrement apaisée. La mort, c'était le soldat allemand, non qu'elle le détestât mais il avait le droit de la tuer. À cette cause accidentelle, s'ajoutaient les sombres origines d'une angoisse dont Simone de Beauvoir reconnaissait qu'elle remontait à sa prime adolescence, époque d'agressivité et de frustration. La narcissique Beauvoir était épouvantée par une réalité autrement plus convaincante que les acrobaties verbales de la philosophie de son ami Sartre dont le dogmatisme réconfortant posait en principe « que la mort en se découvrant à nous telle qu'elle est, nous libère entièrement de sa prétendue contrainte. C'est ce qui apparaîtra pourvu qu'on y réfléchisse [1] ».

Quand elle fut prête, elle quitta la maison un livre sous le bras et se dirigea vers le grand pré qui prolongeait le jardin des Morel. Des Allemands y avaient mis des chevaux au pâturage. D'autres bavardaient en groupe. Attirée invinciblement, elle les regarda et s'allongea sur l'herbe, à proximité, puis elle ouvrit son livre et attendit. Il ne manqua pas de se produire ce qu'elle espérait. Deux de ces soldats vinrent lui parler. Elle leur répondit. L'enchantement

1. *L'Être et le Néant*, Gallimard, p. 604.

fut brisé. La frayeur panique des derniers jours l'abandonna. Tout redevint bizarrement calme. Elle se retrouva transposée dans un autre monde, presque inoffensif, et elle en éprouva une jouissance sournoise. La mort cette fois-ci avait perdu la partie : elle ne revêtait plus le visage des Allemands.

Elle relate dans ses Mémoires que ces deux Allemands « m'assurèrent de leur amitié à l'égard du peuple français : c'étaient les Anglais et les Juifs qui nous avaient entraînés à ce désordre[1] ».

Elle ne dit pas ce qu'elle répondit. On peut induire qu'elle eut une attitude conciliante car, au lieu de partir, elle resta. Le premier pas de la soumission était franchi. Il ne lui vint pas à l'esprit qu'il aurait été digne de se lever pour fuir un entretien avilissant.

Elle demeura à La Pouèze pendant encore huit jours, bonne à rien, traînant, lisant des romans policiers. Des clauses de l'armistice, elle retint surtout, écrit-elle dans ses Mémoires, celle qui concernait les prisonniers de guerre retenus en captivité jusqu'à la signature de la paix. Devant les nouvelles contradictoires qui circulaient à ce sujet et la logique voulant que les Allemands ne s'encombrassent pas d'un si grand nombre de bouches inutiles, elle imagina que Sartre en avait réchappé et n'excluait pas qu'il fût déjà de retour à Paris. Elle voulut s'y rendre coûte que coûte.

Un couple franco-hollandais, hébergé à La Pouèze, accepta de la prendre à bord d'une automobile surchargée. Les mouvements conjugués qu'entraînaient la victoire allemande et la débâcle française

---

1. *La Force de l'âge, op. cit.*, p. 458.

créaient une situation inextricable sur le terrain :
encombrements de voitures, pénurie d'essence, affole-
ment et opposition des égoïsmes. Pressée d'arriver et
s'insurgeant contre les difficultés à se ravitailler en
essence, Simone de Beauvoir tomba dans son travers
qui consistait à rabaisser autrui, à le cribler de
mépris. Elle s'en prit aux Hollandais auxquels elle
reprochait un manque de débrouillardise, leur imputant même le désordre de l'exode. Tout ce qu'ils
tentaient ou entreprenaient était inexorablement cri-
tiqué. Tout lui portait sur les nerfs, y compris la voix
de la jeune femme qu'elle qualifia de « fécale ».
Finalement, n'y tenant plus, impulsive, stimulée par
le mirage de Sartre, elle pria les Hollandais de lui
rapporter sa valise à Paris et les laissa tomber.

Elle se mit en quête d'un véhicule allemand roulant
vers la capitale et finit par prendre un camion de
soldats allemands qui, pendant le trajet, se montrèrent d'aimables compagnons : « Ils étaient vraiment
gentils, ils ne semblaient pas exécuter de consignes
mais avoir spontanément envie de rendre service[1]. »
Et cette femme, qui prétendra dans ses Mémoires que
tout relâchement aux règles d'un comportement
digne vis-à-vis de l'occupant, que toute ébauche de
fraternisation la hérissait et l'écœurait, se laissa
conduire par ces soldats allemands qui venaient
d'écraser ses compatriotes et qui combattaient au
nom de l'idéologie nazie. Elle n'entrevit même pas
quelle charge symbolique comportait ce retour dans
un fourgon ennemi.

1. *Ibid.*, p. 463.

4.

Un stalag à Trèves

En fin d'après-midi, le convoi de prisonniers s'arrêta à Trèves, point de rencontre de la conquête romaine et de la barbarie franque. En 1792, Chateaubriand vint y camper avec l'armée des émigrés qui portaient les armes contre la France. Au demeurant, une ville accueillante et verdoyante.

Passés sans transition de l'espoir de demeurer en France à la déconvenue de se retrouver en Allemagne, les Français, encore plus misérables qu'au départ, descendirent des wagons à bestiaux, ébahis par le voyage, et ils se sentirent cernés par un espace urbain auquel ils n'étaient plus habitués depuis longtemps. Comme tous les édifices publics du IIIe Reich, la gare était ornée d'une floraison de bannières rouges à croix gammée qui créaient un effet de choc et gravaient dans les esprits l'omniprésence du nazisme. C'était la première fois que les prisonniers en voyaient autant. Ils stationnèrent sur les quais, hors d'état de faire quelque chose par eux-mêmes mais rassurés par leur nombre. Peu à peu, sous les vociférations des gardiens, l'ordre surgit du désordre. Cette foule s'étira en rangs qui satisfirent les Allemands. Tous se mirent en branle et quittèrent la gare en traînant leurs godillots et en portant leurs paquets. Où allaient-ils ? Pendant

3 kilomètres, ils marchèrent par la ville pavoisée. Une population clairsemée les regardait passer sans réagir ni manifester d'hostilité, à part quelques cris lancés par des jeunes contre les descendants de la soldatesque qui, sous Louis XIV, avait pillé et incendié le Palatinat dont l'orgueilleuse Trèves se transmet le souvenir de génération en génération. Le caporal Jean Pierre, qui marchait à côté de Sartre, crut même entendre les cris allemands : « Mort aux soldats de Louvois ! »

Vers le sud, ils parcoururent des quartiers aux maisons cossues situées dans des jardins fleuris pleins de senteurs champêtres et ils abordèrent le Petrisberg, un mont massif d'environ 600 mètres de haut. Ils empruntèrent un chemin de croix en lacet, assez raide, et processionnèrent à travers les vignes, puis ils parvinrent au sommet, essoufflés et lamentables, l'estomac creux. Le panorama était superbe. Entre les échappées des arbres, la ville apparaissait dans tout son développement et l'on constatait que les espaces verts y abondaient. Les bruits se fondaient en une rumeur permanente qui montait jusqu'au camp.

Le stalag XII D, qui porte le numéro de la division militaire de ce territoire, était installé au sommet du Petrisberg sur un plateau assez étendu pour recevoir une population de plusieurs milliers de personnes abritées dans des baraquements. « Presque tous les versants du mont sont recouverts d'arbres et d'autres formes de végétation, ce qui doit faciliter l'évasion des prisonniers qui réussissent à traverser le réseau de fils de fer barbelés qui entourent le camp », notera en tête de son rapport le diplomate américain qui visitera le stalag en octobre 1940, deux mois après l'arrivée de Sartre[1].

Les baraques en bois sont rudimentaires. Les unes sont peintes à l'extérieur, les autres restent à l'état brut. L'intérieur comporte des cloisons plus ou moins jointives et un plancher non raboté mais rehaussé par rapport au sol. On se rend compte qu'il s'agit de quartiers réservés exclusivement à la troupe. Seule, dans un bâtiment aussi grossier, la cuisine possède un sol cimenté permettant le lavage à grande eau. D'autres annexes : cantine, local de désinfection, salles de réunion, latrines, offrent le même aspect de baraquements. Les allées sont en terre battue au relief inégal, de sorte que des cavités retiennent d'énormes flaques d'eau quand il pleut[2]. Comment les prisonniers auraient-ils pu imaginer qu'ils allaient passer des années dans un tel endroit, que tant d'entre eux, réduits à rien, allaient y déambuler en se querellant ou en se haïssant, ou nouer des amitiés, ou marcher silencieusement en se perdant dans leurs pensées ?

Le nombre des prisonniers est si important que les autorités allemandes du camp reconnaissent que les mesures de sécurité sont insuffisantes et font face difficilement à ce débordement. Deux rangées de barbelés seulement se dressent contre les évasions de ce camp de 400 mètres de long sur 100 mètres de large. Chaque angle est flanqué d'un mirador peu élevé, armé d'une mitrailleuse qui balaie toutes les directions. L'espace compris entre les deux rangées de barbelés est de deux mètres approximativement. Les

1. Archives nationales (AN), F 9-2880. Rapport de l'ambassade des États-Unis, puissance protectrice.
2. *Ibid.*

prisonniers surpris à s'y glisser reçoivent sommation de retourner à l'intérieur du camp, sinon un tir de semonce est déclenché. Il faut noter que les tentatives d'évasion eurent lieu surtout à l'arrivée dans le camp quand les nerfs des captifs les maintenaient encore dans un état d'excitation. Elles n'étaient sanctionnées que de trois jours de prison. Un détachement patrouillait régulièrement à l'extérieur des barbelés.

Le camp était dépourvu d'abri antiaérien, mais les Allemands assuraient qu'en bas, même la grande ville de Trèves était démunie de toute défense contre d'éventuels raids ennemis. Le black-out était obligatoire dès les premières ombres de la nuit.

Le stalag logeait environ 5 000 prisonniers en hiver. L'été, quand on pouvait coucher dehors, il en renfermait jusqu'à 10 000 ; et le sol entier semblait alors animé de mouvements rampants. Pendant les premiers mois de l'internement de Sartre, on dénombrait dans ce camp 7 623 prisonniers, français pour la plupart, dont 2 221 « hommes de couleur » provenant des troupes coloniales. Quelques Anglais, des Polonais et des Belges.

Le stalag offrait une autre particularité, celle d'être un camp de transit, ce qui permettait de le surpeupler provisoirement. Les Noirs d'Afrique des troupes coloniales françaises étaient « la plaie du camp ». Les Allemands, comme les prisonniers français métropolitains, réclamaient leur départ, les Allemands par haine des « sous-hommes » et les Français à cause de l'humiliation ressentie par eux, les colonisateurs, à partager le même sort que les colonisés à l'égard desquels ils n'éprouvaient aucun sentiment de fraternité ou de bienveillance, et ils les ridiculisaient par un tas d'histoires racontées à leurs dépens.

Les mieux logés étaient en priorité les médecins, puis ceux des prisonniers qui faisaient fonction d'interprètes. Les plus mal lotis demeuraient les Noirs africains, relégués dans deux baraquements sans cloisonnement où ils ne pouvaient s'étendre qu'en s'imbriquant les uns dans les autres. Ils dormaient dans leurs uniformes en loques sur des châlits à quatre niveaux qui croulaient sous le nombre ou à même le sol, sans paillasse, sous prétexte que leurs poux infesteraient les matelas.

Le diplomate américain qui visita le camp consigna : « Apparemment, le seul salut pour ces malheureux prisonniers sera leur transfert — déjà admis — dans une localité plus chaude où ils ne souffriront pas du froid et pourraient obtenir de meilleurs dortoirs [1]. »

Les baraquements étaient éclairés à l'électricité. L'été, grâce aux longues journées, le couvre-feu tombait avant la nuit et il était interdit d'allumer. En automne et en hiver, le courant était coupé à l'heure de l'extinction des feux.

L'Allemagne était devenue le plus grand camp de captifs qu'on n'ait jamais pu imaginer. À eux seuls, les Français représentaient plus de 1 700 000 prisonniers de guerre déversés en moins d'un mois sur le territoire germanique. La liste des noms de ces prisonniers, établie par les Allemands, s'étendait sur

---

1. AN. Rapport ambassade américaine déjà cité.

163 667 pages. À ce chiffre s'ajoutaient les transferts d'un camp à l'autre, scrupuleusement enregistrés, qui portèrent à 526 106 pages les listes nominatives de prisonniers français reçues par le Comité international de la Croix-Rouge à Genève pendant la durée de la guerre [1].

À l'arrivée au stalag, Sartre subit la fouille comme tout le monde. Les Allemands confisqueront plus tard ses manuscrits en lui promettant de les rendre, ce qu'ils feront. Ils se saisirent de tout objet qu'un prisonnier est censé ne pas posséder. La collectivité humaine qui submergeait le camp avait un aspect lamentable. La majorité des hommes étaient vêtus de guenilles et de chaussures percées. Bien qu'ils fussent tous semblables, il n'y avait aucun air d'ensemble dans cet étrange rassemblement de captifs. Pour y remédier, les Allemands, qui avaient pillé des entrepôts français, distribuèrent des uniformes de zouave aux plus misérables. Avec les culottes bouffantes d'un rouge éclatant et les gilets à passementeries, les prisonniers faméliques faisaient piteuse figure. Très rapidement, l'expression « faire le groom » s'appliqua à ces hommes humiliés dont certains coiffaient la chéchia, par référence aux employés indigènes qui servaient le café attifés de cette manière dans certains restaurants de luxe en France.

Après avoir partagé quelques jours de captivité avec Jean Pierre et Gaston Pieterkowski, ses camarades du poste de sondage, Sartre qui avait aussi la

---

1. Rapport du Comité international de la Croix-Rouge sur son activité pendant la Deuxième Guerre mondiale, n° 2, Genève, 1948.

qualification de brancardier réussit à se faire embaucher comme interprète-infirmier, une planque parmi les « aristocrates » du camp qui lui assurait la tranquillité — une chambre pour trois — et une nourriture suffisante alors que la disette régnait dans le camp. L'infirmerie ne traitait que des cas sans gravité. C'était un local clair, facile à aérer, avec des chambres équipées d'un petit nombre de lits. Les soins étaient rudimentaires. Le plus souvent, les patients restaient allongés tout habillés et n'étaient guère pressés d'être renvoyés. En ville, l'hôpital militaire de Trèves se chargeait des cas les plus graves.

Une demi-douzaine de médecins français, attachés au stalag, avaient la responsabilité de la clinique du camp. L'un des chefs de cette antenne médicale, le capitaine Bourdin, se montra totalement acquis aux Allemands et à l'idéologie nazie. Il fut rapidement connu pour ses excès verbaux et la manière dont il regardait les malades avec méfiance, les considérant presque comme des ennemis naturels. Quand le plus fidèle camarade de Sartre, Pieterkowski, tenta de se faire passer pour incurable, les médecins allemands lui accordèrent d'être rapatrié. C'est alors que le capitaine Bourdin, qui l'avait examiné de près, s'exclama : « Vous ne voyez pas que cet homme est juif... Vous ne pouvez pas libérer un juif. » Et chassé de l'infirmerie sans même avoir eu le temps de se rechausser, Pieterkowski regagna sa baraque[1].

Dès lors, nous perdons la trace de Pieterkowski qui

---

1. Après la guerre, le caporal Jean Pierre rédigea sur cet incident un rapport qui fut sans suite.

parviendra à retourner en France. Déjà au stalag, Sartre avait cessé de le fréquenter. Nous ne sommes d'ailleurs pas sûr que ce nom était bien le sien [1].

Par l'emploi qu'il occupait à l'infirmerie, Sartre était en rapport avec beaucoup de gens. Les malades lui rapportaient les ragots sur les uns et les autres. Il devenait un prisonnier bien informé et était d'autant plus optimiste qu'il mangeait à sa faim et se voyait traité en privilégié, en homme à part. C'est ainsi qu'il eut vent qu'un groupe de théâtre se constituait dans une baraque spéciale, n° 55, dite « la baraque aux artistes ». En faire partie dispensait de corvée, procurait un mince salaire et assurait une liberté relative. Le statut d'artiste conférait l'avantage de vivre à sa guise en se consacrant aux loisirs culturels du camp. Le groupe artistique recevait des autorités du papier et de l'encre à volonté [2]. Quand, à la suite d'intrigues, Sartre sera évincé de l'infirmerie, il prendra langue avec Marcel Chomisse, le responsable du groupe de théâtre. Avant la guerre, Chomisse était gérant ou directeur d'une salle de cinéma. Il ajoutait qu'il avait été imprésario. Personnage ambigu, mythomane et homosexuel. Beau parleur, malgré sa mâchoire inférieure édentée, il aimait raconter les réceptions imaginaires qu'il donnait à Paris « avec plantes vertes et orchestre [3] ». Pour donner des instructions, il prenait un ton de distinction, encore qu'une certaine vulgarité faubourienne perçât par moments. Même ceux

1. Le Comité international de la Croix-Rouge ne possède aucune fiche au nom de Pieterkowski.
2. Suivant les conventions de Genève de la Croix-Rouge, le théâtre faisait partie des loisirs intellectuels, du bien-être moral des prisonniers.
3. Témoignage d'André Clémot.

qui ne l'aimaient pas reconnaissaient qu'il s'acquittait de sa tâche avec efficacité, et il avait une manière de dévisager les gens comme s'il était toujours dans un état d'esprit à tirer parti de tout le monde. Si la vie du stalag révélait le caractère et la nature de chacun, en revanche on pouvait s'inventer un passé, se créer un personnage, se remettre à neuf. Tant qu'à parler de son existence, autant la rendre conforme à ce qu'on souhaitait. Témoin, celui que l'on surnomma le Braco. Pour la frime, il prétendait être un braconnier et avoir fait les quatre cents coups. C'était en réalité un pauvre type humilié, plein de jactance, que Sartre, par goût du sensationnel, portait aux nues. Il s'accusait sur un ton de dignité larmoyant d'avoir tué sa femme quand, au cours de la débâcle, passant par chez lui dans les Ardennes, il l'avait surprise au lit avec un homme. Puis, oubliant ce qu'il avait colporté, il assurait quelques jours plus tard ne pas être marié. Il racontait aussi un tas d'histoires graveleuses, très « choses vécues », que Sartre aimait entendre et retenir car, ayant déjà rédigé suivant ce procédé la première partie des *Chemins de la liberté*, il s'appliquait à faire vrai avec les recettes tirées du réalisme populiste et le style parlé. Il rapportait crûment les propos tels qu'il croyait les avoir entendus, sans rien modifier, notamment par la voie du dialogue. Et peut-être aussi, dans la grisaille du camp, le Braco lui paraissait-il être un personnage saillant. Ce dernier relatait innocemment une histoire qui ravissait Sartre, mandarin descendu parmi le peuple. Il avait une marraine de guerre, une femme du monde. Celle-ci l'invita dans une grande propriété à la campagne, une sorte de château où, parmi les invités, il se sentit comme un Huron. Voulant aller aux toilettes, le Braco se perdit dans les couloirs et, pris de court, il débourra dans un journal qu'il jeta par la fenêtre. « Vous êtes sûr que vous l'avez lancé par la fenêtre, monsieur le Braco ? jubilait Sartre. — Oui, par la fenêtre, monsieur le professeur. — Ah, monsieur le Braco, vous êtes un drôle![1] »

Le Braco ne faisait pas partie du groupe de théâtre, mais il hantait la chambrée, rendait de menus services en accomplissant de petites filouteries et, comme il était malin, cherchait le regard de ses interlocuteurs pour déchiffrer leurs pensées. Sartre, ayant vécu parmi les livres et fréquenté des êtres livresques, croyait que les sornettes du Braco valaient d'être consignées ou retenues à cause de leur valeur humaine. Il estimait que ce qui semble vrai à l'oreille est vrai à la lecture quand on le rapporte fidèlement, ce qui est le contraire même de toute vérité écrite, laquelle ne ressort que lorsqu'elle est d'abord intériorisée par l'auteur et non simplement restituée au mot près.

Le ton était pris, faussement cérémonieux et bêtement complice, dont Sartre ne se départira pas pendant la période de captivité comme s'il voulait fixer le point de repère de la manière dont il devait se comporter si jamais, dans cette vie de stalag, il ne savait plus où il en était. Notons que Sartre appelait « monsieur » tous les gens auxquels il donnait la réplique et il disait aussi qu'ils étaient ses acolytes. C'est d'ailleurs le parti pris d'aller au peuple qui le poussera à vouloir se mesurer, en caleçon et torse nu,

---

1 Témoignage d'André Clémot.

avec un boxeur du dortoir voisin qui le laissa faire alors qu'il aurait pu l'envoyer au tapis. Il prit très au sérieux cette bouffonnerie.

Sartre fut admis d'emblée dans le groupe de théâtre quand il eut annoncé à Chomisse, le régisseur, qu'il avait écrit et publié des livres. Apparemment sans difficulté, il s'installa dans la baraque des artistes on ne sait trop après quel accord avec les autorités allemandes. Dès lors, il s'aggloméra aux artistes, les *Künstler,* comme disaient les Allemands, passés maîtres dans l'art d'établir des distinctions et des hiérarchies entre les hommes. Dans cette baraque n° 55, il y avait également d'autres groupes spécialisés : les musiciens, les peintres et sculpteurs, les gymnastes...

Par désir d'impressionner, Sartre parvint sans difficulté à marquer sa différence et, par-dessus tout, sa supériorité intellectuelle dans cette baraque peuplée d'hommes qui se repaissaient de confidences bruyantes et s'isolaient tout à coup en un silence énigmatique. Ses compagnons de chambrée étaient tous plus jeunes que lui — Sartre avait 35 ans. D'autres auraient pu poser aux intellectuels, tels Pierre Boileau, lauréat d'un prix littéraire et auteur de plusieurs romans ; Vicéré, professeur d'espagnol dans un lycée d'Aix-en-Provence ; Salin, professeur d'anglais dans la même ville ; Melot, de la manufacture des Gobelins. Il y avait un certain de Cabrol, un noble disait-on, amateur de chevaux, qui réussit à se faire rapatrier. « Cela n'a rien d'étonnant, pensaient certains captifs, les nobles sont tous solidaires », et on citait tous les *von* qui auraient pu aider cet homme à particule. Mais la plupart des hôtes de la chambrée avaient été plutôt malmenés par la vie. Dans l'ensem-

ble, ils n'étaient pas dotés de cette maîtrise sur
l'existence qui permet de l'assumer sans trop de
peine.

Sartre était également un privilégié. Fonctionnaire,
il percevait chaque mois son traitement de professeur
agrégé que Simone de Beauvoir encaissait par délégation. Quant à sa manie épistolaire, il la contentait
avec les deux lettres et la carte postale qu'il était
autorisé à écrire chaque mois et qu'il adressait
souvent à Simone de Beauvoir en y ajoutant quelques
lignes destinées à d'autres, et à sa mère à qui il
réservait une missive mensuelle.

Au milieu de cette société d'hommes enfermés
ensemble dans des baraques pleines d'effluves, les
apparences ne résistaient pas à une confrontation
incessante. Toutes les variétés de folies et de particu-
larités se trouvaient représentées. Chacun, même s'il
se donnait un genre, finissait par se découvrir, ce qui
n'allait pas toujours sans souffrance. Sartre en était
conscient et, malgré sa prudence, il se trahissait lui
aussi à maints signes, conduit souvent par l'orgueil. Si
sa supériorité intellectuelle était admise sans être
forcément appréciée, à partir de cette supériorité ses
défauts paraissaient encore plus prononcés : son manque de soin, son égoïsme, son refus de se compromettre ou de participer à une entraide collective, son
mépris des autres. René Barat, « l'homme de
confiance » du camp, reconnu pour son dévouement à
ses camarades, s'en irritait et, quoiqu'il admirât
Sartre pour son brio intellectuel, il méprisait son
manque de cœur et en ressentait une forte gêne.
Personne ne semblait avoir de prise sur Sartre tant il
savait se rendre insaisissable, ou fuyant. Il était

impossible de savoir ce qu'il pensait des Allemands, du nazisme, du maréchal Pétain, de Vichy, de la Collaboration. Ces questions essentielles et angoissantes ne retenaient pas ses réflexions publiques. Il ne semblait pas non plus être affecté par la défaite. Il se plaçait hors du temps, et il apparaissait aux autres si discret sur lui-même que son être intime cessait d'exister pour ses camarades qui finissaient par ne prendre pour vrai que ce qu'il laissait paraître.

Le jeune Aimé Coulomb regardait la déchéance physique de Sartre avec colère et dégoût, s'étonnant qu'un homme de cette qualité se laissât aller comme un clochard dans ce stalag où chacun se devait de conserver sa dignité, laquelle commençait par les soins du corps. Il ne tolérait pas davantage les remarques méprisantes de Sartre, contempteur ou négateur de principes qui semblaient beaux, nobles et vrais à ce garçon de vingt ans, comme la patrie, l'honneur, la liberté... « Ah! monsieur Coulomb, vous êtes un drôle... La patrie, l'honneur, la liberté! », se divertissait Sartre avec emphase avant de prononcer les paroles définitives dont il faisait un usage quotidien : « Il n'y a rien, il n'y a rien, il n'y a rien! L'univers tourne autour d'une paire de fesses, c'est tout! » Ou encore : « La connerie humaine est ce qui donne exactement l'impression de l'infini[1]. »

Mais comme Sartre se targuait de s'être livré à des expériences personnelles à l'hôpital Sainte-Anne, parmi les fous, Coulomb pensait que dans ce

---

1. Témoignage d'Aimé Coulomb.

comportement et ces propos incongrus il y avait un certain snobisme, et il s'étonnait aussi que cet homme d'études ne crût pas à des idées absolues.

Autre chose agaçait Coulomb : la cérémonie des colis qu'expédiait Simone de Beauvoir. Très pudiquement Sartre ne prononçait jamais son nom — il disait : « C'est un envoi de ma compagne. » Le rituel était immuable. Sartre hélait d'abord quelqu'un de la chambrée : « Ouvrez mon colis », et il ajoutait : « Je ne veux pas de ce colis, je ne sais pas l'ouvrir. » Il feignait de ne désirer que le tabac contenu dans le paquet. Pour le reste, il en faisait cadeau. Par exemple, s'il y avait une boîte de sardines, il feignait d'oublier qu'elle était à lui ou bien il prétextait de ne pas savoir comment l'ouvrir. Quand un complaisant s'en était chargé et la tendait à Sartre, celui-ci, après avoir fait des manières, finissait par prendre une sardine par la queue en se confondant en remerciements comme si elle lui était offerte par d'autres, mêlant le cabotinage à une générosité naturelle.

Ses camarades de captivité subissaient un autre aspect de ses pratiques à leur égard. Déjà, pendant la Drôle de Guerre, ses compagnons s'en étaient plaints. Mais au stalag, les conditions de vie, les coups de cafard, la sexualité en friche rendaient ces hommes vulnérables et les susceptibilités étaient à fleur de peau. Or, voilà que Sartre, reprenant d'anciennes habitudes, les mettait sur le gril avec des questions et des insinuations touchant aux choses les plus intimes de leur existence. Il forçait leur pudeur, les pressait, les bousculait, assortissait ses demandes de réflexions supérieures, jouait de sa voix caustique et persuasive. « On avait l'impression qu'il entrait en nous par effraction », dira Henri Longepierre. Il leur répugnait aussi par sa manie de ramasser ce qu'il appelait des « documents psychologiques », une habitude qu'il avait déjà exercée pendant la Drôle de Guerre[1]. Elle consistait à prélever dans les tinettes des feuilles maculées, toujours des lettres, que certains, faute de mieux, utilisaient à des fins hygiéniques. Sartre les lisait avec force commentaires[2].

La chambrée des gens de théâtre comportait une trentaine de places sur des châlits à trois niveaux. Sartre dormait en bas. La nuit, quand par chance ils en étaient pourvus, ses voisins de paillasse tentaient de l'isoler par un tracé d'insecticide pour faire barrage aux poux qui l'habitaient. Certains se souviennent comment, les froids venus, Sartre prélevait des poux sur lui, les posait sur le poêle et les écoutait griller, et comment, un jour, excédé par sa crasse, ils l'emmenèrent de force à la douche tandis qu'il se débattait tout en s'écriant : « Messieurs, ne me faites pas ça[3] ! »

Si Sartre donnait volontiers le spectacle de sa déchéance physique, il réagissait contre le dépérissement des mœurs et des bonnes manières. On imagine ce que peut être une chambrée de prisonniers de guerre privés du nécessaire, livrés au désœuvrement le plus complet, et les concours ineptes auxquels on s'y livre, les bruits qui sourdent du corps et les éclats de rire grossiers à ces débordements en tout genre.

1. Témoignage de Jean Pierre.
2. Dans *La Nausée* Roquentin, le narrateur, parle de sa manie de s'emparer de papiers souillés.
3. Témoignages : André Chauveau, Georges Guillot, André Clémot, Aimé Coulomb.

Sartre lui-même se laissait aller quand, par exemple, il chantait : « Dans la rue Saint-Denis, il y a de si belles filles » en mimant la chanson avec excès. Il rédigeait un récit sur le stalag dont il lisait les pages les plus épicées à ses camarades et il prétendait avoir l'accord de l'Abwehr (services spéciaux militaires allemands) pour l'envoyer par fragments à Paris. Il finit néanmoins par réagir contre ces grossièretés. Il créa une cour et se fit appeler Sire. La reine était personnifiée par André Clémot, comédien du théâtre des Arts. Le prince consort, c'était André Chauveau. Le romancier Pierre Boileau interprétait le premier porte-coton du roi. Et ainsi de suite. Tout le monde prenait de grands airs et on se lorgnait avec componction. Les hommes se surveillaient, gonflés par l'aérophagie. Cette pitrerie fonctionna pendant un mois. Malgré la cocasserie de cette cour, il semblait que tous avaient compris qu'il fallait se comporter avec plus de convenance[1].

Conscient de sa valeur, Sartre cherchait à se distinguer du gros des prisonniers. Quelqu'un d'autre dans le camp se voulait aussi différent du commun des captifs. L'abbé Marius Perrin, paisible citoyen, avait déjà obtenu le titre de chef de baraque auquel il tenait beaucoup. En général, les chefs de baraque étaient considérés comme des « politiques ». Marius Perrin échappait à la promiscuité du dortoir et partageait avec un assistant une chambre pompeusement appelée « chefferie ». C'était un personnage physiquement moyen en tout : de taille, de visage, de configuration. Rien qui frappe l'interlocuteur si ce

1. Témoignages : André Chauveau, Pierre Dupuis.

n'est son regard qu'il savait rendre extraordinairement brillant tout en donnant à sa voix des intonations trop scandées. Sartre et Perrin communièrent dans leur culte de l'élitisme. Les avantages qu'ils se réservaient — nourriture abondante, petits services — devinrent pour eux autant de repères amicaux. Tous deux avaient un mot de prédilection : intellectuel. « Nous sommes des intellectuels ». Ils tombèrent d'accord pour organiser des réunions d'intellectuels.

L'abbé Perrin, à l'en croire, aurait fait la connaissance de Sartre quand celui-ci travaillait encore à l'infirmerie, par l'intermédiaire du père Boisselot, l'aumônier du camp, personnage érudit et entreprenant et qui forçait l'attention par son air toujours actif. Il était d'un abord facile et avait l'oreille des autorités du camp ; il s'entremettait volontiers pour aider les prisonniers. Sartre souhaitait donner une conférence. Un auditoire d'une vingtaine de personnes triées sur le volet, surtout des ecclésiastiques, fut rassemblé par les soins de l'abbé Perrin. Quand les autres lui serrèrent la main, Sartre attira l'attention « par cette façon qu'il avait de se pencher en avant pour saluer comme s'il allait baiser la main d'une dame et qui le situait dans un monde où les rustiques n'ont pas accès [1] », notera plus tard l'abbé Perrin. On se vouvoyait et le conférencier fut présenté sobrement comme étant « monsieur Sartre ».

À travers plusieurs auteurs, Sartre parla de la mort. Si l'on n'intégrait pas de manière constante la mort au comportement de l'homme, la vie ne serait pas « authentique ». L'homme authentique, l'homme

1. Marius Perrin, *Avec Sartre au stalag XII D*, éd. J.-P. Delage, 1980.

libre, est celui qui accepte de mourir plutôt que d'être esclave[1], discourait Sartre qui n'était pas du tout disposé à prendre le risque de mourir en s'évadant et s'accommodait de la servitude.

Passant du coq à l'âne, Sartre « exprima une pensée qui devait le poursuivre » : « Et si les femmes de France allaient maintenant nous préférer les jeunes soldats allemands qui ont fait preuve de plus de courage et de moins de lâcheté[2] ! » Même les prêtres de l'assistance en restèrent saisis.

Sur ces entrefaites, l'abbé Perrin invite Sartre à déjeuner en petit comité. L'abbé Perrin disposait d'un canal de ravitaillement privé. Tandis que le stalag crevait de faim, lui et ses amis, l'abbé Leroy, le prêtre Maurice Espitallier et d'autres, faisaient bombance. Par un messager, les bons pères du monastère Saint-Matthias à Trèves leur faisaient parvenir des victuailles arrosées de vins de la Moselle.

Toujours discret sur sa personne, Sartre savait placer le mot qui le mettait en vedette comme s'il voulait remettre un peu de justice dans son sort de prisonnier anonyme : il était un auteur choyé du grand Gallimard, il était agrégé de philosophie, il avait des livres en chantier, connaissait beaucoup de gens très bien et sa famille elle-même comptait le fameux Dr Schweitzer. Chaque mot était un pion gagnant et, rapidement, il remporta la partie, sachant susciter l'admiration ou éveiller ce sentiment que Jean-Paul Sartre était de ceux qu'il faisait bon compter parmi ses relations. Il faut ajouter qu'il

1. Marius Perrin, *op. cit.*
2. *Ibid.*

s'exprimait avec simplicité et sur un ton qui charmait, avec une sorte d'enjouement auquel tout le monde était sensible.

Ces agapes souvent répétées avec des prêtres suscitaient la colère et l'animosité d'autres prêtres répartis dans les baraquements du stalag qui jugeaient nécessaire et salutaire de partager les épreuves de la captivité avec les plus démunis et de ne pas succomber à la tentation de ripailler. Les autres prisonniers au courant menaçaient de « casser la baraque » et tenaient des propos vindicatifs à l'endroit de ceux qui s'empiffraient. « Les curés et Sartre formaient une véritable franc-maçonnerie », témoignera Longepierre pourtant favorable à Sartre. Celui-ci était tellement inféodé aux prêtres que lorsque dans une posture qui lui était familière il se grattait l'entrejambe, le romancier Pierre Boileau disait qu'il taquinait ses pontificales.

Sartre disposait d'une autre source d'approvisionnement en la personne de Marc Bénard, un journaliste du Havre qui deviendra son admirateur. Bénard bénéficiait d'une super-planque. Il était ravitailleur de l'infirmerie et disposait de quinze rations en surnombre. Pour corser l'ordinaire, Sartre venait s'approvisionner chez Bénard en s'appelant « le petit des oiseaux [1] ».

L'abbé Marius Perrin se flattait de lire *Mein Kampf* pour se documenter sur le national-socialisme. Il épluchait aussi *Le Mythe du XXᵉ siècle*, le gros ouvrage

---

1. Témoignage de Marc Bénard.
Trente-quatre ans plus tard, évoquant sa vie de prisonnier avec Simone de Beauvoir, Sartre disait qu'il n'aimait pas au stalag ceux qui s'assuraient des avantages. *Entretiens avec Jean-Paul Sartre*, Gallimard, 1981.

de Rosenberg, l'un des lieutenants les plus zélés de Hitler et un théoricien du racisme. Il en discutait savamment avec Sartre qui ne formulait en public aucun grief à l'endroit du nazisme, faisant preuve de cette prudence dont il ne se départira pas au cours de l'Occupation.

Grâce à l'abbé Perrin, il put se procurer l'ouvrage de Heidegger *Sein und Zeit (L'Être et le Temps)* et ils en débattaient ensemble. Sartre, philosophe de métier et rhéteur fort habile, montrait une telle maîtrise dans le maniement du langage que les prêtres en restaient bouche bée, et ils avaient l'impression de s'enrichir à son contact.

Ainsi, peu à peu, se diversifiait une société apparemment homogène, chacun cherchant à se placer par rapport aux autres, ou aux dépens des autres, et à reconstituer une société inégalitaire. La prééminence que certains intellectuels tendaient à obtenir par l'œuvre de l'esprit, d'autres se l'accordaient de manière plus voyante, par le comportement et le vêtement. Si la plupart des prisonniers étaient mal accoutrés et formaient une masse indistincte, quelques-uns se soignaient, portaient des uniformes propres, allaient ostensiblement à la messe, disposaient de quelques objets de luxe qui les singularisaient et, veillant à leur quant-à-soi, ils reconstituaient une bourgeoisie qui, certes, n'avait aucun droit, si ce n'est de se priser elle-même, mais qui la distinguait du gros de la troupe.

Sartre fit également l'expérience de la communication avec un auditoire peu préparé à l'écouter, celui de la baraque 55, celle des artistes. Grâce à la clarté et à la simplicité du discours, il put traiter devant les prisonniers des sujets assez ardus, tels que le masochisme, le sadisme. Il ne condamnait rien. Il exposait, sans plus. Il aborda avec la même rigueur le thème de l'homosexualité sans choquer les invertis de la baraque. Par la connaissance qu'il avait de son auditoire, il se plaçait à sa portée et lui faisait comprendre de manière adéquate des sujets complexes. L'assistance se passionnait pour ces exposés, redevenait enfant et avait l'impression que Sartre leur découvrait des secrets de la vie. Jusque-là, ils n'avaient pas soupçonné qu'on pût parler si savamment de choses qu'ils sentaient confusément en eux mais qu'ils ne réussissaient pas à exprimer. C'était comme si Sartre parlait à leur place, leur soufflant les termes appropriés qui emportaient leur adhésion. Il posait avec art des limites à des sujets infinis. Sa manière d'être décourageait la familiarité. Qu'il interpelle ou réponde à son auditoire, il ne tutoyait personne, attendant en retour qu'on l'appelât monsieur Sartre.

On l'a dit, quand Sartre lisait, il lui fallait écrire après. Dans le stalag, où les livres étaient rares, il mit la main sur des romans policiers. Aussitôt, l'idée lui vint d'écrire une pièce policière. Le titre : « Un violon s'est tu. » Chaque prisonnier-acteur interprétait son propre rôle. Sartre avait décortiqué et mis à nu les caractères des protagonistes. Le scénario était tout à fait classique. Un joueur de violon, interprété par un nommé Voltchikis, excellent violoniste, est assis sur une chaise. Quelqu'un lui touche l'épaule. Il tombe mort. L'enquête commence. L'inspecteur de police était joué par Sartre. Avec l'agrément des autorités allemandes, la pièce devait être représentée dans le

baraquement des spectacles. À la dernière heure,
Voltchikis, un Russe blanc, fut transféré avec d'autres
« sous-hommes » dans un autre camp et la pièce fut
décommandée. Sartre n'eut pas un mot de regret ou
de sympathie à l'adresse de son interprète, mais il se
lamenta : « Ah, je ne serai jamais joué[1]. »

Un autre prisonnier de la baraque des artistes,
Russe blanc aussi, subit le même sort que Voltchikis.
Il s'appelait Dostrakovitch. C'était un guitariste et un
chanteur qui charmait les prisonniers, notamment
l'adjudant Michalon qui pleurait silencieusement
quand Dostrakovitch interprétait une chanson tsi-
gane de ses doigts magiques et de sa voix grave un
peu mouillée qui tout à coup s'enflait en un sanglot ou
s'emballait au galop.

Si, dans le stalag, la plupart des prisonniers
ignoraient qui était Sartre et n'avaient jamais
entendu parler de *La Nausée* ou du *Mur,* les autorités
allemandes s'intéressaient à lui. L'adjoint du commandant du camp, l'Oberleutnant Arndt, se rendit
un jour dans la baraque des artistes en quête de
Sartre. Il était absent. Arndt questionna à la ronde :
« Est-ce bien ce Sartre-là qui se trouvait à Berlin en
1933[2] ? » En effet, Sartre avait fait savoir à la
Kommandantur qu'avant la guerre il avait été pensionnaire à l'Institut français de Berlin et qu'il y avait
étudié Heidegger, dont on sait qu'il adhéra au parti
national-socialiste[3]. L'Oberleutnant Arndt prit en

1. Témoignage d'André Chauveau.
2. Témoignages d'André Chauveau et d'André Clémot.
3. Sartre fut désigné comme pensionnaire de l'Institut français de Berlin en
juin 1933 grâce à la recommandation des professeurs Brunschvicg et
Delacroix. (Archives des Affaires étrangères. Série œuvres. Carton 271.)

considération cet hommage à la culture allemande, d'autant que l'homme de la Gestapo, Gassner, qui rôdait dans le camp, n'avait rien relevé à l'encontre de Sartre.

Ces témoignages favorables déterminèrent probablement l'autorisation que les Allemands donnèrent à Sartre d'écrire et de faire représenter une œuvre théâtrale à l'occasion de Noël.

Il existait dans tous les camps de prisonniers un groupe d'influence. Au stalag XII D, ce groupe était constitué par des ecclésiastiques, des intellectuels, des artistes. Sartre en faisait partie. Trois mois avant Noël, ce groupe décida de préparer une fête. Aussitôt Sartre proposa d'écrire une pièce. Il participait à l'élaboration des programmes de théâtre, soumis à l'approbation des autorités allemandes. Sartre jouait aussi dans certaines farces. Son rôle fétiche était Sganarelle dans *Le Médecin malgré lui*. Marc Bénard se souvient d'une réplique où Sartre-Sganarelle explique à Géronte l'infirmité de sa fille : « Votre femme est atteinte de poliomyélite variqueuse compliquée du syndrome souscutané adjacent. Voilà pourquoi votre fille est muette. »

Ces représentations prenaient place le dimanche où la discipline allemande se relâchait. Cela explique que les tentatives d'évasion avaient surtout lieu ce jour-là, d'autant que la salle du théâtre était adossée aux barbelés.

Pour enlever l'adhésion, de conciliabule en conciliabule, Sartre proposa d'écrire un mystère de Noël. Le père Boisselot, l'aumônier du stalag, qui connaissait l'athéisme dont se prévalait Sartre, se borna à dire : « On aura tout vu [1] », et il transmit la demande aux autorités du camp qui posèrent leurs conditions.

La pièce fut écrite au jour le jour et mise en répétition avant d'être achevée. Son titre : *Bariona ou le Jeu de la souffrance et de l'espoir* [2]. On ignore tout de la genèse de cette pièce. Sartre avait lu des textes choisis de Bossuet que lui avait prêtés l'abbé Leroy, contestataire et mystique, ancien professeur de théologie à Lyon qui, vingt ans après la guerre, finira par se défroquer et se marier. Sartre disposait également d'une bible qu'il tenait de Marius Perrin. Des discussions se produisaient chaque jour sur la foi, la religion, ses mystères et son histoire. Pour la célébration de Noël, Sartre vit l'occasion d'écrire officiellement une pièce de théâtre qui au lieu de rester dans sa musette prendrait vie sur la scène du camp et lui donnerait de l'ascendant sur les prisonniers. Nul ne sait qui lui proposa le nom de *Bariona* dont la consonance biblique n'avait pu que lui être suggérée. Avant d'entreprendre l'écriture de la pièce, il avait rédigé un scénario qui fut soumis à la censure allemande. C'était une pièce qui mettait en scène une communauté juive au temps de la naissance du Christ.

Il faut se rappeler la campagne quotidienne de calomnie, d'infamie et d'obscénité déchaînée contre les juifs par toutes les voies de la propagande nazie, et les lois qui les privaient de tous droits humains, les livrant à la haine, au supplice et à la mort. Il faut se souvenir des rugissements homicides proférés par

---

1. Témoignage de Marc Bénard.
2. Le titre connu depuis lors : *Bariona, le fils du tonnerre*, n'est pas l'original. Le manuscrit de *Bariona* appartient à Marc Bénard. Bien après la guerre, il en fit une photocopie qu'il offrit à l'abbé Leroy qui la vendit à un éditeur.

Hitler discourant devant des multitudes fanatisées, promettant les juifs à l'extermination, pour se faire une idée de ce que signifiait parler des juifs dans le IIIe Reich, ou les montrer dans une œuvre théâtrale. Cela ne pouvait être fait que dans l'acceptation du pire. Certes, la censure de la Kommandantur du stalag et de l'Abwehr était vigilante. Même les sermons du dimanche, écrits à l'avance, devaient recevoir l'aval des autorités. Dans le cas de *Bariona*, il ne pouvait s'agir en aucun cas d'une pièce favorable aux juifs, même si elle prétendait s'inspirer des temps bibliques. Il fallait qu'à travers les personnes, l'espèce soit représentée et non l'individu : pas *un* juif, mais *le* juif.

Tous les témoignages concordent : au cours de ses causeries dans la baraque des artistes, Sartre se gardait bien d'aborder la question de l'antisémitisme pourtant d'actualité ou de la condamner d'un mot. C'était une question qui ne le concernait pas ou à propos de laquelle il ne voulait pas se compromettre.

Sartre se mit à la tâche avec la célérité qui le caractérise dès qu'il prend la plume : les pages tombent les unes après les autres à une cadence surprenante compte tenu des conditions de travail. La rédaction est menée au milieu des bruits et du désordre de la baraque des artistes où les discussions vont bon train. Chacun donne son avis. Le texte est ressassé et souvent les comédiens lâchent des jurons devant ses difficultés. Marcel Fiat qui doit jouer un roi mage — « un roi nègre » — se met à l'œuvre en se barbouillant de suie le visage avec un bouchon. Certains prennent des poses théâtrales, essaient leur voix. La plupart apprennent leurs rôles comme des automates. Quel-

ques-uns y réfléchissent et l'idée de jouer prochainement devant un public leur donne une nouvelle
contenance. D'autres s'inquiètent de leurs costumes
de scène ; les Allemands ont promis de les aider. Tous
font la chasse aux objets et rassemblent le plus
d'accessoires possible. C'est une mobilisation générale.

Sartre sait se concentrer et pour *Bariona,* son
inspiration, faite de réminiscences, est réglée par un
style stéréotypé propre au genre. Les mots, les
phrases s'ajoutent comme si, l'ayant déjà lue, il se
récitait sa pièce qui, bien qu'empruntant à la verve
classique, est en réalité un mélodrame. Parfois, il
s'arrête d'écrire et annonce qu'il ne reprendra que
quand on lui aura donné du tabac pour bourrer sa
pipe. On s'empresse de le satisfaire. Il est méticuleux
et feuillette souvent la Bible, soit pour nourrir son
imagination, soit pour chercher une tournure de
phrase dont l'emphase sacrée lui convient. Mais dans
cette entreprise qui tourne rondement, la difficulté
demeure le texte. Comment des esprits non préparés
pourront-ils emmagasiner une prose aussi alambi-
quée, aussi faussement pathétique et la réciter par
cœur ?

Les Allemands mettent à la disposition des artistes
un grand hangar qui contient plus de mille places.
Les menuisiers et les décorateurs s'en emparent et
tentent de prêter un air de fête à ce baraquement
rébarbatif. Sartre se démène avec un zèle qu'on ne lui
connaissait pas. Il est un chef en pleine action. Le
metteur en scène, c'est lui. Il apprend aux figurants
qui interprètent les rôles de juifs apparaissant en
groupe comment ils doivent se tenir. Il leur montre

qu'il faut courber le dos, être sale, se gratter, parler en multipliant les petits gestes frénétiques et en se plaçant presque nez contre nez. Pour que leur saleté soit apparente, on leur bouchonne le visage. Leurs vêtements sont des loques. Ils sont là, caricaturaux, groupés en essaim, bouffons à souhait. Sartre insiste pour que tous les gestes soient justes, suivant l'imagerie antisémite, afin que le public communie dans de vieux clichés.

Jean Pierre, l'ancien caporal de Sartre, notera qu'à ce spectacle des juifs, les sentinelles allemandes « se tenaient les côtes de rire ». André Chauveau se souviendra de la propension de Sartre à ridiculiser les juifs. Pierre Dupuis se rappellera un prisonnier à côté de lui qui, excité par la mise en scène de Sartre, proférait des menaces contre les juifs.

L'atmosphère qui régnait dans le stalag était propice à la judéophobie. Le gouvernement du maréchal Pétain et Pétain le premier estimaient que les prisonniers confinés dans des camps, privés des moyens d'information, présentaient une excellente réceptivité à la diffusion de la propagande de Vichy. Le gouvernement avait promulgué une législation anti-juive destinée à spolier les israélites et à les placer hors la loi[1]. La photographie du maréchal Pétain était fixée à côté de la chapelle du camp. Un prisonnier, casque sur la tête, montait la garde devant cette effigie. Les slogans de la Révolution nationale étaient largement diffusés. Le mouvement du « francisme », fondé par le Français Marcel Bucard, avait

---

1. Il faut noter que Hitler institua la doctrine d'État de l'antisémitisme 68 jours après avoir été nommé chancelier du Reich. Le maréchal Pétain promulgua le statut des juifs 84 jours après son investiture de chef de l'État.

établi une permanence dans une baraque spéciale du stalag XII D. Ses membres paradaient en uniforme du parti. Furieusement ennemis des juifs, les tenants du francisme répandaient la propagande du national-socialisme à travers le camp.

Sartre se gardait de prendre la défense des juifs et de plaider la cause de l'humanité. Les témoignages de tous ses camarades de captivité concordent. Ses conférences ne traitaient que de sujets se rapportant aux anomalies et aux déviations du comportement sexuel, à ses souvenirs de voyage et au *Soulier de satin* de Claudel qui fut pour lui une révélation du langage théâtral, tant et si bien qu'il aurait souhaité en monter quelques scènes. Personne ne savait ce qu'il pensait des problèmes d'actualité. Jamais on ne l'entendit formuler d'opinion sur Pétain, sur les Allemands, sur le nazisme, sur le sort de la guerre, ou manifester d'hostilité aux énergumènes qui se montraient dans le camp avec le brassard du francisme.

Quel était le thème de *Bariona*? L'action se passe la veille de ce qui deviendra Noël à Béthaur, un village de 800 habitants des hautes montagnes de Judée. Le fonctionnaire romain Lelius, un « Superrésident », arrive à Béthaur et se rend chez Lévy, le publicain. Ce Lévy est mielleux; il multiplie les courbettes et se laisse houspiller par Lelius qui considère les juifs comme de « vrais sauvages », mais il reconnaît que Lévy, éduqué à Rome, est « un homme cultivé quoique israélite ». Lelius vient lever un nouvel impôt. On apprend que Bariona est le chef de ce village. Un an plus tôt son beau-frère, accusé de vol, a été crucifié sur l'ordre du tribunal juif.

Bariona survient et s'entretient avec Lelius des

rigueurs du tribunal juif. Puis, Lelius annonce à Bariona la levée du nouvel impôt. Bariona s'en remet à la décision du conseil des Anciens qu'il réunit aussitôt. Mêlé aux Anciens, Bariona, pétri d'emphase, rend sa décision face aux exigences romaines : « Nous ne nous révoltons point — un vieux chien galeux qui se révolte, on le renvoie d'un coup de pied à sa niche —, nous paierons l'impôt pour que nos femmes ne souffrent point. Mais le village va s'ensevelir de ses propres mains. Nous ne ferons plus d'enfants. J'ai dit. » Plus d'enfants, cela signifie ne plus avoir de commerce avec sa femme. Cette décision n'enchante pas les hommes qui se lamentent. Mais Bariona impose sa volonté et jure de ne pas engendrer.

À ce moment, arrive Sarah son épouse, qui lui annonce qu'elle est enceinte de lui. « Hélas ! » s'exclame Bariona. « Hélas ! » reprend le chœur. Bariona ne veut pas de cet enfant. Il ordonne à Sarah : « Va chez le sorcier, il te donnera des herbes et tu deviendras stérile. » Rien ne semble pouvoir fléchir Bariona. Il refuse de « tirer le monde raté à de nouveaux exemplaires ». À moins que Dieu en personne ne lui fasse signe et « envoie ses anges avant l'aube ».

Bien entendu, un ange survient, précédé par une odeur suave, et il apparaît à des bergers. Il leur annonce la naissance du Messie à Bethléem. Sur l'injonction de l'ange, les bergers se rendent à Béthaur répandre la bonne nouvelle. Bariona, alerté, s'insurge contre les bergers et, prisonnier sans doute d'un système philosophique, il s'écrie de but en blanc : « L'Éternel m'aurait-il montré sa face entre les nuages que je refuserais encore de l'entendre car je suis libre ; et contre un homme libre Dieu lui-même ne peut rien. » Et Bariona se gausse de la révélation apportée par les bergers.

La foule brûle de se rendre à Bethléem constater le miracle quand surviennent les Rois Mages. Ceux-ci déclarent que tous les habitants des villages environnants sont partis à Bethléem contempler Jésus. Le roi Balthazar, que Sartre interprète, entreprend de persuader Bariona et parle du sort misérable de l'homme privé d'espoir. Bariona refuse son adhésion et tente de dissuader les villageois. Il reste seul. Même sa femme Sarah l'abandonne pour se rendre à Bethléem. Et Bariona peste contre « un Dieu-Homme, un Dieu fait de notre chair humiliée ». Il discute du prétendu Messie avec Lelius, le « Superrésident », et même avec le sorcier du village qui prédit aussitôt ce que les Évangiles révéleront plus tard. Bariona hait ce Christ annoncé. Il veut le tuer. Il part à Bethléem pour perpétrer ce crime. Même le « Superrésident » estime que Bariona va un peu trop loin. Et voilà que face à l'étable où Bariona s'apprête à tuer l'enfant, apparaît un nommé Marc qui n'est autre que l'ange gardien de Bariona. Il s'efforce de le dissuader d'assassiner le nouveau-né. À force de tourner devant l'étable, Bariona finit par apercevoir Joseph, le père de l'enfant et, miracle ! le regard de Joseph ôte à Bariona toute envie homicide.

Surviennent les habitants du village de Bariona. Sarah se montre, transfigurée. « Il ne reste pas derrière ses yeux illuminés le plus petit souvenir de moi », pense Bariona, dépité.

Le Roi mage Balthazar tient un très long discours à

Bariona et lui enjoint de laisser vivre son propre enfant. En partant, il le salue en lui disant : « Au revoir Bariona, ô premier disciple du Christ »

Par des dialogues passablement embrouillés, les personnages s'expriment sur les événements. Sarah voit dans le Christ son propre fils. Le temps presse. Des soldats armés parcourent le pays pour tuer tous les nouveau-nés. Bariona se ressaisit. Il organise la fuite de Joseph et de Marie et du divin enfant sur l'âne de Lelius, le « Superrésident ».

Bariona harangue les hommes de son village pour qu'ils se portent avec leurs couteaux au-devant de ces soldats et protègent la fuite de Joseph et de Marie. Puis, il se tourne vers sa femme Sarah et lui enjoint de mettre au monde son enfant. Il lui fait ses adieux et se place à la tête de ses hommes pour barrer la voie aux soldats.

Avant de quitter la scène, Bariona s'adresse aux prisonniers du stalag à l'usage desquels cette pièce fut écrite : « Mais je crois que pour vous aussi en ce jour de Noël — et tous les autres jours — il y aura encore de la joie. »

Dans un stalag où rien ne pouvait s'écrire ni être dit publiquement sans l'autorisation des Allemands, on peut imaginer que *Bariona,* où il était question de juifs, fut examiné à la loupe. L'officier interprète, le Sonderführer Celius, censura attentivement *Bariona,* exigeant des modifications et des suppressions. Sartre fut convoqué à l'Abwehr qui siégeait à la caserne Kemmel, située de l'autre côté de la route carrossable qui menait au stalag. Chaque fois qu'il était convoqué à l'Abwehr, Sartre faisait un brin de toilette assorti de commentaires humoristiques, et il se rasait en trempant son blaireau dans le café ersatz qu'on distribuait aux prisonniers. Comme de coutume, il ne divulgua rien et ne rapporta pas à ses camarades les exigences des Allemands. Sartre avait rajouté dans sa mise en scène un tableau muet montrant, au début de la pièce en guise de présentation, des juifs tout loqueteux parqués derrière des barbelés, représentant les habitants de Béthaur[1].

Cette pesante machine bénéficia du concours de nombreux prisonniers dont les talents divers se conjuguèrent pour assurer son succès. Pour certains, cette pièce était une « cagade » — une connerie —, comme le disait le jeune Aimé Coulomb avec son accent méridional. Le mot fit florès, et chacun de dire : « Allons répéter la cagade du père Sartre. » Sartre ripostait : « Si c'est une connerie jouée par des cons, ça n'ira pas[2]. »

Pour interpréter le rôle de Bariona, Sartre avait choisi, en accord avec les prêtres, un jeune jésuite nommé Feller. Au dire de ceux qui l'ont connu, Feller était doté d'un physique remarquable : haut de taille, une prestance qui en imposait et une tête racée : un faciès d'aigle. Pour la diction, une voix bien timbrée et sonore. Il se mêlait au groupe des prêtres et discutait philosophie, mais il était épris de tout ce que la main de l'homme peut produire, en particulier les outils. Après la guerre, il créera un musée de l'outil à Troyes. On le voyait déambuler dans les allées du camp une pioche à la main comme d'autres prenaient un bâton ou une canne.

1. Témoignages d'André Chauveau, Pierre Dupuis, Marc Bénard.
2. Témoignages d'André Clémot, Aimé Coulomb.

Le rôle de Lelius était tenu par le journaliste du Havre Marc Bénard, peintre à ses heures, et qui fut le créateur et le dessinateur du décor. Bel homme, plein d'entrain, bon compagnon, il avait été subjugué par Sartre dont il admirait les facultés intellectuelles. Le décor, une petite baraque de la zone avec une bicyclette posée devant, suggérait la pauvreté de l'étable où Jésus est né. La bicyclette était un symbole moderne et populiste qui actualisait l'action de la pièce, tout comme d'ailleurs *Bariona* était au goût du jour par les airs d'accordéon et d'harmonica qui ponctuaient le drame, par des hommes du temps du Christ qui tiraient sur leurs bouffardes, par des allusions aux dames qui jouent au bridge.

Marc Bénard recruta deux prisonniers belges, l'un accessoiriste et l'autre décorateur au théâtre de la Monnaie à Bruxelles. Un artisan joaillier créa les bijoux. Des couturiers de métier taillèrent les costumes dans le papier crépon fourni par les Allemands. Pour réaliser le décor, encore fallait-il de la peinture. Georges Gillot changea des bons du camp en marks et avec l'accord des Allemands, il profita d'une corvée à Trèves pour acheter de la peinture [1]. Et ainsi de suite. Si les prisonniers se montraient astucieux, il n'y eut pas d'entrave de la part des Allemands.

Bariona fut joué la veille de Noël à 5 heures de l'après-midi. André Chauveau se souvient : quand la pièce commence, Sartre, qui tient le rôle du Roi mage Balthazar, a appliqué du fard sur son visage pustuleux. Il se poste à l'entrée de la scène, écoute

---

1. Témoignage de Georges Gillot.

fiévreusement les comédiens et se lamente : « Les vaches ! les vaches ! ils trahissent mon texte. »

Presque tous les spectateurs se tenaient debout, transis de froid, battant des semelles. Sur les quelques sièges placés devant la scène, des officiers allemands s'étalaient au premier rang et ils ne ménagèrent pas leurs applaudissements. Environ soixante-dix acteurs et figurants évoluaient sur la grande scène dont le proscenium était occupé par le chœur. C'était le premier grand rassemblement du camp pour célébrer une fête et les rapports entre les prisonniers en furent marqués. À cette occasion, il s'établit provisoirement entre eux un besoin de communiquer, d'être aimables avec ceux que l'on ne connaissait guère comme avec ceux que l'on connaissait trop. C'était la trêve des haines et des querelles.

Vers 9 heures, eut lieu la messe de minuit. Sartre y participa et chanta les cantiques avec les autres.

Le stalag s'installe pour durer. Deux délégués du Comité international de la Croix-Rouge, venus en inspection au début de février 1941, remarquent que le camp n'a pas changé depuis la première visite qui remonte au 20 octobre 1940 :

« L'effectif actuel du camp est le suivant : 24 690 hommes dont 75 Belges et 62 Polonais, le reste étant français. Tous sont dans des détachements de travail sauf 5 860 hommes qui sont au camp. Pas d'officier, sauf les 7 médecins.

« Du camp dépendent 490 détachements de travail presque exclusivement agricoles, et parmi ceux-ci, 60 sont situés dans les environs immédiats du camp d'où les prisonniers rentrent chaque soir.

« Baraques nombreuses de deux types : les unes avec de petites chambres de 6 à 20 prisonniers, aménagées de façon satisfaisante, les autres constituées par de grandes chambres où habitent 120 hommes ; dans ce dernier cas, les prisonniers nous paraissent être très à l'étroit et l'atmosphère de ces salles semble assez viciée, surtout du fait qu'un si grand nombre d'hommes vivent dans un cubage d'air restreint et qu'ils n'aiment pas ouvrir les fenêtres à cause du froid. Tous les locaux sont suffisamment chauffés [1]. »

Sartre reste donc un privilégié. Il vit dans un dortoir correct, il ne travaille pas et demeure dans un camp situé près de la frontière française malgré les transferts incessants qui charrient les prisonniers puisque le stalag XII D est un camp de transit.

Le problème de l'hygiène restait crucial. De nombreux prisonniers portaient de la vermine. Ceux qui travaillaient en commando pouvaient prendre une douche toutes les semaines, et « un peu plus irrégulièrement » les autres prisonniers.

En ce qui concernait les « besoins intellectuels et moraux » l'inspection du Comité international de la Croix-Rouge consigne :

« Baraquements spéciaux bien aménagés pour diverses classes d'artistes, peintres, sculpteurs, musiciens, travaux manuels divers, etc. Tout le possible est fait pour que la vie artistique et intellectuelle se développe. Salles de cours, de conférence, de concert, etc. Bibliothèque de 400 livres

1. AN, F9-2718.

environ et 3 salles de lecture. L'orchestre exécute pour nous plusieurs morceaux de premier ordre.

« La radio existe au camp.

« Les prisonniers ne peuvent pas lire les journaux.

« Chapelle avec culte et messe tous les dimanches ; 2 prêtres officient au camp. »

Ajoutons que les colis arrivaient régulièrement et que les prisonniers avaient le droit d'écrire deux lettres et une carte par mois, soumises à la censure. Mais la lourdeur administrative bouleversait parfois ces libertés dans le sens de la restriction. Les deux inspecteurs du Comité international de la Croix-Rouge noteront encore : « Le stalag XII D nous fait une impression meilleure que lors de notre visite précédente, ne serait-ce que du fait que les Noirs sont partis [1]. »

Puisqu'il existait une bibliothèque de 400 volumes, quelles pouvaient être les lectures de Sartre ? Lui-même nous renseigne : « L'agrément que j'ai trouvé à lire et à relire certains livres ne vient pas toujours de leur valeur mais plutôt des circonstances où je les découvrais. »

Il lit un livre de Dekobra qu'il qualifie de ridicule et qui s'intitulait, croit-il se souvenir : *Au pays du tigre parfumé.* Il lit quelques romans policiers, *Les Filles du feu* de Nerval, le théâtre de Sophocle, *Le Cid, Mithridate,* les *Sermons* de Bossuet, *Sparkenbroke.* Des poèmes en allemand de Rilke et de Carossa. « Les deux grandes découvertes que j'ai faites furent *Le Soulier de satin* dont je projetais de faire jouer des extraits au

---

1. AN, F9-2718.

théâtre du stalag et le *Journal d'un curé de campagne*[1]. » Malgré les activités auxquelles Sartre se livrait derrière les barbelés et le sentiment apaisant de n'être responsable de rien, la monotonie s'installait. L'hiver, le dortoir des artistes, privé de lumière après le couvre-feu, s'éclairait grâce à un lumignon appelé « margarinette », composé d'une mèche plantée dans un cube de margarine dont la lumière terne donnait un air d'imagerie à ces sages réunions d'hommes dont on s'étonne que si peu d'entre eux n'aient pas été révoltés par leur captivité. La chambrée apparaissait alors telle qu'elle était vraiment, un habitat de prolétaires, avec le linge et les vêtements qui pendaient partout et l'odeur âcre de la crasse. C'est à peine si sous ce désordre on apercevait, fixés aux cloisons, des instruments de musique et des accessoires de théâtre. Les prisonniers se rassemblaient autour de la mèche grésillante pour jouer aux cartes ou raconter des histoires. Sartre contait ses voyages. Le récit qui avait le plus de succès, c'était celui de son périple en Espagne avec une valise pleine de linge sale et qui ne fermait pas. Il lisait aussi des extraits d'un ouvrage qu'il préparait sur le stalag et qui était salace. Il prétendait avoir un système de pagination spécial pour tromper la censure. Dans la pénombre les formes vides des lits inoccupés étaient pareils à des cercueils de pauvres. Puis quand la soirée était terminée et la margarine consumée, un faux silence enveloppait la chambrée. Le bois des châlits craquait sous le poids d'hommes privés de sexe et, soudain,

1. « Lectures de prisonnier », interview aux *Lettres françaises*, 2 décembre 1944.

l'ombre grandissait, percée tout à coup par une petite flamme. Un prisonnier allumait une cigarette. Pendant un instant, l'odeur du tabac dissipait l'exhalaison des corps.

Le printemps allait arriver, le printemps de 1941, et avec lui les sensations et les angoisses de l'abstinence et de l'absence de femme.

Pendant sept mois, temps inévaluable quand on est prisonnier, Sartre avait vécu confiné dans une enceinte surpeuplée dont on faisait le tour en trois minutes, sans jamais en franchir les limites, se pliant sans regimber à la discipline allemande et se montrant, en général, d'une humeur égale, sans rien dramatiser, supportant le supplice de ne jamais pouvoir être seul, de ne pas avoir son coin à lui. D'après son propre témoignage, il n'en souffrit pas. Peut-être même se sentit-il protégé. En tout cas, il vécut comme il l'avait fait depuis toujours, sans responsabilité du quotidien. Durant cette période, il s'initia au théâtre, connut les premières fortes émotions d'avoir écrit un texte servi par une troupe nombreuse devant une grande salle comble. Il se montrera discret sur cette période de sa vie, n'en disant rien que de très conventionnel ou enjolivant la banalité de saynètes bouffonnes, tel ce coup de pied au cul qu'il prétendra avoir reçu d'une sentinelle alors qu'aucun de ses camarades, dont certains ont une mémoire de chroniqueur, ne s'en souvient.

Nous pensons que pour Sartre la captivité fut un temps de rééquilibrage et qu'il n'était pas fâché de couper la trame d'une existence privée sans intérêt, compliquée par l'unique divertissement pour lequel il ne ménageait pas son énergie : mener de front plusieurs intrigues amoureuses dans une association et une complicité permanentes avec Simone de Beauvoir.

Au stalag, mêlé à l'intimité des hommes, ses facultés d'observateur du genre humain s'affinèrent. Condamné à vivre au sein d'une collectivité dont le naturel grossier s'imposait, il explora les passions dévastatrices, les haines ravageuses et les rancunes meurtrières qui naissaient dans cet espace clos où les hommes s'affrontaient sans relâche. La captivité fut-elle pour Sartre une école d'observation sur le terrain ? Il y déploya du savoir-faire et sut cohabiter tout en affirmant sa supériorité, et il discourut beaucoup sans jamais se compromettre. Expert à brouiller les pistes, il acquit une redoutable astuce et, volontiers démagogue, il sut tirer son épingle du jeu.

Cette période d'internement lui permit d'évaluer la situation politique. L'Allemagne était la puissance dominante, sa tyrannie paraissait solidement établie. Malgré ce diagnostic, Sartre va envisager sa carrière littéraire sous la botte nazie. Après la cure de désintoxication sociale de la captivité, l'ambition le tenaillait à nouveau comme aux meilleurs jours de l'avant-guerre. Ses camarades de captivité, que nous avons rencontrés aux quatre coins de la France, s'accordent pour affirmer que Sartre ne montrait aucun esprit de résistance au nazisme et que le mot même de résistance ne lui vint pas aux lèvres.

Le printemps était proche, les vents tiédissaient, chargés de parfums familiers. Le vague à l'âme saisissait les prisonniers. À plusieurs reprises, Sartre avait eu l'opportunité de s'évader. Deux mois après

son arrivée, à la fin d'octobre, la sœur Hélène, fille de
la Charité de l'hospice Saint-Nicolas à Metz, agissant
au nom de la Croix-Rouge française, put visiter le
camp. C'était une femme d'une quarantaine d'années, volontaire, sachant retrousser ses manches et
parler haut. Les Allemands la voyaient sans déplaisir.
Elle conduisait elle-même un camion roulant dans le
convoi qui apportait des milliers de colis aux prisonniers, les premiers depuis leur internement. Or, la
sœur Hélène avait organisé une filière d'évasion de
prisonniers de guerre. Elle en parla à un nommé
Coutant. Ce dernier l'annonça entre autres à Sartre
qui déclina la proposition. La sœur Hélène, secondée
par la sœur Cécile, reviendra par la suite à Trèves.
Leurs façons énergiques et leur dévouement avaient
convaincu les Allemands jusqu'au jour où, découvrant les activités clandestines des deux religieuses, ils
les arrêtèrent [1].

Dans la chambrée de Sartre, un prisonnier ne
pensait qu'à s'évader : Georges Gillot, qui finira par
réussir, entraînant avec lui André Clémot. Il faisait
fonction de chef machiniste et aidait à la construction
des décors. « Sartre n'était pas un type à se promener
du côté des barbelés pour examiner les possibilités
d'évasion, y rêver et humer l'air de la liberté, dira-t-il.
Sartre était un type dépourvu de tout esprit pratique. »

Pour Gillot, être débrouillard, expliquera-t-il,
c'était lors d'une fouille, quand tout le monde doit
donner son couteau, ressortir de la salle de fouille
avec cinq couteaux. Pour Sartre, être débrouillard,

1. AN, F 60-1485 et F 60-1488.

c'était se rapprocher des autorités et bénéficier de leur bienveillance. Sartre se débrouillait afin que *Bariona* fût joué, tandis que Gillot faisait en sorte de s'évader. L'un pratiquait la débrouillardise patricienne, l'autre la débrouillardise plébéienne. Gillot se sentait supérieur à Sartre, auquel il concédait volontiers la supériorité intellectuelle. Mais à quoi lui servait-elle? se demandait-il. Sartre était amorphe : il restait allongé durant des heures sur sa paillasse, les paumes tournées vers le plafond : « Le pauvre chéri! Un vrai ramier[1]! »

Une autre évasion fut proposée à Sartre. Son ami Longepierre discutait des moyens de s'évader avec un nommé Crouvizier. Sartre, qui assistait à l'entretien, fut invité à se joindre à eux ou à donner son avis. Il refusa et s'en alla[2].

Le moyen le plus courant d'organiser une évasion consistait à s'enrôler dans les commandos de travail. Ces commandos étaient employés chez des cultivateurs et des artisans et à des travaux de voirie. L'épreuve était souvent pénible et les tâches harassantes. Certains commandos étaient plus éprouvants que d'autres. Il fallait s'échiner, braver la brutalité des sentinelles, mais rien que de franchir les barbelés du stalag, de chasser de ses poumons l'air méphitique des chambrées et d'échapper au guet des miradors, c'était une victoire morale et l'occasion offerte d'imaginer une évasion. Ceux qui étaient habités par l'instinct de la liberté bravaient n'importe quelle fatigue, l'esprit uniquement hanté

---

1. Témoignage de Georges Gillot.
2. Témoignage d'Henri Longepierre.

par l'obsession de l'évasion. Sartre refusa d'emblée cette possibilité.

Cette dérobade constante ne l'empêchait pas d'encourager les autres d'un ton docte : « Si vous ne vous évadez pas, vous perdrez le sens de la liberté[1] », déclara-t-il un jour à André Clémot.

Marc Bénard, avec qui il s'était lié d'amitié, réussit à se faire rapatrier à titre « sanitaire ». Par des moyens que nous ignorons, Sartre avait obtenu la restitution des manuscrits confisqués en cours de captivité. Il confia à Bénard celui de *L'Âge de raison* avec la mission de le remettre dès son arrivée en France à Simone de Beauvoir. Il lui offrit le manuscrit de *Bariona*[2].

Oui, le printemps s'annonçait en cette année 1941 où les Allemands apparaissaient comme les éternels vainqueurs, et leurs armées restaient invincibles. C'est alors que l'abbé Perrin crut mettre au point un moyen sans risque d'être rapatrié en France. Il le proposa à Sartre qui accepta. L'abbé Perrin apposa sur le livret militaire de Sartre une mention à l'encre rouge : « Strabisme entraînant des troubles dans la direction[3]. » À la suite de quoi, apprenant que l'ordre de libérer les « incurables » était arrivé à l'Abwehr, Sartre se serait fait inscrire pour la visite médicale.

---

1. Témoignage d'André Clémot.
2. Le manuscrit porte le cachet du stalag. Il comporte la dédicace : « À mon interprète angélique, Marc Bénard, très amicalement » — allusion au rôle de l'ange que Bénard avait cumulé avec celui de Lelius.
Le manuscrit se compose d'un cahier entoilé beige et de feuilles volantes. Chaque acte est minuté. Il n'y a pas de ratures. Quelques passages sont rayés au crayon bleu. Sans doute Sartre remit-il au net dans ce cahier ses brouillons successifs.
3. Marc Perrin, *op. cit.*

Nous ignorons comment se passa cette visite. Nous savons toutefois que la mention portée sur le livret de Sartre ne pouvait abuser les Allemands. En effet, l'Abwehr détenait une cartothèque où tous les prisonniers étaient fichés. Les livrets militaires des candidats au rapatriement étaient systématiquement rapprochés des fiches, de sorte que les falsifications étaient éventées. L'ancien caporal Jean Pierre, à qui Sartre avait montré son livret, l'avait mis en garde : « C'était une falsification enfantine qui ne pouvait tromper personne[1]. »

Comment se passaient les libérations au stalag XII D ? Aimé Coulomb assista à celle de Sartre.

La séance se tint dans la salle des spectacles. Derrière une grande table installée pour la circonstance siégeaient quatre Allemands en uniforme, le dernier du rang étant un peu détaché des autres. Les trois premiers examinaient chaque cas et formulaient un avis. Le quatrième tranchait et prenait la décision. Était-ce Gassner, l'homme de la Gestapo, ou un officier supérieur de l'Abwehr ? Quand ce fut le tour de Sartre, le quatrième officier prit le dossier et donna son accord au rapatriement.

Tous les camarades de Sartre furent convaincus qu'il recevait la récompense de *Bariona*.

1. Témoignage de Jean Pierre.

5.

Repères

Sartre accéda à l'âge d'homme grâce à deux femmes : Simone Jollivet et Simone de Beauvoir.

Il rencontra Simone Jollivet en 1925 alors qu'il était rentré à l'École Normale depuis un an. Il avait vingt et un ans. En dehors des études, la vie de célibataire ne se présentait pas à lui comme un état de plaisir ; des obstacles souvent insurmontables surgissaient dès qu'il voulait se comporter en garçon de son âge. L'époque était difficile et la compétition rude entre hommes. Des tabous et des conventions réprimaient les grandes émotions de la jeunesse. La virginité des jeunes filles, érigée en statut de pureté, raréfiait les occasions de s'initier aux lois de la nature. Sartre essuya autant de rebuffades qu'il fit de tentatives, mais ses études, ses amitiés et l'habitude de sortir en bande et d'être un animateur l'emportaient sur la tristesse d'une situation peu enviable. Réaliste, il concevait clairement les causes de ses échecs, ne les imputant pas aux préjugés de l'époque contre lesquels il ne s'insurgea jamais. La raison de ses échecs, il la connaissait : il était laid, petit de taille, atteint d'un strabisme divergent et d'une grave déformation de l'œil. Il n'était pas doté d'une laideur sympathique. Son visage grumeleux et le peu de soin qu'il apportait à sa personne aggravaient son cas. Quand il se montrait entreprenant avec les femmes, c'était à la manière des hommes laids et complexés qui misent tout sur l'effet de leur parole et tentent de piquer au vif la curiosité des femmes en leur parlant d'elles-mêmes, quitte à le faire très crûment. Il s'était fait une spécialité de cette « psychologie des profondeurs » consistant à s'infiltrer sans complaisance apparente dans la vérité d'une femme afin qu'elle s'ouvre à elle-même et devienne vulnérable, convaincue que l'homme qui l'analyse est un être à part comme elle n'en a jamais rencontré. Amusant et sérieux, Sartre y déployait autant d'éloquence que d'astuce, secondé par une voix charmeuse et persuasive et par les ressources d'un esprit extraordinairement habile. Plus tard, Sartre, qui eut toujours souci de son éclairage, demeurera muet sur cette période maudite qui le condamnait à des expériences solitaires.

Dans ce triste temps, une seule étoile illumina sa vie. À un enterrement en Dordogne, il fut mis en présence de Simone Sans, appelée plus tard Simone Jollivet. Une jeune femme de vingt-deux ans qui n'avait encore aucune réputation alors que sa vie en justifiait déjà une. Cultivée, affranchie de la règle commune, elle sacrifiait à Sapho. Belle et attirante, elle avait des manières aisées et cherchait à rompre avec son existence provinciale. Toulousaine, fille de pharmacien, elle visait Paris, la célébrité, et elle avait trop l'esprit pratique — donc des goûts éclectiques — pour s'arrêter à l'aspect physique de Sartre, qui, auréolé de la renommée de l'École Normale, semblait un allié fiable dans ce Paris qu'elle convoitait. Par son bagout, sa drôlerie et les effets de son intelligence,

Sartre produisit assez d'impression pour qu'elle se laissât tenter par une aventure qui se révélera décevante, Sartre n'étant pas un amant de qualité. Elle s'en lassa vite, le fit lanterner mais resta en bonne amitié avec lui.

Simone Jollivet aspirait à écrire pour le théâtre, à régner sur un théâtre. Elle y réussira en devenant la compagne de Charles Dullin, l'un des maîtres de la scène de l'entre-deux-guerres.

Quant à Sartre, il pourra s'abandonner avec Simone Jollivet à sa rage épistolaire qui s'accordait au besoin permanent d'avoir une femme en tête, d'autant qu'elle flattait sa vanité en acceptant de se produire en public avec lui. Des années après, quand, la gloire aidant, Sartre, suivant son expression, sera couvert de femmes, il saura toujours parler à Simone Jollivet comme si elle restait un peu sa chose. Lorsque, quarante ans plus tard, délaissée et malade, elle tombera dans le besoin, il l'aidera matériellement avec beaucoup de discrétion et de pudeur jusqu'à sa mort.

Sartre continua à mener une existence assez misérable sur le plan affectif et sexuel jusqu'à sa rencontre avec Simone de Beauvoir. Il avait vingt-quatre ans et elle vingt et un. Tous deux préparaient l'agrégation de philosophie. Simone de Beauvoir put admirer le fonctionnement de l'étonnante machine intellectuelle qu'était Sartre, jamais en repos, passant sans hiatus d'une question philosophique abstruse à une digression sur le jazz, les films américains, les romans à la mode, englobant dans un discours inépuisable tout ce qui constituait la terre d'élection des jeunes intellectuels de l'époque, grâce à sa prodigieuse mémoire et à son éloquence naturelle. Les grandes interrogations soulevées par les événements politiques et sociaux les laissaient tous deux indifférents. La misère, l'injustice ne donnaient pas lieu à l'ébauche d'un dialogue. Pour sa part, Simone de Beauvoir reconnaissait : « Nous parlions d'un tas de choses mais particulièrement d'un sujet qui m'intéressait entre tous : moi-même [1]. »

Tout comme Sartre, elle croyait maîtriser le monde, déboussolée par ses études philosophiques, et tous d'eux s'enthousiasmaient sur fond livresque. Ils avaient l'âge des grands desseins où l'on a le temps de s'essayer à tout, et ils ne voulaient qu'une seule chose : écrire, et en corollaire : la gloire.

Elle prétendra avoir eu la révélation fulgurante que, s'il la dominait intellectuellement, « Sartre répondait exactement au vœu de mes quinze ans : il était le double en qui je retrouvais portées à l'incandescence toutes mes manies. Avec lui, je saurais toujours tout partager. Quand je le quittai au début d'août, je savais que plus jamais il ne sortirait de ma vie [2] ».

Simone de Beauvoir accepta la laideur de Sartre comme une grâce, tout en restant parfaitement consciente. « Ce qu'il est laid, vous ne trouvez pas ! », disait-elle devant lui en riant à ses amis. Lorsqu'ils abordèrent la question de l'existence, ils voulurent voir dans la métaphysique la réalité du monde. Or, ils vivaient dans un univers clos, fermé à l'événement, uniquement épris d'eux-mêmes, sans autre réalité que leur présence, dépourvus des soucis matériels de la vie

---

1. *Mémoires d'une jeune fille rangée*, p. 339.
2. *Ibid.*, p. 344.

puisqu'ils allaient devenir des fonctionnaires protégés par leur statut social.

Rien n'exista plus qu'en fonction d'eux-mêmes et de leurs projets. Tous deux étaient en quête d'un absolu qui confirmât dans les faits leur supériorité sur les autres. Ils considéraient que vivre obscurément est une calamité, que seule la littérature pourrait leur octroyer cette célébrité sans laquelle leurs existences seraient un échec. Entre l'obscurité présente et la gloire à conquérir s'étirait un chemin dont ils ignoraient la longueur mais qu'ils entendaient parcourir ensemble. Leurs premiers échanges d'ambitions confinaient au délire. Ils se croyaient investis de la mission de témoigner pour leurs contemporains et de les éclairer. Ils ne cessèrent de délirer de concert durant toute leur vie. Plus forte que les liens amoureux se créa entre eux une passion profondément littéraire. Au fil des ans, ils tinrent l'un à l'égard de l'autre le rôle irremplaçable d'interlocuteur intellectuel.

Pour un écrivain, la difficulté de rencontrer un critique qui pénètre son œuvre est si grande qu'il doit apprendre à s'en passer. Sartre et Simone de Beauvoir étaient complémentaires. Chacun faisait preuve, à la lecture des écrits de l'autre, d'une bienfaisante férocité, d'un sens de l'écrit si pénétrant que c'était comme s'ils tailladaient de la chair vive, procédé qui leur arrachait des cris de souffrance, de colère, tout en restant conscients d'être irremplaçables l'un pour l'autre. Cette critique ne pouvait être acceptée que si tous deux étaient convaincus de ne se vouloir que du bien, et elle créait une accoutumance, un besoin d'y recourir, une certitude de s'en trouver bien qui provoquaient en eux une attente et les unissaient durablement.

Il n'y eut vraisemblablement pas d'entente physique entre eux. D'où leur revendication précoce de mener chacun sa vie. « C'est la tête qui compte », répétera des années plus tard Simone de Beauvoir attestant que son amour pour Sartre avait été un besoin d'ordre mental ou, plus précisément, comme elle l'écrira elle-même à Sartre « métaphysique et moral [1] ». Aussi inventeront-ils pour la galerie, à côté de leur amour jugé nécessaire, le recours à d'autres amours qualifiées de « contingentes ». Leur association qui excluait « les liens qu'on dit légitimes » allait leur permettre de satisfaire leurs fantasmes tout en prétendant garder la tête philosophique. En réalité, sous des considérations ronflantes, chacun essayait simplement de dénicher ailleurs des partenaires qui le satisfassent. Est-ce à dire que vivre librement l'amour, cela signifiait le vivre ouvertement ? Quoique fort bavards sur eux-mêmes, ils n'entendaient en aucun cas se confier à leurs lecteurs. Dans leurs livres autobiographiques et dans les interviews et entretiens, ils s'efforceront de brouiller les pistes, d'occulter la vérité et ils conjugueront leur empressement à parler d'eux-mêmes avec l'art de mentir. Il est vrai que leur cérémonial amoureux se rattachait à une sorte de rite tribal. C'est ici qu'il faut parler de la « Famille ».

D'après une enquête de police, Simone de Beauvoir et Sartre auraient été amants pendant six ans [2]. Pour

1. *Lettres à Sartre*, 12 novembre 1939.
2. Cf. chapitre 11.

sa part, sans parler de la durée globale, Simone de
Beauvoir estime que ses amours avec Sartre, qui fut
son premier amant, ont « énormément compté »
durant deux à trois ans [1].

Pendant de nombreuses années, Sartre se révélera
incapable de mettre en œuvre la liberté sexuelle qu'il
prétendait assumer grâce à des amours contingentes.
C'est alors que Simone de Beauvoir devint l'élément
moteur de leur association sans l'avoir peut-être
prémédité. Elle commencera à recruter ses amies
parmi ses élèves. Sartre s'intéressa à ces élèves et
Simone de Beauvoir favorisa ces relations, jouant le
rôle d'une Pompadour de la philosophie, préférant, à
tout prendre, que Sartre restât dans sa zone
d'influence.

Simone de Beauvoir était homosexuelle, ce qui,
dans la terminologie employée dans son cercle d'amis,
se disait : piège. Plus elle se livrait à cette pratique,
plus elle se sentait piège. Professeur au lycée de
Rouen, elle devint l'amie d'une de ses élèves d'origine
russe, Olga Kosakiewicz. Avec Sartre, alors professeur au Havre, ils voulurent former un trio, ce qui
signifiait que chacun devait consommer les deux
autres. Au bout de deux années d'effort, Sartre
n'avait pas obtenu l'essentiel d'Olga Kosakiewicz,
mais celle-ci coucha avec Simone de Beauvoir et avec
un élève de Sartre, Jacques-Laurent Bost, avec lequel
il se lia d'amitié pour la vie. Un an plus tard, au cours
de vacances, Simone de Beauvoir proposa à Bost de
coucher avec elle, ce qu'il fit.

Devenue professeur à Paris au lycée Molière,

---

1 Alice Schwarzer, *Simone de Beauvoir aujourd'hui*, Mercure de France, 1984.

Simone de Beauvoir continuait à voir Olga Kosakie-wicz que ses parents lui avaient confiée. Mais elle distingua une autre élève, Bianca Biennenfeld, d'origine polonaise. Alléché, Sartre accourut et ils formèrent ensemble un trio, c'est-à-dire que Simone de Beauvoir et Sartre se partagèrent les faveurs de Bianca. À peu près dans le même temps, Wanda, la sœur cadette d'Olga Kosakiewicz, venue à Paris, se laissa convaincre de devenir la maîtresse de Sartre. Sartre aimera toujours ce genre de filles, d'origine slave, déracinées, fragiles et névrosées, prises entre la révolte et le plaisir, avec lesquelles beaucoup de temps se passait en discussions, ce qui arrangeait cet homme porté plus aux indolentes et caressantes amours qu'à la virilité affirmée. Tout en poursuivant ses relations intimes avec Bianca et Bost et occasionnellement avec Sartre, Simone de Beauvoir prit pour amante une autre élève du lycée Molière, Nathalie Sorokine, née à Constantinople de parents russes. Telle était, dans sa version originale, ce que Beauvoir et Sartre appelaient la Famille.

Comment fonctionnait une telle organisation ? Sur le plan matériel, Sartre et Beauvoir entretenaient plus ou moins les autres. Chacun avait son jour, ou à défaut ses heures. On se rencontrait en général dans un café et on filait à l'hôtel. L'exigeante sensualité de Beauvoir déclenchait en elle un mouvement affectif de même intensité, d'où son caractère passionné qui la rendait capable dans la même journée d'aimer avec la même sincérité Bianca, puis Nathalie et de se rendre le soir dans un autre hôtel avec Bost. Ce qui ne l'empêchait pas d'écrire des lettres aimantes à Sartre à l'issue de ces parties de plaisir.

Sartre, Beauvoir et Bost étaient les membres seniors de la Famille. Entre eux, ils ne se mentaient guère, mais ils se mettaient d'accord pour masquer certains rendez-vous qu'ils se donnaient, usant de faux prétextes pour égarer les autres.

Ces amours croisées contribuèrent à restreindre l'univers dont Sartre et Beauvoir s'étaient faits le centre et à les couper un peu plus des réalités de la vie, et elles favorisèrent en eux un besoin de sécurité. Des amours toujours menées avec maîtrise suivant un emploi du temps minuté afin d'éviter que deux portes ne s'ouvrent en même temps. Nous n'avons pas à évaluer la part intime de l'être qui entrait dans ce vaudeville épicé, mais, Simone de Beauvoir et Sartre se posant en exemples, nous sommes obligé de regarder ce qu'ils montrent.

6.

Les premiers pas qui comptent

Le 29 juin, quinze jours après l'occupation de la ville et huit jours après la signature de l'armistice, Simone de Beauvoir était de retour à Paris. Les deux tiers des habitants avaient pris le chemin de l'exode sous la pression de l'avance ennemie et la peur d'un siège. Ils revenaient par petites bandes, sans bruit, devant le fait accompli de l'occupation, et la ville se repeuplait silencieusement. Tout était calme.

En quelques heures, les Allemands avaient pris possession de Paris. À mesure qu'elle y pénétrait, l'armée allemande avait éclaté dans toutes les directions, chaque unité affluant vers les quartiers qu'elle devait occuper. Ce plan de submersion était préparé depuis longtemps ; les éclaireurs connaissaient le chemin. Dans cette atmosphère où se créaient de nouvelles conditions de vie et qui comprimait les sens, on se rendait compte que Paris, blessé, rassemblait ses os pour se composer un corps contrefait et hideux.

Les autorités françaises avaient pris la fuite. Seul restait en place le préfet qui se soumit sans broncher. Comme ailleurs en France, la mutation de la population fut instantanée, chaque Parisien passant d'une ère de liberté à une ère d'asservissement, sans même s'en rendre compte la plupart du temps. Des pan-

neaux allemands avaient surgi aux carrefours, flé-
chant les lieux et les directions essentiels au guidage
des soldats de la Wehrmacht. Aux principaux édifices
publics et aux bâtiments réquisitionnés, de raides
bannières rouges à croix gammée proliféraient, marquant la prise de possession de la ville. Les soldats
allemands circulèrent bientôt sans armes et se super-
posèrent à la population, finissant eux aussi par
appartenir au décor.

La France n'avait plus de capitale. Paris et sa
banlieue étaient devenus le « Gross-Paris », métropole allemande de la France occupée. La loi et l'heure
allemandes furent décrétées.

Tout était prêt à renaître sous la bannière nazie.
Mais rien ne pouvait exister sans autorisation légale-
ment obtenue. Des situations, impensables le moment
d'avant, furent créées. Toute une faune criarde, prête
à trahir, fit surface. La presse, la totalité des moyens
d'information tombèrent sous contrôle allemand. Une
meute de journalistes afflua, mue par une servilité à
peine concevable. Dans tous les domaines, aux plus
hauts échelons de la vie professionnelle, chacun
s'affairait pour avoir un Allemand à soi et pour lui
plaire. L'angoissante question : combien de temps
cela durera-t-il? ne pouvait même pas être posée
raisonnablement car le drame ne faisait que commencer, et aucun Parisien ne pouvait supposer que se
mettait en place le plus cruel système de répression
des temps modernes.

À 300 kilomètres de là, le 10 juillet, à Vichy, le
maréchal Pétain recevait les pleins pouvoirs consti-
tuants, exécutifs et législatifs. Dès lors, la loi française
s'accorda et se subordonna à la loi allemande.

Presque un siècle plus tôt, jugeant le coup d'État du 2 décembre 1851, Victor Hugo condamnait en termes universels tous les coups d'État, toutes les trahisons à venir du sommet de l'État. Aucun texte ne s'applique mieux à la journée qui fit de Philippe Pétain le dictateur de la France de Vichy :

« Cette première journée, que d'autres suivront, est déjà complète. Tout y est. C'est le plus effrayant essai de poussée en arrière qui ait jamais été tenté. Jamais un tel écroulement de civilisation ne s'est vu. Tout ce qui était l'édifice est maintenant la ruine ; le sol est jonché. En une nuit, l'inviolabilité de la loi, le droit du citoyen, la dignité du juge, l'honneur du soldat ont disparu. D'épouvantables remplacements ont eu lieu ; il y avait le serment, il y a le parjure ; il y avait le drapeau, il y a un haillon ; il y avait l'armée, il y a une bande ; il y avait la justice, il y a la forfaiture ; il y avait le code, il y a le sabre ; il y avait la France, il y a une caverne. Cela s'appelle la société sauvée[1]. »

Dans les premiers temps, la tendance des Parisiens fut moins de haïr l'ennemi que d'exécrer le système et les hommes politiques de la IIIe République, tenus responsables du désastre, à l'exception du maréchal Pétain, « le sauveur ». Que le vainqueur soit le nazisme dont on connaissait pourtant les plans d'extermination et d'asservissement des peuples n'inquiéta pas l'ensemble de la population rassurée par l'aspect bonasse des soldats, la reprise de la vie courante et des affaires, et par cette espérance que chacun couve en lui-même. Il y eut un semblant de

---

1. Victor Hugo, *Histoire d'un crime*.

bonne entente entre Français et Allemands, et l'on pouvait craindre que la population n'ait adopté les mœurs de ses nouveaux maîtres. L'été flamboyait et, paradoxe ! du fait que la circulation automobile était pratiquement réduite à rien et que l'air s'allégeait, Paris avait pris une sorte de grâce villageoise. La ville n'était plus la même et le peuple cessa d'abord d'être lui-même.

Simone de Beauvoir céda au sentiment général et ne se révolta pas. L'absence de Sartre constituait tout son tourment, mais elle finit par l'accepter. Elle se tira d'affaire. Étant fonctionnaire de l'Éducation nationale, elle avait des revenus assurés et des obligations professionnelles qui l'empêchèrent de sombrer. Avant de s'installer dans le minable hôtel du Danemark, rue Vavin, elle demeura d'abord à Montparnasse dans l'appartement de sa grand-mère, et elle fit le tour, assez réduit, de ses connaissances. En cette circonstance, Sartre, plus répandu dans la bonne société, lui manqua. Elle revit notamment Charles Dullin et sa compagne Simone Jollivet. L'un et l'autre, à des degrés divers, étaient acquis à l'ordre nouveau. Pour Simone Jollivet, c'était une chance à saisir et une juste revanche sur les juifs redevenus des boucs émissaires. Pour Dullin, l'occasion de diriger un plus grand théâtre se présentait. Ils furent les premiers qui montrèrent à Simone de Beauvoir comment les humains peuvent profiter du pire.

Elle retrouva deux membres de la Famille : Nathalie Sorokine, toujours en ébullition, qui, apatride, se félicitait avec exubérance du drame où se débattaient les Français. Et Bianca Biennenfeld, angoissée par sa situation de juive, que Simone de Beauvoir ne pouvait comprendre. Elle alla voir ses parents à l'égard desquels elle éprouvait un sentiment de supériorité. La défaite n'avait en rien modifié la nature de Simone de Beauvoir; uniquement préoccupée d'elle-même, elle n'évaluait les autres que par rapport à soi. La détresse qu'elle nourrissait de l'absence de Sartre la livrait au monde sans appui. Elle s'en affectait autant pour des raisons sentimentales que littéraires. Qu'allait devenir son roman qu'elle tenait sous le coude si Sartre ne revenait pas rapidement? Qui d'autre que lui pouvait en faire une critique constructive? Comment, sans son aide, parviendrait-elle à le faire éditer?

Elle se promena, traîna pendant deux mois, puis elle enseigna provisoirement pendant huit heures par semaine au lycée Victor Duruy qui s'était remis à fonctionner dès le mois de juillet. Elle étudia Hegel à la Bibliothèque nationale et dut se fourrer dans la tête bien des choses dépassées par le monde actuel et n'ayant qu'une valeur documentaire. Mais elle avait besoin d'encadrer ses pensées, de les confronter à un modèle. On pourrait examiner comment les réflexions les plus naturelles ne lui venaient que soutenues par des références sérieuses à des philosophes.

Durant ce temps, l'oppression allemande s'accentua. Dans l'indifférence générale, des Allemands commencèrent à persécuter les juifs, les soumettant d'abord à une législation d'exception dont la première contrainte résidait dans un recensement, prélude à l'application des lois de Nuremberg[1].

Pour Simone de Beauvoir, une épreuve initiale se présenta quand, en septembre, ayant pris son poste au lycée Camille Sée, elle dut comme tous les enseignants signer un papier où elle affirmait sous la foi du serment qu'elle n'était ni juive ni affiliée à la franc-maçonnerie : « Je trouvai répugnant de signer, mais personne ne s'y refusait : pour la plupart de mes collègues comme pour moi il n'y avait aucun moyen de faire autrement[2]. »

Dans ses Mémoires, document de vérité, selon elle, Simone de Beauvoir s'insurge contre Vichy et les nazis avec tant de constance que dès qu'un événement se produit, elle l'analyse, et avant même qu'une loi vychiste ou allemande ne soit promulguée, elle la dénonce. Elle colle aux faits ou les devance pour assener son jugement et proclamer sa pureté. Elle se pose avec intransigeance en antivichyste, en antinazie convaincue, rejetant en bloc tout ce qui émanait de la collaboration franco-allemande. Devait-elle signer le questionnaire qu'elle jugeait infamant ? Ne pas signer revenait à mettre en conformité ses actes avec sa pensée, à être conséquente avec soi-même. Mais elle perdait sans doute sa situation de professeur de philosophie dans un établissement d'État et son statut privilégié de fonctionnaire. C'était se créer des difficultés matérielles alors qu'elle voulait se livrer à ses travaux littéraires grâce à la sécurité que lui assurait

1. Lois promulguées en septembre 1935 à Nuremberg qui privaient les juifs de leurs droits civiques et interdisaient les mariages entre juifs et aryens, de manière à placer les juifs hors de tout cadre juridique, à la discrétion de leurs persécuteurs. D'autres décrets publiés ultérieurement complétèrent les lois de Nuremberg.

2. La Force de l'âge, op. cit., p. 478.

un traitement substantiel de professeur agrégé. En revanche, signer, cela équivalait à commettre un acte indigne et à rejoindre la masse des Français consentants dont d'ailleurs elle ne cessera de fustiger la lâcheté ; c'était renoncer aussi à la faculté de choisir librement son destin. Suivant la terminologie sartrienne de l'époque, en signant ce papier elle refusait de se mettre en situation d'être libre et d'assumer. Au temps de la Drôle de Guerre, elle avait discuté avec Sartre de cette morale fondée sur la notion d'authenticité. Pour assumer sa situation, « la seule manière de le faire, c'était de la dépasser en s'engageant dans une action : toute autre attitude était une fuite, une prétention vide, une mascarade fondée sur la mauvaise foi [1] ». À quoi bon défendre une morale militante si l'on ne met pas tout en œuvre pour la concrétiser ? À quoi bon juger infâme un formulaire si on le signe ? Or, dira Sartre, « l'homme ne saurait être tantôt libre tantôt esclave : il est tout entier et toujours libre ou il ne l'est pas [2] ».

Simone de Beauvoir signa le questionnaire, soumise à la force de coercition qui en émanait. On peut supposer également qu'elle chercha la sécurité dans l'obéissance.

On pourra mesurer les changements intervenus dans le comportement de Simone de Beauvoir du fait de l'Occupation en se reportant à son dernier emploi avant la guerre. C'était au lycée Molière, dans les beaux quartiers de Paris. Elle y avait connu des déboires et s'était mesurée à la bourgeoisie locale. La

1. *Ibid.*, p. 442.
2. *L'Être et le Néant, op. cit.*, p. 495.

directrice de cet établissement, Mme Clara Lagarce, écrivait à ce propos :

« Mlle de Beauvoir était un professeur particulièrement brillant dont les cours suscitaient beaucoup d'enthousiasme et d'admiration chez les élèves de philosophie, en particulier chez quelques jeunes Russes.

« La vérification des cahiers de textes m'ayant donné de l'inquiétude au sujet des lectures indiquées à ses élèves par Mlle de Beauvoir (ses auteurs de prédilection paraissaient être M. Proust, A. Gide et F. Mauriac), je crus devoir la mettre en garde contre les dangers que de telles lectures faites intégralement présentaient pour des jeunes filles de 17 ou 18 ans. Pendant tout l'entretien que j'eus avec elle, Mlle de Beauvoir garda une attitude ironique et dédaigneuse et j'eus l'impression de n'avoir aucune influence sur cette nature orgueilleuse et distante. Je n'en revins pas moins à la charge, sans plus de résultat, un peu plus tard ; je lui donnai des exemples précis de démoralisation due à la lecture des livres qu'elle recommandait, et lui fis part également de mes craintes au sujet des visites à Sainte-Anne qu'elle faisait faire aux élèves de philosophie [1].

« Je reçus alors des protestations de quelques familles au sujet de ces lectures et de certaines parties des cours de Mlle de Beauvoir ; puis une démarche fut faite auprès de moi par MM. les Présidents des œuvres catholiques de la paroisse et du seizième arrondissement, pour me signaler

---

1. Sainte-Anne, hôpital d'internement psychiatrique.

l'inquiétude des parents devant l'influence regrettable de Mlle de Beauvoir.

« À ce moment-là, je mis M. l'Inspecteur Général Monod, qui était alors chargé du lycée Molière, au courant de la situation. Il considéra que le cas était très grave et demanda que M. l'Inspecteur Général Davy inspectât Mlle de Beauvoir.

« L'inspection fut brillante : Mlle de Beauvoir fit devant M. Davy une leçon remarquable, sinon bien adaptée à une classe de Philosophie, sur la relativité. M. Davy proposa alors Mlle de Beauvoir pour une chaire de Première supérieure, et elle quitta le lycée Molière pour le lycée Camille Sée le 1er octobre 1939[1]. »

C'est donc pendant la Drôle de Guerre et durant la bataille de France que Simone de Beauvoir effectua sa première année de professorat au lycée Camille Sée. Ce lycée était considéré comme un établissement modèle autant par son architecture et son luxe glacé que pour la tenue des élèves surveillées de très près par la directrice de fondation, Mlle Marie-Thérèse Évrard. Nous parlerons dans un autre chapitre de cette femme remarquable autant par ses facultés pédagogiques que par ses qualités de cœur, qui révélera son courage à l'heure où d'autres s'effondraient. Simone de Beauvoir, ayant rencontré à qui parler, la jugea superficiellement et la traita par le mépris ainsi qu'elle s'y prenait avec tout le monde, à l'exclusion du petit groupe de gens qui composaient la Famille. Beauvoir, tout comme Sartre, ne relevait

1. Archives du ministère de l'Éducation nationale : dossier de carrière de Simone de Beauvoir.

chez les individus que de gros traits caricaturaux, usant de ce procédé réducteur pour en faire plus facilement le tour. Ils avaient tendance à regarder les autres comme de simples objets sans conscience, extérieurs à eux-mêmes et n'existant qu'en fonction de l'attention qu'ils voulaient bien leur prêter. Une attitude en contradiction avec leur thèse philosophique qui affirme que la vérité de chacun se trouve aussi dans le discours et le regard de l'autre.

Au moment où la guerre commence, Simone de Beauvoir se rend à son nouveau lieu d'enseignement : « Je vais au lycée Camille Sée, écrit-elle. Superbe bâtisse ; je vois la directrice, assez jeune, mince, élégante, poudrée avec un menton bleu sous la poudre ; elle joue la personne vive, fantasque et crâne : " Moi, je suis assez crâne ", dit-elle sans vergogne[1]. »

Plus un seul mot sur Mlle Évrard ne sera écrit, excepté une allusion à son menton bleu. Rien d'autre au sujet de cette femme qui dirigea un lycée pris dans le tragique éphéméride de l'Occupation.

Notons que Simone de Beauvoir ne pouvait en imposer à Mlle Évrard dont le caractère volontaire brisait toute résistance et qui entendait être seule maîtresse à bord et qu'on la respectât. Malgré cette antipathie d'origine, Mlle Évrard se dominait assez pour demeurer intellectuellement honnête. Dans un premier rapport, elle jugea Simone de Beauvoir comme « un professeur dont l'intelligence et l'aisance paraissent remarquables ». Malheureusement, elle avait hérité d'une classe médiocre et les abstractions

---

1. *La Force de l'âge, op. cit.*, p. 416.

où elle se complaisait passaient par-dessus la tête de ses élèves. On pouvait regretter qu'elle ne se mît pas à leur niveau [1].

Dans Paris occupé, réduite souvent à sa seule compagnie, Simone de Beauvoir soliloquait, jamais lasse de ce jeu de miroir. Sur un fond de moralisme, elle s'accordait des avantages essentiels : elle pensait juste, donc elle ne pouvait se tromper ; elle n'aimait pas les enfants, donc elle ne se laissait pas exploiter par l'homme ; l'argent ne la tracassait pas, donc elle était supérieure aux bourgeois ; elle était souvent désagréable, donc elle était franche ; elle était toujours en opposition avec tout le monde, donc elle avait le courage de ses opinions...

Au cours de la période éprouvante de l'Occupation, elle se montrait insensible aux grands mouvements intérieurs qui portaient les plus résolus à refuser la victoire de l'Allemagne. Elle s'empressait alors de reprendre les arguments les plus courants : « Rien n'autorisait à penser que l'Allemagne serait vaincue ; Hitler n'avait encore essuyé aucune défaite, Londres était ravagée par de terribles bombardements, peut-être les armées nazies réussiraient-elles bientôt à débarquer en Angleterre ; les États-Unis ne bronchaient pas, l'URSS restait passive [2]. » Tel était le bilan restrictif qu'elle traçait de la situation pour conforter son renoncement, incapable de projeter dans l'avenir les conséquences de la politique de l'Allemagne. Ainsi privée de cet élan du cœur et de la raison qui pousse à s'élever contre l'oppression, elle se

1. Archives Éducation nationale. Dossier de carrière. 12 janvier 1940.
2. *La Force de l'âge, op. cit.*, p. 482.

laissa vivre et porter par les événements. Elle mit la dernière main à son roman en chantier depuis quatre ans et l'acheva, pressée de le publier, et elle reprit son rêve de gloire littéraire. Elle jugea utile de se rendre chez Gallimard afin de se renseigner sur les possibilités de publication.

Les éditions Gallimard[1], malgré les réglementations de l'Occupation, restaient extérieurement ce qu'elles avaient été depuis leur fondation : elles étaient pour les écrivains une maison d'accueil. Ceux-ci y étaient reçus, qu'ils fussent chevronnés ou débutants, même s'ils n'avaient pas de manuscrit sous le bras. D'où la faune pittoresque que drainait cet éditeur. On assistait dans le vestibule à un incroyable va-et-vient d'auteurs et de farceurs qui accouraient pour parler d'eux-mêmes avec des interlocuteurs de la maison.

Simone de Beauvoir fut reçue par Brice Parain qui faisait fonction de secrétaire général. En l'absence des patrons qui resteront en zone non occupée jusqu'en octobre 1940, il avait la charge des éditions. Brice Parain jouera un rôle important chez Gallimard pendant plus de quarante ans, sans ostentation. C'était un laborieux au visage tourmenté qui se tenait en dehors de tout clan. Il était totalement dévoué à Gaston Gallimard dont il aimait à se dire l'employé, mais par son travail opiniâtre et souvent obscur, il figurait comme le Colbert de la maison. Conscient aussi d'être le responsable des importants domaines russe et philosophique, Brice Parain prenait un aspect

---

1. Les éditions Gallimard s'appelaient encore à l'époque : la Librairie Gallimard qui publiait les éditions de la NRF. Par commodité nous leur donnons dès maintenant le nom qu'elles adopteront plus tard.

sévère avec ceux qui ne lui étaient pas sympathiques ou il se faisait protecteur. Même s'il se laissait aller à parler beaucoup, il n'était pas très communicatif. Il n'avait encore rien lu de Simone de Beauvoir. Celle-ci par son extraordinaire volubilité — on a parlé, à son propos, de logorrhée — indisposait la plupart de ses interlocuteurs. À l'époque, elle apparaissait aux gens de Gallimard comme l'amie de Sartre, ce qui incontestablement était un privilège pour une candidate à la publication. Ses allures libérées faisaient sourire Brice Parain. En Union soviétique où il avait résidé, il avait connu des femmes des milieux intellectuels autrement plus libres et affranchies de toute contrainte que Simone de Beauvoir qui produisait l'effet d'être une petite-bourgeoise en veine d'émancipation.

Brice Parain appartenait aux générations sacrifiées : il était passé directement de l'École Normale supérieure dans les tranchées de la Grande Guerre. L'horreur des boucheries l'avait ouvert à la vérité du néant et, compte tenu de sa formation universitaire, il avait été amené à réfléchir sur la valeur des mots. Il pensait que chaque mot a une signification précise et qu'il faut les employer à bon escient. D'où l'agacement qu'il ressentait à certains abus de vocabulaire de Sartre. Subissait-il l'influence du projet fondateur de la NRF assumé par Gide pour qui le style était la grande affaire de la vie ? Dans l'exercice de son travail quotidien, contrairement à d'autres tels que Paulhan et Malraux, il évitait la virtuosité des jugements définitifs qui classifiaient les auteurs de la maison. C'était un esprit profondément religieux, très croyant mais pas catholique apologétique. Il était parvenu à la philosophie par le christianisme. Ses livres, ses écrits, loin d'être clairs comme sa parole, étaient plutôt hermétiques et il était un auteur très peu lu. D'où le plaisir qu'il éprouva quand Sartre lui consacra, au cours du dernier hiver de l'Occupation, une longue étude — même si elle était critique — à propos de *Recherches sur la nature et les fonctions du langage,* un ouvrage où Parain, obscurément, avançait ses thèses[1].

À la Libération, au milieu de la surenchère patriotique de la dernière heure, Parain reconnaîtra qu'il n'avait jamais fait de résistance, prétextant qu'il se devait d'abord à sa famille. Quand il reçut Simone de Beauvoir, il représentait un type de valeurs classiques qui subsistaient dans l'édition malgré l'Occupation et en dépit des nouveaux règlements, mais il n'osait pas affronter les Allemands. Brice Parain sera noté par le Sonderführer Heller, responsable de l'édition à la Propaganda-Staffel, comme « fournissant un travail positif » à l'égard des autorités allemandes[2]. Il sera accrédité à la commission de contrôle chargée de distribuer le papier aux éditeurs, organisme vital placé sous la haute surveillance allemande[3]. Brice Parain recevra même une fois chez lui, en famille, à titre amical, le Sonderführer Heller[4].

Il informa Simone de Beauvoir des difficultés de publication inhérentes à l'Occupation, à la crise du papier, à la censure allemande. Il lui montra la « liste Otto » qui prohibait la vente des ouvrages des auteurs

1. « Aller et retour », *Situations I.*
2. Pascal Fouché, *L'Édition française sous l'Occupation,* Paris, 1987, t. I.
3. Pascal Fouché, *ibid.,* t. II.
4. Témoignage de Mme Mailliard.

juifs et des livres qui, d'une manière ou d'une autre, discréditaient l'Allemagne. La « liste Otto » était précédée d'un court préambule :

« Désireux de contribuer à la création d'une atmosphère plus saine et dans le souci d'établir les conditions nécessaires à une appréciation plus juste et objective des problèmes européens, les éditeurs français ont décidé de retirer des librairies et de la vente les œuvres qui figurent sur la liste suivante et sur des listes analogues qui pourraient être publiées plus tard. Il s'agit de livres qui par leur esprit mensonger et tendancieux ont systématiquement empoisonné l'opinion publique française ; sont visées en particulier les publications de réfugiés politiques ou d'écrivains juifs qui, trahissant l'hospitalité que la France leur avait accordée, ont sans scrupule poussé à une guerre dont ils espéraient tirer profit pour leurs buts égoïstes.

« Les autorités allemandes ont enregistré avec satisfaction l'initiative des éditeurs français et ont de leur côté pris les mesures nécessaires [1]. »

Il en fallait davantage pour sensibiliser Simone de Beauvoir ou pour l'indigner. Plus que jamais, elle attendait impatiemment le retour de Sartre, d'abord pour qu'il émette un jugement sur son roman, et surtout pour qu'il le présente à Gallimard.

Simone de Beauvoir allait être confrontée avec un événement patriotique devant lequel son comportement prit une signification particulière.

À la rentrée des classes de l'année scolaire 1940-

---

1. Pascal Fouché, *op. cit.*, t. I.

1941, la première de l'Occupation, Simone de Beauvoir avait rejoint son poste de professeur de philosophie au lycée Camille Sée. D'emblée, elle fut antipa-
thique à ses élèves. En dehors de son cours, elle ne les
saluait même pas et ne leur adressait pas le moindre
mot d'encouragement. Elle arrivait en retard et
repartait comme une flèche à peine la leçon terminée.
D'entrée de jeu, elle avait adopté une attitude fermée,
excessivement prudente mais d'une prudence que ses
élèves ne pouvaient pas comprendre. Nous verrons en
temps et en lieu ce qui distingua cette période de
professorat. Disons maintenant qu'elle ne participait
à rien en cette époque où les événements rappro-
chaient les êtres, et qu'elle fuyait ce qui pouvait
entraîner de sa part une prise de responsabilité, un
engagement, un risque. En témoigne l'affaire de la
commémoration de l'armistice du 11 novembre 1918.
Qu'arriverait-il si, malgré les interdits, les étudiants
le célébraient? Personne n'écartait les réactions
furieuses de l'occupant. L'atmosphère était tendue
dans les facultés depuis le 30 octobre quand le savant
Paul Langevin, dont le rayonnement était grand chez
les étudiants, avait été arrêté dans son bureau par les
Allemands. L'annonce de cette arrestation courut
Paris et une semaine après, en dépit des menaces et
des injonctions, un hommage solennel était rendu à
Paul Langevin au Collège de France au milieu d'un
concours de foule.

En dehors de cette arrestation, le contexte politique
suscitait la révolte et la honte. Quelques jours plus
tôt, le 24 octobre, nonobstant la violation de l'armistice par l'annexion allemande de l'Alsace et de la
Lorraine, le maréchal Pétain rencontrait à sa

demande Hitler en France, à Montoire. Une poignée de main dûment photographiée, qui fit le tour du monde, scella la nouvelle politique française de collaboration avec le Reich nazi. Pour honorer ce pacte, Hitler avait ordonné que les cendres de l'Aiglon fussent restituées à la France au cours d'une cérémonie crépusculaire dans la crypte des Invalides, qui sera un échec complet.

Dans cette conjoncture, un projet se propagea dans les milieux universitaires et scolaires, celui d'une manifestation à l'Étoile le 11 novembre, d'autant plus séduisante pour la jeunesse qu'elle était interdite et taxée de subversion.

La défaite était encore trop proche et l'Occupation trop récente pour qu'un climat anti-allemand ne régnât pas dans le Quartier latin. Dès les derniers jours d'octobre, le recteur de l'académie de Paris Roussy notait : « On parle d'une certaine agitation qui naît dans les lycées et les facultés[1]. »

Avant de se rendre, pendant les fêtes de la Toussaint, à Vichy où il sera reçu par le maréchal Pétain, le recteur exhorta les chefs d'établissements et les doyens « à faire vigilance dès la réouverture », soit le 4 novembre.

Mlle Évrard, la directrice du lycée Camille Sée, fut alertée et répercuta la mise en garde à ses professeurs, dont Simone de Beauvoir.

À la suite d'un incident survenu au lycée Louis le Grand où des tracts politiques avaient été distribués, donnant lieu à une enquête policière, le recteur reprit

---

1. AN F 60-1520 : « Notes sur les journées qui ont précédé et suivi le 11 novembre 1940 », du recteur Roussy.

ses exhortations au calme. « Il demanda aux proviseurs et aux directrices de passer dans les classes et de
présenter aux élèves les conséquences que pourrait
avoir toute manifestation politique quelle qu'elle soit :
papillons, inscriptions, cris, etc. L'activité de nos
lycées n'est possible que sous la condition expresse de
poursuivre dans l'ordre. La fermeture immédiate de
tous les établissements pourrait en effet être imposée
d'un jour à l'autre[1]. »

À la suite d'un incident dans un café du boulevard
Saint-Michel, mettant aux prises étudiants et soldats
allemands, une réunion générale des proviseurs et des
directrices des lycées parisiens est organisée
d'urgence. Il est décidé que « les chefs d'établissements passeront eux-mêmes dans les classes et donne-
ront aux élèves des conseils de prudence[2] ».

Le lendemain, le recteur a connaissance des manifestations envisagées par des étudiants à l'Arc de
Triomphe. La préfecture de Police donne au recteur
des informations complémentaires. Il est arrêté que la
police sévira dans la rue et que les chefs d'établissements prendront des mesures pour assurer l'ordre
dans tous les établissements du ressort de l'université
de Paris.

De jour en jour, les mauvaises nouvelles affluaient
sur le bureau du recteur qui convoquait les responsables de son académie, lesquels rappelaient à l'ordre
professeurs et élèves.

Pour l'heure, en haut des Champs-Élysées, sous
l'Arc de Triomphe, la petite flamme perpétuelle brûle

1. AN F 60-1520, notes du recteur Roussy.
2. *Ibid.*

sur la tombe du Soldat inconnu. Seuls, les pas des militaires allemands qui visitent le monument résonnent sous la voûte.

Le 8 novembre, le gouvernement de Vichy adresse par le secrétaire d'État à l'Instruction publique un télégramme aux recteurs de la zone occupée « pour que le 11 novembre, professeurs et instituteurs commémorent le souvenir des maîtres et des élèves morts pour la France et expriment notre volonté de redressement national par l'attachement et le dévouement de tous aux principes du redressement français : travail, famille, patrie[1] ».

Le recteur Roussy transmet le télégramme aux responsables dépendant de son académie, accompagné d'explicitations : le travail ne sera pas interrompu au cours de la journée du 11 novembre ; il n'y aura pas de cérémonie. « Il convient seulement que la journée soit marquée du signe d'un profond recueillement[2]. »

Les chefs d'établissements seront à nouveau convoqués afin d'éviter tout malentendu. Ultimes objurgations : pas de provocation ni à l'intérieur ni à l'extérieur.

Quand, le 10 novembre, le recteur Roussy passe en revue son dispositif de sauvegarde, il réitère ses avertissements à François de Lescure, délégué des étudiants. Puis il se rend auprès de Roger Langeron, le préfet de police, qui lui fait part de ses inquiétudes et de celles du gouvernement. Il insiste pour que la police découvre préventivement les foyers d'agitation.

1. AN F 60-1520 : « Notes sur les journées... »
2. *Ibid.*

Dans l'après-midi, le recteur parcourt le quartier des facultés. Tout est calme, mais des tracts sont parvenus au corps enseignant et aux étudiants.

Le 11 novembre, jour commémoratif de l'armistice de 1918, le recteur constate le matin de nombreuses absences dans les facultés où rien ne bouge cependant. Dans les lycées, les absences ne semblent pas dépasser les chiffres habituels.

C'est sans doute parce qu'on ne craint pas de mourir à 15 ou 17 ans que ce sont surtout les lycéens qui s'élancent bravement l'après-midi sur les Champs-Élysées, encore que la radio de Londres ait appelé la population parisienne à fleurir la tombe du Soldat inconnu et la statue de Georges Clemenceau située 2 kilomètres plus bas sur l'avenue. Plusieurs milliers de jeunes — entre 3 000 et 10 000 —, accompagnés de quelques professeurs, manœuvrent sur les trottoirs des Champs-Élysées pour accomplir leur acte patriotique tout en essayant d'échapper à la police française qui réagit avec une brutalité extrême [1]. Il y a des cris de défi, des *Marseillaise* et des cocardes tricolores. De Gaulle est acclamé et Hitler conspué. Sur le tard, en fin d'après-midi, les Allemands s'en mêlent et matraquent ceux qu'ils peuvent attraper, tirant aussi en direction des manifestants sans qu'il y ait de morts apparemment. Ils arrêtent environ 140 personnes.

Le surlendemain, tous les établissements d'enseignement supérieur sont fermés et les étudiants contraints à pointer au commissariat de leur domicile

---

1. « Naissance de la résistance étudiante, à Paris », *Histoire de la Deuxième Guerre mondiale*, juillet 1962.

grâce à des listes nominatives fournies par l'administration universitaire. Le recteur Roussy et son plus proche collaborateur sont relevés de leurs fonctions. Au fil des jours, les étudiants emprisonnés seront relâchés par les Allemands. Cinq ou six manifestants paraissent avoir subi un sort plus dramatique. L'université rouvrit ses portes le 20 décembre.

Le nouveau recteur par intérim, l'universitaire Jérôme Carcopino, directeur de l'École Normale supérieure et futur ministre de l'Éducation nationale de Vichy, demanda à trois reprises par lettre aux proviseurs et directrices de dresser un état des lieux moral de leurs établissements [1]. Mlle Évrard, responsable du lycée Camille Sée, répondit : « Dès le début de l'année scolaire, j'ai réuni tout le personnel, soit collectivement, soit par groupe ; de nouvelles réunions ont été faites au sujet des manifestations et de leur portée, puis au moment du 11 novembre. Chaque fois j'ai fait appel à leur collaboration qui a toujours été fidèle et dévouée afin de m'aider à faire régner plus que jamais parmi les élèves un bon esprit ; de leur faire comprendre combien le travail, la soumission à nos conseils et la discipline la plus absolue étaient les véritables vertus du temps présent. Je leur ai recommandé d'être extrêmement prudentes dans leurs cours, de ne faire aucune allusion aux événements et d'agir toujours dans le sens de la modération et de l'apaisement [2]. »

Simone de Beauvoir, associée aux mises en garde qui avaient précédé pendant quinze jours la journée

---

1. Archives du rectorat de Paris, AJ 16, en cours de cotation définitive.
2. *Ibid.*, lettre du 20 novembre 1940.

du 11 novembre, était parfaitement au courant des actions qui se préparaient. Elle ne bougea pas. Après la guerre, de crainte qu'on ne le lui reprochât, elle excipa de son isolement qui l'avait empêchée de se mêler aux manifestants, et elle nota brièvement dans ses Mémoires : « Je ne connaissais aucun de ces jeunes gens qui avaient dit ouvertement non au nazisme[1]. » Comme s'il était nécessaire de connaître des gens pour participer à une manifestation.

1. *La Force de l'âge, op. cit.*, p. 485.

7.

La soumission ouvre l'abîme

Au début d'avril 1941, Sartre retrouva Paris occupé depuis neuf mois. Un hiver d'une froidure exceptionnelle s'achevait. Rude épreuve pour les habitants, affaiblis par les restrictions, qui durent se passer de chauffage. Les Allemands tenaient ferme l'ancienne capitale de la France. Aucun Français sensé n'aurait dû encore s'illusionner sur la prétendue correction de l'occupant tant vantée au début, mais le temps de la résignation persistait. La persécution des juifs s'amplifiait dans l'indifférence générale. Les autorités chrétiennes se taisaient, s'endormant sur les Évangiles. La terreur nazie était à l'œuvre ; trop peu de gens étaient touchés pour susciter un mouvement d'opinion. Presque tous les Français se satisfaisaient d'un *modus vivendi* qui les épargnait personnellement : chacun pour soi. La première affiche annonçant une exécution, celle de l'ingénieur Jacques Bonsergent, avait été placardée dans les rues pendant les derniers jours de décembre 1940 sans qu'une sainte colère ait saisi l'esprit de la ville. L'Allemagne étalait insolemment sa puissance et sa cruauté, et ses réquisitions lésaient la population qui subissait passivement. L'Europe résonnait de ses clameurs victorieuses. Des bruits de bottes commençaient à s'élever dans les

Balkans : le IIIe Reich se préparait à envahir la Yougoslavie et la Grèce, à hisser le drapeau à croix gammée presque partout sur le Vieux Continent. Rien ne bougeait à Paris où les folliculaires chargés de la presse et de la radio déversaient de manière ininterrompue leurs messages de haine et de soumission. Certes, le manque de chauffage et le rationnement alimentaire suscitaient un mécontentement général mais pas générateur d'une prise de conscience sur la nécessité de se préparer résolument à la lutte contre la nazification de la France et l'occupation de son sol. Les Français se révélaient incapables d'analyser la situation et d'en tirer les conséquences, estimant sans doute que la conjoncture militaire en Europe assurait l'hégémonie du IIIe Reich dont la victoire finale paraissait probable.

Si les Allemands avaient conquis la France sans difficulté, ils l'occupaient et la régentaient avec facilité. Seuls, dans l'ancienne capitale, quelques dizaines d'hommes et de femmes résistaient, risquant leur vie pour assurer le fonctionnement de filières de renseignements et la distribution de tracts, en s'évertuant par leur action à exalter le combat pour la liberté. Les premières arrestations étaient opérées avec la complicité de la police française. La torture était instaurée comme machine à obtenir les aveux. Mais ces combattants héroïques restaient dans l'ombre et il ne devait plus jamais y avoir à Paris, pendant toute la durée de l'Occupation, de manifestations de masse comparables à celle du 11 novembre 1940.

Quand Sartre relata à Simone de Beauvoir les circonstances de son rapatriement en France, tous deux durent convenir que l'expression « rapatrié sanitaire » sonnait mal, qu'elle sentait la pharmacie et ne soulevait aucun écho flatteur. Ils ne parlèrent plus que d'évasion. Sartre s'était évadé. Évasion ! Le terme fut adopté. Dorénavant, tout au long de leur vie, lorsqu'ils feront allusion à ce rapatriement, c'est le mot évasion qui viendra sous leur langue ou sous leur plume.

Sartre était revenu dans un Paris bien différent de celui où il avait vécu. Peut-être éprouva-t-il un certain dépaysement après huit mois de captivité. Toutefois, l'accoutumance à vivre derrière des barbelés l'aida à s'acclimater vite à une ville captive. Il réintégra immédiatement sa Famille et reprit ses habitudes au sein de cette bizarre communauté. Il retrouva ses membres inchangés : Simone de Beauvoir toujours active, ambitieuse et enfermée dans une existence dissolue mais réglée par sa manie bourgeoise de soumettre ses liaisons à des rites établis et à des emplois du temps fixes ; Jacques-Laurent Bost, perpétuel adolescent, inapte à affronter la vie sans protection, végétant et subsistant aux crochets des autres tout en s'appliquant à rédiger son journal méticuleusement, à l'instar de Simone de Beauvoir ; Olga Kosakiewicz, sans cesse au bord de la dépression nerveuse, qui rêvait d'être une grande actrice de théâtre mais était victime de son caractère velléitaire et lunatique ; Wanda Kosakiewicz qui, comme sa sœur, voulait être comédienne alors qu'elle était encore moins douée, personnalité vindicative — elle piquait à coups d'épingle des figurines en chiffon identifiées aux personnes qu'elle voulait châtier —, égoïste au point de cacher de la nourriture, incapable de soutenir une conversation qui ne soit pas truffée de ragots ; Bianca Biennenfeld, prise entre Sartre et Beauvoir, et qui s'apprêtait à fuir de Paris ; Nathalie Sorokine, que Sartre ne connaissait pas encore, passionnée et violente, qui aimait Simone de Beauvoir mais la battait quand elles s'opposaient violemment. Cette grande fille n'hésitera pas à bourrer de coups de poing le petit Sartre, prouvant son refus de ne pas être sa dupe. Dans cette Famille de paumés, Sartre abordait à nouveau des terres connues, propices à ses manies, et il fut ressaisi par le délire commun, comprenant peut-être qu'il n'en réchapperait jamais et qu'il était condamné à vivre une vie étrange.

Il allait voir sa mère, Mme Mancy, qui résidait à Paris dans la riche rue de Lamballe avec son second mari. Il lui réservait ses dimanches et l'aimait beaucoup ; il ne cessa jamais de lui écrire quand ils étaient séparés. Cette charmante femme ne formait pas un pôle d'équilibre dans la vie de son fils. Sartre n'entretenait pas avec elle des rapports d'adulte et il montrait qu'un fils reste l'enfant de sa mère. Il y avait entre eux une entente et le désir de prolonger une certaine innocence.

Un nouveau venu était proche de la Famille, Alberto Giacometti, le sculpteur suisse, qui devait rentrer dans son pays pour la durée de la guerre huit mois après le retour de Sartre. Giacometti, suivant son biographe, avait parlé une première fois à Sartre avant la guerre, en 1939, au café de Flore, une nuit à une heure tardive. Sartre était à la table voisine et se pencha vers Giacometti : « Pardonnez-moi, lui dit-il, je vous vois souvent ici et je crois que nous sommes le genre de gens qui se comprennent naturellement. Il se produit que je n'ai pas d'argent sur moi. Cela vous ennuierait-il de payer ma consommation [1] ? » À la suite de quoi, ils devinrent amis et Simone de Beauvoir emboîta le pas.

Toujours est-il que Giacometti jugeait Simone de Beauvoir incompétente en matière d'art et trouvait que ses réflexions devant une statue ou un tableau étaient risibles.

Leurs relations allaient durer vingt-trois ans. En 1962, Giacometti rompra tout lien d'amitié avec Sartre et Beauvoir quand parurent *Les Mots,* cette autobiographie dans laquelle Sartre écrit qu'au fond Giacometti reconnaissait qu'il n'était pas fait pour la sculpture, ni même pour vivre, qu'il n'était fait pour rien [2]. Le sculpteur en conçut une grande amertume et qualifia ces affirmations de trahison. À la même époque, Simone de Beauvoir avait publié *La Force de l'âge* et y rapportait à propos de Giacometti des inexactitudes qui avaient irrité ce dernier tout autant que l'indigna le rejet désinvolte qu'elle avait opposé à ses objections.

Dès son retour, Sartre fit preuve d'une activité remuante. Le contact avec Paris avait vivifié ses ambitions. Il avait repris son enseignement au lycée Pasteur et il était prêt à remplir les tâches les plus diverses en rapport avec sa carrière littéraire. Il s'empressa de se rendre aux éditions Gallimard qu'il aimait fréquenter et où, avant la guerre, il avait noué des relations intéressantes et utiles. Jean Paulhan et Brice Parain, notamment, apportèrent à Sartre de

---

1. James Lord, *Giacometti,* Faber and Faber, Londres, 1986.
2. Sartre, *Les Mots,* Gallimard, 1964, p. 193.

précieuses informations sur la vie littéraire à Paris. À régime nouveau, nouvelles opportunités. Sartre apprit que *Comœdia,* un journal consacré aux lettres et aux arts, qui avait cessé de paraître avant la guerre, allait reparaître sous une formule qui satisfaisait les Allemands. Un avocat célèbre, Mᵉ Maurice Garçon, avait présenté le directeur de *Comœdia* à Paulhan.

Jean Paulhan déroutait. Aux yeux de tous les écrivains, il était l'âme des éditions Gallimard, la rose des vents de cette puissante maison. Son jugement, rarement complaisant, frappait tous les écrivains qui lui adressaient manuscrits ou livres, et plus l'écrivain était connu moins le jugement l'épargnait. Son indulgence allait à d'autres. Il traînait à ses chausses toute la cour des miracles de la littérature parisienne, les gagne-petit, les miséreux, les éclopés qu'il traitait avec respect et qu'il ne laissait pas tomber. Il était assailli de demandes, y répondait, les satisfaisait autant qu'il le pouvait. Témoin, un de ces marginaux de la bohème qui jurait qu'il travaillerait mieux s'il possédait une machine à écrire. Paulhan lui en procura une. Une immense correspondance absorbait une partie de son temps et afin de ne léser personne, cet homme profondément désintéressé se levait à 5 heures pour lire et étudier des manuscrits.

Comœdia était un hebdomadaire collaborationniste, mais s'il devait y paraître quelques articles de bonne tenue littéraire, c'était suffisant pour que l'intérêt de la littérature l'emportât dans l'esprit de Paulhan sur l'inconvénient d'écrire dans un journal favorable à l'ennemi. D'autres fois, il condamnait sévèrement toute participation à ce genre de journal. Pendant l'Occupation, face à des écrivains craintifs, surtout soucieux d'eux-mêmes, Paulhan apparaissait très hardi et se permettait tout. Ainsi, il prenait la défense d'auteurs persécutés auprès de leurs persécuteurs en leur adressant de compromettantes remontrances épistolaires. Il ne se cachait pas, ou si peu, d'appartenir à la Résistance et il avait pris l'habitude de ne pas celer ses opinions. Il aimait la provocation comme détonateur de la vérité. Sans aucun doute, l'Occupation fut pour cette personnalité, rendue sceptique par une trop longue pratique de la philosophie, l'occasion de peser la conduite des hommes et de l'influencer. Il prenait des positions contradictoires comme s'il aimait brouiller les cartes, mettre l'homme en opposition avec lui-même et qu'il éprouvait la secrète délectation, le plaisir pervers de voir certains écrivains, dont Sartre, bourdonner comme des mouches autour d'une lampe dès que leur ambition était sensibilisée.

Paulhan avait son jour ; il recevait tous les vendredis à son bureau chez Gallimard. Sartre y venait régulièrement. On y rencontrait toutes sortes de gens. Des résistants, tels que Jacques Debu-Bridel et Jacques Decourdemanche dit Decour, y coudoyaient des gens sans courage. Paulhan prenait la parole, livrait à son auditoire des anecdotes qui distrayaient, ou il parlait d'affaires sérieuses, ou bien encore il décontenançait tout le monde par son esprit de contradiction. Sartre l'agaçait, il ne l'aimait pas mais respectait l'écrivain et il étouffait son antipathie pour lui rendre service. Venait parfois l'académicien Georges Duhamel, personnage considérable, un des grands écrivains de l'époque. Sympathisant de la Résistance, son excessive prudence l'avait fait surnommer : « Ne laissez pas ça ici ». C'était par ces mots que, tout fiévreux, il désignait un papier compromettant traînant sur un meuble[1]. Un vendredi, où Paulhan et Debu-Bridel se trouvaient en tête à tête pendant un moment, la conversation tomba sur Sartre qui écartait la Résistance et multipliait les compromis pour avancer sa carrière littéraire pendant l'Occupation. « C'est un grand écrivain, mais pas une grande âme », dit Debu-Bridel[2].

Paulhan présenta Sartre à René Delange, le directeur de *Comœdia*. Sartre n'eut aucun mal à séduire Delange qui était en quête de respectabilité et constatait avec satisfaction que les plus grands noms du monde des lettres, du théâtre et des arts étaient disposés à collaborer à *Comœdia*. Paulhan apprit aussi à Sartre que l'édition à Paris était soumise au régime d'une Commission de censure regroupant les éditeurs devenus théoriquement libres de leurs choix à condition de proscrire les écrivains juifs, de ne rien publier qui nuise au prestige et aux intérêts allemands, et de respecter la « liste Otto ». En réalité, cette servitude consentante était encore insuffisante. La censure allemande veillait et sans même qu'elle ait à pousser ses exigences, les éditeurs lui soumettaient leurs programmes et acceptaient la suppression de tel passage ou de tel chapitre dans les livres passés au crible. La Propaganda-Staffel régnait, et le Schrift-

1. Témoignage de Jacques Debu-Bridel.

J. Decour, cofondateur des *Lettres françaises* clandestines, sera fusillé par les allemands comme otage communiste. J. Debu-Bridel, un des premiers résistants, appartint avec Paulhan au réseau du musée de l'Homme. Puis il conduisit diverses actions importantes et fut associé aux éditions de Minuit clandestines.

2. Témoignage de Jacques Debu-Bridel.

tumgruppe que dirigeait le Sonderführer Heller veillait à l'obéissance des éditeurs[1]. Sartre estima que cette sujétion était compatible avec ses intérêts. Depuis longtemps, Simone de Beauvoir en était convaincue. Les éditions Gallimard étaient à l'image de l'époque. Parmi leurs collaborateurs, on trouvait des échantillons des principaux types humains. Jean Paulhan qui n'avait peur de rien était résistant; Brice Parain, extrêmement prudent, était résigné; Marcel Arland qui avait peur de tout collaborait avec l'ennemi. Ainsi Gallimard disposait-il d'hommes dans tous les camps. Bien que quelques groupes commençassent à se structurer, la Résistance sortait à peine de sa préhistoire. Un homme solitaire pouvait constituer à lui seul un môle de résistance en distribuant des tracts dans des boîtes aux lettres. À Paris, le réseau le plus important était celui du musée de l'Homme, dirigé par deux ethnologues, Boris Vildé et Anatole Lewitsky.

Ce mouvement est d'autant plus intéressant que ses membres étaient pour la plupart des intellectuels, mais des intellectuels d'une espèce rare, enclins par-dessus tout à être des hommes, à se dépouiller de tout faux-semblant, de tout préjugé, de tout privilège, à se faire humbles devant les faits, à ne jamais se croire supérieurs et surtout à ne pas préconiser un combat sans y participer. Ils étaient taillés pour être témoins

1. Pour régir la vie culturelle et animer la propagande dans les territoires occupés, les Allemands avaient institué la Propaganda-Abteilung. Celle-ci était divisée en Staffeln (services). La Propaganda-Staffel du « Gross-Paris », installée au 52, avenue des Champs-Élysées, était répartie en différents Gruppen. Le Schrifttumgruppe (le groupe littéraire) était en charge plus particulièrement de l'édition.

et combattants. Ces gens dynamiques, créatifs, partis de rien fondèrent le journal clandestin *Résistance* auquel collabora Jean Paulhan. Ils entreprirent la collecte de renseignements qu'ils réussissaient à transmettre à Londres, organisèrent une filière d'évasion pour les aviateurs alliés, multiplièrent les initiatives et ne travaillèrent que dans le concret. En prenant des risques personnels considérables, ils établirent des contacts en zone non occupée et tentèrent en permanence d'étoffer leur organisation, de la diversifier. Rien de ce qui touchait à la Résistance ne les rebutait. Jamais ils n'envisagèrent un seul instant de renoncer, jamais aucun d'eux ne songea à sa propre sécurité. C'était un combat permanent et une marche en avant vers la liberté.

Le Groupe du musée de l'Homme fut décimé par l'ennemi en février et mars 1941. Un procès exceptionnel de six semaines eut lieu un an après, à l'issue duquel sept hommes furent exécutés, dont Vildé et Lewitsky. Les femmes furent déportées. Paulhan resta emprisonné pendant huit jours et évita le pire grâce, sans doute, à l'écrivain pro-nazi Drieu La Rochelle qui intervint en sa faveur.

À fréquenter Paulhan et à entendre parler de Résistance, Sartre pensa qu'il aurait intérêt à prétendre que lui aussi était un résistant alors que sa manière de vivre le plaçait parmi les attentistes.

Il prétendit fonder un groupe auquel il donna le nom de « Socialisme et liberté » et une apparence d'existence en recrutant ses premiers membres dans la Famille : Bost, les deux sœurs Kosakiewicz, Simone de Beauvoir. À la tête de cette singulière équipe, Sartre se mit en rapport avec l'universitaire

Maurice Merleau-Ponty. « Cette rencontre n'est pas l'effet d'un hasard, écrira Sartre vingt ans plus tard, en 1961. Issus l'un et l'autre de la petite bourgeoisie républicaine, nos goûts, la tradition et notre conscience professionnelle nous poussaient à défendre la liberté de plume : à travers celle-ci, nous découvrîmes toutes les autres [...] Les mots essentiels furent dits : phénoménologie et existence ; nous découvrîmes notre vrai souci [1]. »

Merleau-Ponty, prudent, ayant en commun avec Sartre l'ambition de réussir sa carrière de philosophe, n'avait pas l'intention de s'engager au-delà du raisonnable. Il entendait ne pas prendre de risques. Ainsi que Sartre, il avait la prétention de montrer la voie à d'autres et de ne pas s'y engager. Cet agrégé de philosophie était, comme le définit Sartre, un petit-bourgeois. Pour vivre, il complétait ses fins de mois par des leçons particulières. Son souci principal était de terminer sa deuxième thèse et d'avoir assez d'argent pour conserver et entretenir l'appartement où vivait sa mère. Il n'avait pas le brio de Sartre ni son optimisme : il aimait se plaindre, notamment sur l'état de sa santé. Au moment où il se joignit à Sartre, il était professeur à titre temporaire au lycée Carnot et postulait sa titularisation. Il fut jugé par la hiérarchie trop pressé et trop ambitieux. Il était considéré par les inspecteurs d'académie comme un « esprit distingué » — c'est l'expression qui revient le plus souvent — mais jamais les inspections auxquelles il fut soumis ne lui valurent un acquiescement sans

---

1. Sartre, « Merleau-Ponty », *Situations IV*, p. 193.

réserve [1]. Dans son activité au lycée Carnot, où il finira par être titularisé, il s'empressait de satisfaire aux demandes du gouvernement de Vichy. Il déploiera un zèle qui lui vaudra d'être félicité.

En novembre 1942, le proviseur du lycée Carnot informe le recteur de l'académie de Paris que deux portraits de très grand format du maréchal Pétain, dont un en « chromolithographie », ont été lacérés dans le lycée en fin de journée. Seuls les élèves de la classe de Merleau-Ponty étaient encore présents. « M. Merleau-Ponty, écrit le proviseur, qui me seconde fort utilement dans cette enquête et qui l'an dernier avait organisé la souscription pour l'achat du portrait (250 francs), m'a dit n'avoir rien constaté dans l'état d'esprit de ses élèves qui puisse faire croire à des actes concertés. La responsabilité en incombe soit à un élève soit à un petit nombre qui ne représente pas l'ensemble de la classe. Je me suis adressé à ces élèves pour souligner la gravité de ces actes et la nécessité d'une réparation immédiate. M. Merleau-Ponty qui m'a apporté un concours très actif m'a remis vingt-quatre heures après la somme de 250 francs [2]. »

Ainsi, au lieu de lever la suspicion sur l'ensemble de ses élèves ou de se solidariser avec eux, Merleau-Ponty accepte de les soumettre à réparation.

Il était d'ailleurs un habitué de ce genre de zèle. À propos du « Noël du Maréchal » en 1942 sa classe fut celle qui se distingua le plus en recueillant 1 000 francs.

Le groupe « Socialisme et liberté » piétinait, tâtonnait et ne faisait rien. Sartre nouera connaissance avec

---

1. Archives du ministère de l'Éducation nationale : dossier de carrière de M. Merleau-Ponty.
2. A.N. Archives du rectorat de Paris, AJ 16, en cours de cotation définitive.

un universitaire, Jean Toussaint-Desanti, qui attendait sa première affectation à Clermont-Ferrand. Il était encore assez jeune pour croire à l'idéal de la Résistance selon Sartre mais il dut partir en province. D'après Simone de Beauvoir, un ancien élève de Sartre, Jean Pouillon, fut du lot. Deux autres personnes furent approchées, un universitaire, François Cuzin, et une étudiante, Yvonne Picard. Ceux-ci refusèrent l'offre et prirent vite leurs distances. Chacun d'eux se réservait pour de vrais combats dans la Résistance et tous deux y perdront la vie. L'homme sera fusillé et la jeune fille mourra en déportation.

Grâce au témoignage fiable de Maurice Nadeau, nous avons l'occasion de voir Sartre en plein travail de recrutement :

« Sartre me donne rendez-vous dans un café de la rue Gay-Lussac [...] Bien qu'à peu près seuls dans le café, nous nous attablons à l'écart, j'écoute Sartre.

« — Premièrement, nous devons échapper aux indiscrétions. Nous allons former de petits groupes — de cinq, pas plus — qui s'ignoreront les uns les autres, vous serez dans le mien... si vous le voulez bien.

« — Des écrivains ? des intellectuels ?

« — Pour commencer. Des universitaires également. Ce sont des gens que nous pouvons facilement toucher. Je pense aussi à d'autres secteurs. Parvenir à constituer une toile d'araignée.

« — Qui tiendra les fils ?

« — Moi ou un autre, peu importe. Ce qui me paraît essentiel, c'est que chaque membre d'un groupe ne connaisse que les quatre autres. Ils savent qu'il existe d'autres groupes semblables au leur. S'ils pensent que nous sommes nombreux, tant mieux. Nous serons nombreux.

« — À ces gens, vous pensez leur demander quoi ?

« — Pour le moment de prendre position. Contre Vichy, contre l'Occupant [...] »

« Nous nous quittons. " Ne cherchez pas à me voir, je vous ferai signe. " »

Nadeau est convoqué dans une chambre d'hôtel, rue de Buci. Avec Sartre, ils sont cinq. Wanda Kosakiewicz et Jacques-Laurent Bost sont présents. Ils ne se nomment pas. Ils discutent.

« — Voilà, dit Sartre, dans un an nous devrons avoir élucidé la nature de l'État édifié par Vichy.

« Je ne laisse pas voir mon étonnement, mais il est grand [...] Je n'imaginais, en militant endurci, qu'un travail pratique : contacts, liaisons, propagande, je me trouve propulsé en plein débat philosophique. Qu'importe la nature de l'État de Vichy. Pétain et Laval sont loin alors que les Allemands sont là !

« C'est l'unique réunion de groupe à laquelle je participe.

« Le fin mot de l'histoire, je l'apprendrai par Simone de Beauvoir, dans ses Mémoires. Je n'ai plus de nouvelles de Sartre parce qu'il a mis fin à l'existence de " Socialisme et liberté[1] ". »

Sartre voulait être le chef. Il n'avait rien à ordonner. Simone de Beauvoir nous dit pompeusement que le rôle de leur groupe consistait à recueillir des renseignements et à les diffuser. Des renseignements, ça se cherche dans les entours de l'ennemi. Ils n'osèrent s'en approcher, donc ils n'obtinrent rien. Et

1. Maurice Nadeau, *Grâces leur soient rendues*, Albin Michel, 1990.

à qui auraient-ils communiqué des renseignements ? Ils restaient entre eux, ils discutaient entre eux et se montraient entre eux les tracts qu'ils étaient supposés écrire et dont personne ne se souvient. Sartre préten-dra par la suite qu'il rédigea une Constitution pour réformer l'État. Il en établit plusieurs copies. « J'en ai distribué autour de moi, mais je les ai perdues ou bien ce furent ceux à qui j'en avais remis des exemplaires qui les perdirent [1] », dira-t-il. D'après lui, cette Cons-titution était socialiste. Sartre était devenu socialiste, d'où le nom du groupe : " Socialisme et liberté ", « qui avait deux objectifs : se battre pour notre liberté et le faire dans l'espoir d'établir une nouvelle société collective dans laquelle nous serions tous libres car personne n'aurait le pouvoir d'exploiter qui que ce soit [2] ».

Comme les tracts, pas une seule épreuve de cette Constitution ne resta dans le souvenir de ces gens qui perdaient tout, y compris la mémoire de ce qu'ils étaient censés accomplir. On ne voit d'ailleurs pas comment Sartre et Beauvoir auraient eu le loisir d'entreprendre des actions de résistance pendant cette période où, selon le témoignage de Sartre, lorsque lui-même et Beauvoir n'avaient pas de cours dans leurs lycées respectifs, « le Castor et moi nous travaillions au premier étage du café de Flore de 9 heures du matin jusqu'à 13 heures et de 16 heures jusqu'à 19 ou 20 heures [3] ».

Néanmoins, Simone de Beauvoir tente de nous

1. John Gerassi, *Jean-Paul Sartre, Hated Conscience of his Century*, The University of Chicago Press, 1989, vol. 1, pp. 175-176.
2. *Ibid.*
3. *Ibid.*, p. 176.

montrer son ami Bost en pleine activité clandestine, « promenant dans les rues une machine à ronéotyper[1] ». Or, on sait qu'une telle machine, à l'époque, était encombrante, pesante, volumineuse et n'offrait pas de prise au transport[2].

Le recrutement ne progressait pas. Deux élèves de Sartre au lycée Pasteur se mirent à la disposition de leur ancien professeur : Jean Kanapa et Raoul Lévy, puis un professeur, Raymond Marrot. Deux ou trois autres têtes apparurent encore dans le minuscule cénacle de « Socialisme et liberté ».

Viennent les grandes vacances. Sartre et Beauvoir partent en fraude en zone non occupée où les ressources alimentaires sont meilleures. Ils décident de parcourir le pays à bicyclette. L'itinéraire doit les mener dans le Midi où ils espèrent prendre de nouveaux contacts pour « Socialisme et liberté », encore que tout restât flou à ce propos. Ils songent à André Gide et à André Malraux. Avant son départ, Sartre qui n'était pas rodé à la discrétion nécessaire à la vie clandestine commet l'erreur de s'ouvrir de son projet à un ancien prisonnier du stalag XII D, rapatrié au début de juillet et il lui détaille son programme. Celui-ci, qui devait rédiger un rapport sur ses conditions d'évasion et de captivité, en profite pour noter de manière anonyme le cas de Sartre dans un paragraphe intitulé : « Des communistes ou des réactionnaires ten-

---

1. Simone de Beauvoir, *La Force de l'âge*, p. 496.
2. Ces machines à copier était si pesantes et si volumineuses que, lorsqu'ils durent se débarrasser de celle du réseau du musée de l'Homme, Jean Paulhan et son ami l'écrivain Jean Blanzat, que l'on disait fort comme un bœuf, durent la briser avant d'aller jeter les morceaux dans la Seine.

tent de s'évader pour faire en France échec à la politique du Maréchal ». Il écrira :

« Tel membre de l'Université de Paris qui sympathise fort avec les communistes est rentré en France par ses propres moyens. Il a repris ses fonctions de professeur de philo dans un lycée de la capitale et il assure que ce qu'il s'est promis de réaliser est en route. À savoir : enrayer le plus possible la politique du Maréchal par une presse clandestine ou tirée à très peu d'exemplaires puis chaque lecteur trouve un adepte à qui il passe la feuille. Les idées de ce réactionnaire sont idéalistes au point que dans son programme on ne traitait pas la question de l'armée. Et ce philosophe a la prétention de proposer à la France une nouvelle forme de gouvernement. Il travaille à Paris et dans la zone occupée. Profitant de ses vacances scolaires, il compte faire une tournée en zone libre [1]. »

En été 1941, la transition entre la zone occupée et la zone libre est comme un passage de la nuit au jour. L'absence d'Allemands en zone libre, la plus grande liberté de langage de la population contribuent à créer un sentiment de détente, un autre paysage intérieur.

Chemin faisant, Sartre et Beauvoir vont rendre visite à un vrai résistant, Pierre Kaan, professeur de philosophie, dont Sartre avait obtenu l'adresse. Dès sa jeunesse, Kaan avait été engagé dans la lutte politique. Depuis la défaite, il avait d'abord cherché le moyen soit de sortir de France et de rejoindre les Forces françaises libres en Angleterre, soit de travail-

1. AN F 9-2915.

ler en France à des activités clandestines [1]. Suivant le mot de Raymond Aron, dans ses *Mémoires*, Pierre Kaan incarnait le type idéal du philosophe au combat. C'était un homme sincère, actif, dévoué qui dut se demander ce que Sartre voulait au juste. On peut supposer que Sartre lui parla avec cette habileté et cette force de conviction qui l'animaient à volonté et charmaient les interlocuteurs. Mais l'ayant sondé, Kaan déclina l'offre de participer ou de s'associer au jeu stérile de « Socialisme et liberté ». À la fin de 1943, Pierre Kaan, devenu l'un des adjoints de Jean Moulin, sera arrêté et déporté. Il mourra du typhus peu de temps après avoir été libéré lors de la débâcle allemande. Après la Libération, des amis de Sartre tenteront d'accréditer la version suivant laquelle Pierre Kaan avait été arrêté alors qu'il s'apprêtait à faire sauter les écluses du Verdon en compagnie de Sartre.

D'étape en étape, Sartre et Beauvoir se retrouvèrent à Marseille. Sartre y rencontra le socialiste Daniel Mayer. Au cours d'un tour de France plein de périls, celui-ci avait entrepris de rallier bon nombre de socialistes à la cause de la Résistance. Il s'évertuait à reconstituer un parti clandestin. Ayant l'habitude des contacts humains, peut-être subodora-t-il l'amateurisme plein d'ambition de Sartre et l'homme ne lui inspira-t-il pas confiance. Il s'en débarrassa en lui recommandant d'écrire une lettre à Léon Blum à l'occasion de son anniversaire.

Sartre et Beauvoir arrivèrent sur la Côte d'Azur.

---

1. Henri Noguères, *Histoire de la Résistance*, Robert Laffont, 1967, t. I, p. 234.

Sartre allait rendre deux visites qui comptaient, à Gide et à Malraux, deux monstres sacrés de la NRF et de la littérature mondiale. Sartre désirait se mettre sur un pied d'égalité avec eux, et, mieux encore, les devancer dans le chemin étroit de la Résistance, le parcourir en vedette.

Sartre rencontra Gide, âgé de soixante-douze ans, près de Grasse. Comme la plupart des Français, Gide avait accueilli l'armistice avec un immense soulagement. Il avait salué en Pétain l'homme providentiel et avait même d'abord hésité sur la nature de l'hitlérisme. Depuis — l'hostilité des instances de Vichy à son égard aidant — il était revenu sur une adhésion trop facile. Il se sépara même de la NRF, sa création, passée sous la coupe allemande. Son œuvre était derrière lui, mais il travaillait beaucoup et lisait énormément. Il pensait que moins elle s'accorde avec l'actualité et plus une œuvre est assurée de la durée, d'où son détachement à l'égard des événements comme s'il prenait une assurance pour la postérité.

Nous ignorons de quoi Gide et Sartre débattirent. Simone de Beauvoir, historiographe du couple, ne nous le rapporte pas. Mais nous savons que Gide confia à Maria Van Rysselberghe, surnommée la Petite Dame, que Sartre était « des plus intéressants. Il se dit, en souriant, commis voyageur en idées, et ce sont les plus subversives, voire les plus dangereuses [1] ».

L'épreuve la plus délicate eut lieu le lendemain. Sartre était invité à déjeuner par Malraux dans la

---

1. *Cahiers André Gide*, n° 6, *Les Cahiers de la Petite Dame 1937-1945*, p. 272, Gallimard, 1975.

belle demeure que celui-ci occupait au cap d'Ail où il menait une existence plutôt casanière avec sa compagne Josette Clotis et leur tout jeune fils. Pâle, fuyant le soleil méditerranéen, incapable d'écrire et comme arrivé au bout de lui-même, Malraux se cantonnait dans une neutralité absolue devant l'Occupation. Il vivait une époque charnière. Sa faste période d'écrivain était achevée. N'ayant plus d'inspiration, il n'avait plus de style et donnait dans l'emphase. Il s'exténuait sur un ouvrage, *La Lutte avec l'ange,* dont il ne verrait jamais le bout et dont Gide lui fera une critique sévère. Aussi écrivait-il à Paulhan qu'il luttait contre l'abrutissement [1]. Amorçait-il déjà cette mégalomanie qui lui permettrait, dans les années d'après-guerre et jusqu'à sa mort, de se présenter, avec une fièvre croissante, comme sujet d'étude, et de multiplier les occasions de proposer sa personnalité à la réflexion de tous ?

Quelque roué que pût être Sartre, il se trouvait face à face avec un maître mystificateur devant lequel il ne pesait pas lourd. Dans un tapage publicitaire incessant, Malraux avait su conduire sa vie en tirant parti des événements. Lequel parla le mieux ? D'après Simone de Beauvoir, Malraux dit à Sartre que pour l'instant, aucune action ne lui paraissait efficace. « Il comptait sur les tanks russes et les avions américains pour gagner la guerre [2]. » Du point de vue militaire, cela se tenait. Même s'il y avait eu convergence entre lui et Sartre, il se serait produit un duel d'influence entre ces deux ambitieux qui voulaient chacun être le

---

1. Archives Paulhan, lettre de Malraux, 17 février 1942.
2. *La Force de l'âge, op. cit.*

chef. Sachant se rendre disponible, Malraux l'aurait emporté. L'occasion de se hisser au premier rang, sans trop de risque, ne pointait pas encore à l'horizon de son délire de grandeur. Patience!

Sur le chemin du retour, près de Grenoble, Sartre et Beauvoir s'arrêtèrent chez Colette Audry, une collègue très engagée politiquement avec laquelle ils sympathisaient. Elle se qualifiait elle-même d' « échantillon de l'espèce communiste[1] ». Ils connaissaient avec elle une intimité née d'entretiens poussés sur l'amour et la politique, deux ouvertures par lesquelles Colette Audry se fourvoyait souvent et qui la rendaient folle au dire de Simone de Beauvoir. À Grenoble, ce fut encore la déconvenue. Colette Audry ne pouvait rien.

Revenu à Paris, las, écœuré, n'ayant jamais eu en lui la volonté et la vertu d'être un résistant, Sartre, en accord avec Simone de Beauvoir, estima qu'il fallait dissoudre « Socialisme et liberté » qui n'avait existé que dans son imagination. Ni Sartre ni Simone de Beauvoir n'envisagèrent un seul instant que, faute de pouvoir diriger un réseau clandestin — ce dont ils n'avaient d'ailleurs aucune idée —, ils pourraient participer au sauvetage des personnes persécutées, ce qui relevait par excellence d'une action de résistance. Il leur aurait fallu des qualités de cœur et de courage dont ils étaient dépourvus.

Dès lors, Sartre, ayant découvert que la Résistance pouvait tuer, s'en désintéressa, et préféra ne plus s'y référer. Il notera qu'avec Merleau-Ponty, pourtant son interlocuteur d'élection, « nous ne parlions plus

---

1. Colette Audry, *La Statue*, Gallimard, 1983.

de politique, sauf pour commenter les nouvelles de la BBC[1] ». Il dira encore : « Bien sûr, nous étions tous de petits-bourgeois intellectuels et nous ne savions pas quoi faire, sauf écrire[2]. »

Qu'était-ce que l'éthique de la Résistance ? La Résistance s'exprimait par un combat incessant et multiforme contre l'idéologie nazie et la Révolution nationale du maréchal Pétain, en vue de la libération du territoire. La Résistance donnait la priorité à l'homme, à son intégrité, à ses droits imprescriptibles. Le résistant était avant tout un défenseur des droits de l'homme. Il ne pouvait être passif — approuver moralement la défense des droits de l'homme — et ne pas participer à une action contre l'Allemagne et Vichy. Jamais le combat de l'homme pour l'homme ne s'était simplifié à ce point. Jamais la notion de la lutte du Bien contre le Mal ne s'était énoncée en termes aussi catégoriques.

Une question se pose qui aurait dû peser sur les consciences de Sartre et de Beauvoir. Un écrivain devait-il publier des livres à Paris pendant l'Occupation quand l'ennemi assumait tous les pouvoirs et promulguait des ordonnances qui détruisaient les droits de l'homme ? D'autant que la partie la plus voyante de la nazification, c'était la presse, dont les rapports avec le monde de l'édition sont étroits. La place réservée à la chronique littéraire dans la presse de la Collaboration était importante. Pour les éditeurs et les écrivains, le compte rendu d'un livre déterminait son succès. L'Occupation ne modifiait pas les

1. Sartre, *Situations IV*, p. 195.
2. John Gerassi, *op. cit.*, p. 175.

relations de l'écrivain et de son public par l'entremise de la presse. Dès le moment où les maisons d'édition poursuivaient leurs activités, des relations s'instauraient avec la presse nazifiée. L'éditeur et l'auteur acceptaient que la critique relative au livre paraisse au milieu d'articles approuvant les crimes allemands et entonnant la louange de l'idéologie nazie. Les relations écrivain-éditeur-presse s'inscrivaient dans une complicité générale étant donné qu'il était avéré que les Allemands exerçaient une censure inquisitoriale sur la vie culturelle et sur les articles de journaux qui en rendaient compte. La presse ne parlait d'aucun livre sans l'accord de la censure allemande. Un auteur pouvait-il accepter, sans se déshonorer, de solliciter cette presse prostituée à l'ennemi ?

On a vu précédemment dans quelle servitude fonctionnait l'édition et comment elle avait été mise au pas. Les auteurs s'inclinèrent à leur tour. La suite ne fut qu'une capitulation permanente. Éditeurs et auteurs savaient que la moindre désobéissance ou manifestation d'indépendance serait sanctionnée. Des enquêtes étaient ordonnées, des personnalités surveillées. Les autorités allemandes réussirent à imposer une servitude qui ne comportait aucun degré.

Pouvait-on publier des livres et se prétendre résistant ? L'écrivain Jean Guéhenno, opposant irréductible qui refusa de publier pendant l'Occupation, répond : « L'espèce de l'homme de lettres n'est pas une des plus grandes espèces humaines. Incapable de vivre longtemps caché, il vendrait son âme pour que son nom *paraisse*. Quelques mois de silence, de disparition l'ont mis à bout. Il n'y tient plus. Il ne chicane que sur l'importance du corps de caractère dans lequel on imprimera son nom. Il va sans dire qu'il est tout plein de bonnes raisons : " Il faut, dit-il, que la littérature françaises continue. " Il croit être la littérature, la pensée française et qu'elles mourraient sans lui [1]. »

Pour servir la déchéance de l'écrivain français qui était publié pendant l'Occupation, un nom s'impose : Gerhard Heller. Le Sonderführer Heller avait dissimulé à ses interlocuteurs français qu'il était membre du parti nazi. Jamais à court de mensonges, il jurera même qu'il n'avait pas prêté serment de fidélité à Hitler, alors que son adhésion au parti nazi impliquait ce serment [2].

Heller avait entamé une carrière de petit fonctionnaire quand l'écrasement de la France et le régime d'Occupation le promurent grand censeur et mentor de l'édition française. On peut imaginer quelle fut sa griserie ! Pour cet Allemand de trente et un ans, la mission était sans commune mesure avec le destin médiocre qui semblait devoir être le sien. Le voilà devenu, par un bienfait du sort, quelque chose comme le protecteur du Reich de la littérature française, laquelle, à cette époque, était considérée comme la première du monde. Toutes les portes s'ouvrent devant lui. Heller bénéficia de la considération des grands éditeurs français et de certains écrivains célèbres inquiets de leur avenir et qui se montrèrent aux petits soins pour leur mentor qui n'avait jamais

1. Jean Guéhenno, *Journal des années noires*, Gallimard, 1947.
2. Gérard Loiseaux note dans sa thèse, *La Littérature de la défaite et de la collaboration*, éditions de la Sorbonne, 1984, que Heller avait adhéré au parti nazi le 1er février 1934, soit un an après l'accession de Hitler au pouvoir, sous le n° 3402212.

rêvé à un tel paradis. Ce personnage qui se faisait passer pour un spécialiste des langues romanes avait été pendant un an, avant la guerre, lecteur à l'université de Toulouse. Il maîtrisait parfaitement le français qu'il parlait avec un curieux mélange d'accents germanique et méridional. Ébloui par sa puissance, il se présentait sous son meilleur jour aux Français dont il contrôlait les activités. Il dit de lui-même dans ses Mémoires qu'il était un grand affectif et qu'il pleurait souvent[1]. C'était surtout un bipède dévoué à son Führer, qui s'acquittera de sa tâche sans désemparer pendant près de quatre ans, jusqu'à la veille de la libération de Paris, tout en prenant en compte les premiers signes de la défaite allemande. Aucun des écrivains qui se faisaient publier pendant l'Occupation ne voulait voir se profiler derrière cet homme si avenant la formidable machine d'oppression allemande.

---

1. Il faut noter que Gerhard Heller publia ses Mémoires (*Un Allemand à Paris*, Le Seuil, 1981) quand toutes les personnes qu'il citait ou qui auraient pu le contredire étaient mortes.

8.

Comœdia

En même temps qu'il prétendait s'engager dans la Résistance, Sartre s'apprêtait à collaborer au journal *Comœdia*, autorisé à paraître sur la base d'une collaboration intellectuelle avec l'Allemagne nazie. Par l'intermédiaire de Jean Paulhan, quelques jours seulement après son retour de captivité, Sartre rencontrait René Delange, responsable de *Comœdia*, qui préparait la parution du premier numéro.

Une dure bataille se livrait autour de *Comœdia*. Ce n'était pas le moindre trait de l'époque qu'on puisse se battre pour la possession d'un journal qui n'appartenait à aucun de ceux qui en revendiquaient la propriété. Fondé en 1907, *Comœdia* avait été un quotidien consacré au théâtre, aux arts et à la littérature. En 1937, le journal avait été racheté par le groupe de presse de *Paris-Soir*. Sa publication cessa l'année suivante. Au début de l'Occupation, un certain Paul Grégorio, dit Paul Sandre, alors âgé de soixante et un ans — personnage volubile, venimeux, maniant la calomnie, qui semblait toujours emporté par une bourrasque d'intrigues même quand il pleurnichait sur son sort —, s'empara du titre. Il prétendra l'avoir racheté en septembre 1940 à M. Mousset-Mailly, détenteur du titre de *Comœdia*, qui avait effectué les formalités nécessaires auprès du parquet du tribunal de la Seine, pour faire paraître la publication. Contre un montant de 1 000 francs, Grégorio déclarera qu'il reçut pour prix de cession le récépissé du dépôt du titre déclaré au parquet du tribunal de la Seine. À la Libération, un rapport de police qualifiera Grégorio de « journaliste taré et d'escroc [1] ». Avant la guerre, Grégorio avait collaboré à *Comœdia* en qualité de secrétaire général avant d'être congédié sur une présomption de vol. Suivant la même source, Grégorio, qui connaissait les difficultés de *Comœdia,* guetta le moment opportun de s'approprier le titre. Puis, il s'évertua à obtenir des Allemands l'autorisation de publier *Comœdia* sous forme d'hebdomadaire. « Il sait en effet qu'aucune objection ne lui sera faite puisqu'il est l'homme des Allemands et que si, par hasard, les propriétaires effectifs du titre s'opposent à sa parution, il sera appuyé par ses nouveaux amis [2]. » Il sollicitait également le parrainage de la haute Collaboration en la personne de Fernand de Brinon, représentant du gouvernement de Vichy dans les territoires occupés. Poussant ses avantages, Grégorio s'entoura de collaborateurs ayant appartenu à l'ancien *Comœdia.*

Tout semble se dessiner quand, après une transaction assez obscure, Grégorio, désireux de réaliser une bonne affaire, céda le récépissé du dépôt du titre à Fernand Vitus, pionnier de la radio — il avait fondé Radio-Vitus — mais habitué à nager en eaux troubles. Vitus se nomme aussitôt éditeur-propriétaire et,

---

1. AN, Z6, non-lieu (n.l.), n⁰ˢ 15070 et 5102. Rapport de l'inspecteur Renault du 14 décembre 1944.
2. *Ibid.*

le 27 janvier 1941, il s'empresse d'adresser au Sonder-führer Schmidt, de la Propaganda-Staffel, une lettre par laquelle, sollicitant la parution de *Comœdia*, il annonce que : « La partie politique de notre journal aura pour rédacteur responsable notre collaborateur M. Sylvain Bonmariage. D'accord avec nous, cet écrivain a établi un programme de politique générale comprenant :

« 1. L'intégration de la France dans le plan de l'Europe nouvelle définie par le Führer dans son récent discours.

« 2. La collaboration immédiate et sans restriction telle que la proposait M. Pierre Laval.

« 3. Plus particulièrement la collaboration intellectuelle pour laquelle M. Sylvain Bonmariage est pertinemment bien placé par son œuvre d'écrivain et ses relations avec le Reich[1]. »

Entre en scène un troisième personnage, René Delange, journaliste de profession en chômage, qui entretiendra avec Sartre et Simone de Beauvoir des relations amicales et leur rendra plusieurs signalés services. C'est un homme plutôt réservé encore que fort servile à ses heures. Il a un visage sérieux qui peut inspirer confiance. Le front est dégarni et ses cheveux noirs sont plaqués sur une figure bien dégagée qui paraît peu encline à sourire. Mais cette physionomie cache des ressources d'expressions qui lui permettent d'arborer celle qu'il faut quand il faut. Il avait alors cinquante-trois ans. Delange était imprégné des mœurs corrompues de la presse d'avant-guerre où l'on était serviteur autant que journaliste. Il avait été

1. AN, Z6, n.l., n° 5102.

notamment secrétaire général d'*Excelsior* et rédacteur en chef de *L'Intransigeant*, deux grands quotidiens au service d'intérêts privés. Delange nourrissait un rêve, une obsession : diriger un journal. Depuis l'armistice, il cherchait un emploi. Vieux routier des milieux journalistiques de la IIIe République, Delange sait quel genre d'énergumène est Grégorio et il flaire le tour de passe-passe par lequel celui-ci s'est approprié *Comœdia*. Rapidement, il se rendit compte qu'il ne tirerait rien de Vitus mais qu'il saurait manœuvrer Grégorio. Ils se connaissent d'avant-guerre : Delange avait aidé Grégorio à se caser au *Petit Journal*[1].

Dans les cercles journalistiques et littéraires, l'Occupation provoquait des rapprochements inattendus. Ces cercles, traditionnellement refermés sur eux-mêmes où les bruits circulent en vase clos, offraient au cours de cette période des possibilités de rencontres, des opportunités d'alliances pratiquement instantanées. Le flair remplaçait la discussion. Chacun se bornait à chercher ce que l'autre avait derrière la tête. Il n'en fallait pas davantage pour se lier ou s'opposer. Des accords aussi spontanés se terminaient souvent par des disputes à mort. C'est donc en conformité avec la logique de l'époque que Delange et Grégorio s'entendirent, se lièrent et conclurent une association.

Le gêneur était Fernand Vitus. Delange proposa à Grégorio de l'aider à récupérer la propriété du titre de *Comœdia* et menaça Vitus de lui « casser les reins » s'il n'acceptait pas l'offre de Grégorio. Vitus refusa. Depuis la signature de l'armistice, Delange hantait les

---

1. AN, Z6, n.l., n° 15070. Lettre de Delange au président du comité d'épuration de la presse.

officines de presse et il était conscient qu'on ne pouvait rien entreprendre ni réussir sans le patronage des Allemands. Chaque semaine, les directeurs de journaux recevaient les consignes lors d'une réunion du Pressegruppe et plus tard de l'ambassade d'Allemagne. Plusieurs journaux conservaient leurs titres d'avant la guerre et les patrons de presse étaient souvent les mêmes hommes. On disait que la presse parisienne était la presse allemande d'expression française.

Pour parvenir à ses fins, Delange mit en cause la moralité de Vitus devant le Sonderführer Schmidt qui dirigeait le Pressegruppe. Celui-ci réclama à Delange une note de renseignements concernant Vitus. Grégorio se met aussitôt en chasse et le 14 mai 1941 — date à laquelle Sartre a déjà donné son accord pour collaborer à *Comœdia* — il obtient on ne sait trop comment une note de la préfecture de police. Grégorio s'empresse d'envoyer au Sonderführer Schmidt une analyse succincte du dossier de Vitus existant à la préfecture de police. Il en ressortait que pendant sa jeunesse, Fernand Vitus, né en 1895 de père inconnu, avait été condamné à six mois de prison pour vol. En 1921, il avait vendu la société Vitus à Nathan. « On sait, écrit Grégorio, ce qu'il advint de cette entreprise juive, Pathé-Nathan, dont les nombreuses sociétés filiales sont autant d'escroqueries[1]. » On apprend aussi que Vitus, accusé d'escroquerie par ailleurs, exploite sa maîtresse, l'artiste dramatique Aline Carola, en se réservant 50 % de ses cachets à titre d'imprésario. Enfin, il se prétend ingénieur alors qu'il

1. *Ibid.*

n'a même pas son certificat d'études. Bref, on n'en finit pas de ses turpitudes et longue est la liste de ses victimes dont Grégorio communique cinq noms.

De son côté, Vitus a soudain la révélation que Grégorio lui a vendu le titre de *Comœdia* tombé dans le domaine public. Ce n'est pas l'avis de ses avocats qui l'informent que les anciens propriétaires du titre de *Comœdia* sont toujours les propriétaires et que Grégorio ne l'a donc jamais été. C'en est trop pour Vitus qui capitule. « C'est pourquoi, je renonce définitivement au titre, ne désirant pas m'exposer à un procès dont les suites me seraient infailliblement défavorables [1] », écrira Vitus au Sonderführer Schmidt à la fin du mois de mai.

En voilà un de moins ! Delange a gagné. Reste l'autre comparse : Grégorio. Or, quatre jours avant le renoncement officiel de Vitus, Grégorio était déjà redevenu le patron de fait de *Comœdia*. Cette comédie de l'abus de confiance se déroule avec force lettres aux Allemands qui, habitués aux règlements de comptes entre Français, jouent les arbitres et imposent leur loi. Tant qu'à faire, ils ouvrent aussi une enquête sur le trop aimable Delange. Le Dr Arntz, du Pressegruppe à Paris, note : « La position pro-allemande du journaliste rédacteur en chef Delange n'est que de pure circonstance et ne date que du moment où il cherche un accord pour sa participation dans un journal. En aucune façon, sa position ne sera qualifiée de proallemande. Dans les cercles journalistiques, on dit au contraire qu'il entretient des rapports avec des juifs influents, qu'il a été en relation avec les entourages de

---

1. AN, Z6, n.l., 15070.

Reynaud et de Mandel et que de ce côté-là, il reçut de l'argent. D'après tous les avis émis ici, sa position actuelle paraît dictée par de pures considérations d'opportunité[1]. »

Cette note n'eut pas d'influence sur la destinée de Delange qui, une fois encore, retournera la situation en sa faveur en arguant de son admiration pour l'Allemagne hitlérienne. L'époque d'avant-guerre lui paraissait lointaine et comme tous les collaborationnistes, il se mouvait dans un temps où réalité et mirage se confondaient et où pour accomplir des souhaits irréalisables en période normale, il suffisait souvent d'être en bons termes avec les Allemands qui se chargeaient d'aplanir les difficultés. Delange rêvait d'un journal à lui; il allait réussir.

En vue d'obtenir la publication de *Comœdia*, Delange joua le rôle de démarcheur et de conciliateur tant auprès de l'Institut allemand que de la Propaganda-Staffel, alors qu'il n'était encore, suivant les termes mêmes de Grégorio, que le « futur rédacteur en chef ».

Désormais, les deux complices activent les autorités allemandes. Grégorio, qui cumulait les fonctions de directeur et de rédacteur en chef, se déchargea sur Delange des responsabilités du second poste qui englobait la partie vive de la publication. Sans perdre de temps, Delange dressa l'état nominatif de ses collaborateurs. Il rencontra Sartre et le mit sur la liste

1. AN, F 41-1748. Traduction du texte allemand.
Paul Reynaud (1878-1966) : président du Conseil pendant la Drôle de Guerre. Hostile à l'armistice.
Georges Mandel (1885-1944) : ministre de l'Intérieur pendant la bataille de France. Il sera assassiné par la Milice de Vichy.

en tant que critique littéraire de *Comœdia* en alternance avec Marcel Arland, l'homme lige de Gaston Gallimard. Tout semblait bouclé. La maquette de l'hebdomadaire était acceptée quand Grégorio et Delange furent convoqués à l'Institut allemand pour une dernière mise au point, quelques jours avant la publication tant attendue du premier numéro.

L'Institut allemand était le centre actif de la propagande nazie qui prenait des couleurs culturelles alors qu'elle était essentiellement politique. L'Institut allemand était divisé en sections et il dépendait pratiquement de l'ambassade d'Allemagne à Paris : il y avait la section littéraire, la section de la question juive, la section relative aux Églises, etc. Les raouts que donnait l'Institut allemand, richement pourvus en victuailles et en boissons, étaient courus par tout ce que Paris comptait de figures du monde des lettres, du théâtre et des arts. Presque tous ceux qui, après la guerre, prétendirent qu'ils avaient été anti-allemands se retrouvaient à ces réceptions.

Grégorio se rendit à l'Institut allemand accompagné de Delange. Quelle ne fut pas sa surprise quand il s'entendit signifier que seul Delange serait d'abord reçu par le Dr Bremer, directeur-adjoint. Grégorio lanterna pendant trois quarts d'heure avant d'être admis dans le bureau du Dr Bremer. Celui-ci devisait amicalement avec Delange. Le Dr Bremer confirma à Grégorio l'autorisation de publication de *Comœdia* et mentionna qu'il avait désiré simplement s'entretenir en tête-à-tête avec Delange. Il était difficile d'aller à l'encontre du Dr Bremer. Âgé d'environ trente-cinq ans, le Dr Bremer était en harmonie avec son visage avenant et bienveillant, à la rondeur souriante : jamais un mot plus haut que l'autre ou de débats qui tournent au drame, simplement une pointe de fermeté qui ponctue la fin du propos. Le Dr Karl Heinz Bremer était un bon expert de la France et de ses milieux culturels, ayant été nommé en 1936 lecteur à la Sorbonne. Parler français était pour lui un plaisir évident.

La veille du tirage du premier numéro, Delange téléphona à Grégorio sur le coup de minuit, et il l'informa qu'il avait eu à son insu deux entretiens privés avec le Dr Bremer, « ce dernier lui avait notifié que l'autorisation de publier *Comœdia* ne serait maintenue que si lui, René Delange, devenait le seul responsable de la rédaction générale du journal vis-à-vis des autorités allemandes [1] ». Le premier numéro de *Comœdia* était sur les rotatives. La rage au cœur, Grégorio dut s'incliner, ruminant que l'ingrat Delange avait attendu la dernière minute pour le prévenir. Une ultime manœuvre de Delange priva Grégorio de la détention du titre de *Comœdia*. Selon Grégorio, Delange l'avait entraîné à signer des accords définitifs avec une société dénommée Les Publications Techniques, laquelle détenait à présent les trois quarts des parts sociales. Grégorio avait dû même partager les parts restantes avec Delange [2].

Dans les heures qui suivirent ce retournement de situation, Grégorio se présenta au bureau du Dr Bre-

1. AN, Z 6 n.l. 5102. « Rapport de la collaboration pro-allemande de René Delange », par Paul Grégorio, non daté.
2 Les parts étaient réparties ainsi : 375 à Publications Techniques, 50 à Grégorio, 50 à Delange, 25 à la commandite banque Pascal.

mer qui lui fit répondre qu'il était en voyage[1]. Dès lors, ce ne furent que scènes et empoignades entre Grégorio et Delange. Que s'était-il passé? Delange donne sa version. Le Dr Bremer l'avait informé qu' « il possédait un dossier de la préfecture de police défavorable sur M. Grégorio et sur M. Vitus. Il ajouta qu'il était prêt à accorder l'autorisation pour *Comœdia* sous réserve que M. Grégorio n'y jouerait pas un rôle prépondérant. L'autorisation fut peu après donnée de faire paraître *Comœdia* à la condition que je prendrais la direction des services de la rédaction[2] ».

Avant la parution du premier numéro, une convention avait été signée entre les porteurs de parts, à l'exclusion de Grégorio déjà ravalé au rang des utilités. Dans le préambule, il était exposé que « M. Delange compte recevoir incessamment des Autorités occupantes l'autorisation de publier *Comœdia* sous la forme d'un journal hebdomadaire destiné principalement aux informations concernant le Théâtre, le Cinéma, la Musique, les Lettres, les Arts et, d'une manière plus générale, au développement culturel sur un plan impartial, national et international[3] ».

Nommé directeur-rédacteur en chef, Delange était devenu l'âme de l'entreprise. Quelques mois plus tard, Grégorio devra démissionner de *Comœdia* à la

---

1. Quand le Dr Bremer quittera son poste à Paris pour le front russe où il sera tué, même les clandestines *Lettres françaises* auront un mot de commisération pour cet Allemand qui s'acquitta sans trop d'excès de son mandat à l'Institut allemand.

2. AN, Z 6 n.l. 15070.

3. AN, déjà citées. Convention signée le 31 mai 1941 entre René Delange et Les Publications Techniques, représentées par Michel Mitzakis, le président-directeur général.

suite du vol d'une machine à écrire commis par son fils. Il sera mis dans l'obligation de céder ses parts. Après son retrait, la société changera de mains, absorbée par un groupe de presse collaborationniste siégeant à Lille dont le gérant était Jean Dubar. Delange conservait son titre et ses fonctions. Quant à l'autorisation allemande de parution, elle restait liée à la « Requête » déposée à l'origine par Grégorio auprès du Pressegruppe de la Propaganda-Staffel et qui précisait :

« Notre programme : le nouveau *Comœdia* deviendra l'organe hebdomadaire du Spectacle et de la Pensée : théâtre, music-hall, musique, chorégraphie, cinéma, radio, lettres, beaux-arts, conférences, etc. dans le but principal d'aider à une totale et loyale collaboration franco-allemande dans tous les domaines de l'esprit.

« Je déclare sur l'honneur que du premier au dernier collaborateur du nouveau *Comœdia* aucun ne peut prêter à suspicion soit sur ses origines soit sur ses opinions. Tous sont d'authentiques Français et par conséquent de race aryenne.

« En ce qui concerne la ligne politique, dans l'ensemble de ses rubriques le nouveau *Comœdia* doit s'abstenir de toute polémique inspirée par l'intérêt privé, de toute agressivité personnelle, de tout parti pris, enfin de toute campagne de parti ou de clan.

« Nous croyons sincèrement que la Collaboration intellectuelle franco-allemande perdrait en force et en rayonnement si l'on tentait de l'imposer par des campagnes partisanes. Le bon sens, l'humeur égale se fraient rapidement un chemin dans les classes les plus fermées de la société. Leur vertu ne froisse personne.

« Il ne s'ensuit pas que le nouveau *Comœdia* doive demeurer incolore et sans vigueur. Il saura — chaque fois que la complète collaboration franco-allemande sera en jeu — se montrer ferme, combatif et surtout persuasif avec une souriante philosophie... [1]. »

Delange fit sienne cette requête et le confirma à l'Institut allemand : « Nous sommes tombés d'accord sur un programme précis en ce qui concerne la collaboration intellectuelle franco-allemande dont *Comœdia* sera la tribune. »

Le premier numéro de *Comœdia* parut le 21 juin 1941. À la une, se détachait la liste des collaborateurs réguliers de l'hebdomadaire. Sartre y figurait. Le meilleur monde se rencontrait dans ce numéro qui visait le prestige : une interview de Paul Valéry, toujours disposé à faire parler de lui ; une interview du cinéaste Marcel Carné ; un grand article du comédien Jean-Louis Barrault. La parole était également donnée au compositeur suisse Arthur Honegger, acquis au nazisme, et à l'écrivain Jacques Audiberti qui fréquentait l'Institut allemand. Un article antisémite sur Bernard Nathan, ancien associé de la firme cinématographique Pathé, « un indésirable issu d'un ghetto balkanique », parfumait ce numéro. Et surtout, la page « Connaître l'Europe », préparée en collusion avec l'Institut allemand, qui était destinée à promouvoir surtout les valeurs germaniques, étant compris que le national-socialisme est une culture.

Dans ce salmigondis, figurait l'article de Sartre consacré à *Moby Dick* de Melville. « Plus qu'un chef-d'œuvre, un formidable monument », formulait Sar-

1. AN, F 41-1748.

tre dont le texte était révélateur d'une de ses techniques : pousser partout le paradoxe jusqu'à l'éclat de manière à traiter par des généralités un livre qu'il n'avait peut-être pas lu complètement.

Un sentiment contradictoire dut assaillir Sartre après la parution de ce premier numéro et l'inciter à la prudence. S'il avait accepté de tenir la chronique littéraire et d'être inscrit sur les rôles de *Comœdia*, il aurait été tenu de remplir un questionnaire rouge de six pages, en triple exemplaire, comme tous les collaborateurs de ce journal. Ceux-ci devaient, entre autres, indiquer leur religion, leur « race » — Aryen ou non-Aryen —, donner l'état civil de leurs parents, de leurs grands-parents et, s'ils étaient mariés, l'état civil de leur femme, de ses parents et grands-parents. Ils devaient aussi énumérer leurs emplois depuis qu'ils travaillaient et leurs domiciles successifs. Obligation était faite de préciser s'ils avaient appartenu à des partis politiques et lesquels, s'ils avaient été membres d'une société secrète interdite par les pouvoirs publics.

Au dire de Simone de Beauvoir, Sartre réalisa que *Comœdia* était moins indépendant que ne l'avait assuré Delange. Situation qui allait de soi puisqu'il était inspiré par les Allemands. Simone de Beauvoir énonça gravement : « La première règle sur laquelle s'accordèrent les intellectuels résistants c'est qu'ils ne devaient pas écrire dans les journaux de la zone occupée[1]. » Et d'annoncer que Sartre n'écrivit plus jamais dans *Comœdia*, ce qui est faux comme on le verra en temps et en lieu. À la Libération, Sartre alla

1. *La Force de l'âge, op. cit.*, p. 498.

même plus loin. Contre l'évidence, il nia avoir donné une seule ligne à *Comœdia* et certifia qu'il n'avait jamais collaboré à ce journal. Dans une lettre au juge Zoussmann, chargé d'instruire le dossier *Comœdia*, il écrivit :

« Je lui ai demandé [à Delange] si je serais libre d'écrire ce que je penserais — même à l'occasion d'un ouvrage de Céline — et il m'assura que je serais parfaitement indépendant. Néanmoins, je décidai, après consultation de mes amis, de m'abstenir de toute collaboration. Je le fis non par défiance de *Comœdia*, mais pour que le principe d'abstention ne souffrît aucune exception [1]. »

On verra par la suite que les rapports de Sartre et de *Comœdia* furent suivis et qu'il y collabora de diverses manières. Quant à l'allusion de Sartre à l'envie qui pourrait le prendre de « dire ce qu'il pensait » à l'occasion d'un ouvrage de Céline, elle n'est que forfanterie. En effet, pendant l'Occupation, *La Nausée* bénéficia d'un nouveau tirage et Sartre ne supprima même pas l'épigraphe de Céline, figurant en tête de l'ouvrage, ce qui, compte tenu de l'époque, eût été considéré comme un acte méritoire et significatif.

---

1. AN, Z 6, n.l, 15070.

9.

Au lycée Camille Sée

Le lycée Camille Sée porte le nom du promoteur de la loi instituant l'égalité de l'instruction entre les filles et les garçons. Dernier construit des lycées parisiens et premier lycée de filles du quartier de Vaugirard, il était ouvert à l'enseignement depuis six ans quand Simone de Beauvoir vint y professer. Édifié sur l'emplacement d'une ancienne usine à gaz, l'ensemble des bâtiments aux façades imitant le granit rose constituait un imposant quadrilatère en bordure d'un square-jardin. Certains journalistes de l'époque le comparaient à un palais pour enfants. On s'extasiait sur son confort, on s'étonnait devant les dimensions monastiques des vastes halls dont l'acoustique donnait une sonorité traîtresse au moindre murmure des élèves soumises à des consignes de silence. Quelqu'un s'avisa même de compter au sous-sol les armoires métalliques du vestiaire : il y en avait 1 800 alors que le lycée était prévu pour 1 500 élèves. Et chacun de s'émerveiller devant l'escalier mécanique par lequel on accédait directement du vestiaire aux grands halls vitrés desservant les salles de classe et dont les murs étaient ornés de moulages artistiques. Les salles de classe, lumineuses, étaient meublées de tables en acajou verni. Au lieu des traditionnels bancs rigides,

des chaises individuelles. « D'un côté le ciel et de l'autre des murs clairs peuplés de reproductions d'œuvres d'art [1]. » Dans chaque salle, un style différent, glorifiant une école d'art ou un maître ancien ou contemporain tandis qu'aux murs des galeries s'étalaient de grandes fresques grecques et romaines. On s'étonnait aussi des équipements des laboratoires de physique et chimie, de la salle de couture, des salles de dessin et de celles d'histoire et géographie. « Les jeunes filles du lycée Camille Sée travailleront dans la joie [2] », assurait un journaliste.

Il n'y avait pas de joie manifeste au lycée Camille Sée mais un climat de discipline et de retenue. Les élèves, en blouse rose ou bleue, suivant les semaines, étaient soumises au maintien de jeunes filles bien élevées. La directrice, Mlle Évrard, y veillait, soucieuse de la renommée de son établissement et de ce que l'on appelait la santé morale des élèves.

Simone de Beauvoir retourna professer dans ce lycée au début du mois d'octobre 1940, première année de l'Occupation. Elle pénétrait dans un monde où les valeurs de la vieille France républicaine subissaient l'influence du moralisme décadent du gouvernement de Vichy dont les innombrables circulaires ministérielles et rectorales étaient censées inciter le corps enseignant à exalter les vertus sanctifiantes du travail rédempteur, de la famille prolifique et religieuse, de la patrie frileuse, une France soumise à la discrétion d'une hiérarchie désuète et régressive.

Malgré cette idéologie destinée à façonner les

1. « Souvenirs », manuscrit de Mme Colette Hersent, 1984.
2. Journaux *Benjamin* et *Libertés,* 27 septembre 1936, cités dans la plaquette du cinquantenaire du lycée Camille Sée.

esprits, les réalités de l'époque influaient sur les comportements scolaires : les restrictions, le froid, les retombées multiples de la guerre[1].

Mlle Évrard déployait toutes les ressources de sa conception de l'éducation des jeunes filles et exigeait autant d'elle-même que de ses professeurs. Elle s'estimait responsable des élèves, tant de leur niveau d'instruction que des conditions morales et matérielles qui présidaient à leur développement intellectuel. Le maquillage était interdit. Les jeunes filles des classes terminales devaient porter un chapeau et des gants, et Mlle Évrard les faisait surveiller jusque dans les parages du lycée. Le cadre même du lycée Camille Sée, son « modernisme », inspirait Mlle Évrard qui tenait fermement en main ses collaborateurs. Elle voulait que la notion d'équipe professorale unie dans un dessein commun l'emportât sur une juxtaposition de professeurs individualistes. Le concept de pédagogie l'emportait sur celui, plus restrictif, d'enseignement. C'est ainsi que les élèves étaient conviées à des visites de musées, d'expositions, à des promenades éducatives aux environs de Paris.

Rien n'échappait à la vigilance de Mlle Évrard, Malgré le nombre, elle connaissait toutes ses élèves. Douée d'une autorité naturelle, elle savait les admonester durement, ce qui ne l'empêchait pas d'avoir à leur égard des attentions presque maternelles. Si l'une d'entre elles travaillait mal, elle s'intéressait aux modes de vie familiaux de l'élève, elle rencontrait les

---

1. En 1942, une enquête médicale révélera que par rapport à l'avant-guerre, on relevait chez les garçons de cinq à douze ans un déficit de taille de 5,5 centimètres et chez les filles de 1,5 à 2 centimètres. Communication à l'Académie de médecine de MM. Gounelle, Valette et Moine.

parents et coopérait avec eux sans empiéter sur leurs droits. Ce souci de connaître ses élèves la poussait à travailler jusqu'au-delà de minuit, lisant les copies des compositions trimestrielles déposées sur le bureau du chef d'établissement, suivant la coutume.

Cette pédagogie, Mlle Évrard en était la gardienne vigilante. Elle avait l'esprit laïc comme l'exigeait le système éducatif public et n'embêtait personne avec la religion.

Elle affronta l'Occupation en toute lucidité et aida le plus grand nombre d'élèves à se nourrir convenablement en organisant des « vacances à la ferme ». Mais il y avait aussi le contexte politique, l'oppression quotidienne, les menaces de réquisition des locaux du lycée par les Allemands, les circulaires péremptoires et inquisitoriales des autorités vichyssoises. Mlle Évrard protégeait autant qu'elle le pouvait les élèves juives. Elle parvint à préserver les classes des atteintes du monde extérieur en faisant écran et en favorisant la quiétude dans le travail scolaire.

Nous avons vu précédemment que les rapports entre cette femme de devoir et Simone de Beauvoir furent mauvais dès la visite de courtoisie que celle-ci lui rendit en octobre 1939, au début de la Drôle de Guerre, et comment, ressassant de vieilles rancunes, Simone de Beauvoir forçait le trait et exécutait sommairement Mlle Évrard avec cette absence de considération pour l'Autre qui caractérise tous ses jugements et lui fait traiter les personnes dont elle parle de manière schématique, en « objets » et non en « sujets ».

Un an après ces préliminaires, la France était vaincue et assujettie par l'armistice. Simone de Beau-

voir reprit ses cours. Immédiatement, elle marqua sa
différence, refusa de faire partie de l'équipe professorale et se distingua par sa solitude, son mutisme et par
une totale absence de contacts avec ses collègues. Elle
venait faire ses cours et repartait aussitôt après.
Pendant les deux années où elle professa encore à
Camille Sée, elle se présenta à ses élèves comme un
être à part. Celles-ci soupçonnaient les antagonismes
qui opposaient Mlle Évrard et Simone de Beauvoir.
Mais les rapports entre les élèves et Simone de
Beauvoir n'avaient rien de convivial et se réduisaient
à la durée des leçons. Beauvoir arrivait toujours en
retard et ne saluait personne. Elle portait générale-
ment avec elle une petite valise qu'elle posait à
gauche sur son bureau. Les élèves s'interrogeaient :
pourquoi une valise ? À force d'épier, elles aperçurent
une fois une chemise de nuit par le couvercle entrou-
vert. Simone de Beauvoir s'en retournait aussitôt que
son dernier mot était dit. Ses élèves attribuaient cette
attitude à la crainte de se compromettre ou à quelque
histoire qu'elle aurait pu avoir au lycée Molière où
elle avait enseigné.

Voici comment ses élèves la percevaient : « Mince
silhouette juchée sur des galoches sonores, affublée
parfois d'étranges vêtements aux couleurs disparates
qui faisaient la joie des esthètes. Elle portait déjà son
célèbre turban qui encadrait un visage au beau regard
bleu d'une intelligence lointaine et parfois glacée.
Sans contact avec personne, elle prenait place devant
nous et débitait son message philosophique dans un
langage pour nous si étrange et hermétique que très
vite l'attention décrochait. Au premier rang, trois
bonnes philosophes suivaient ; derrière, il y avait les

autres qui s'ennuyaient ou qui faisaient autre chose. Nous n'avons jamais su si elle s'en désintéressait ou ne voyait rien. Nous n'avions pour elle ni antipathie, ni sympathie, de la curiosité seulement à cause de son caractère insolite dans le contexte du lycée. Nous connaissait-elle seulement de visage ou de nom? En fait, nous étions étrangères dans des mondes sans communication. Son intérêt était ailleurs et nous le sentions bien. À vrai dire, il lui arrivait de quitter quelquefois les hauteurs de l'abstraction pour nous parler avec chaleur et simplicité de cinéma, de théâtre ou de littérature liés à l'actualité. C'était une surprise rare à laquelle nous prenions plaisir de sorte que le souvenir en est resté [1]. »

Dès la première leçon, Simone de Beauvoir se révéla plus philosophe que pédagogue. Son cours, enlevé au galop — son débit ultrarapide lui valut le surnom de « la chasse d'eau » —, rendait effectivement peu accessible son enseignement, surtout quand elle voulait initier ses élèves aux arcanes de la philosophie existentielle. Voici quelques exemples que releva une élève perplexe :

« Connaître la totalité de l'encrier, ce n'est pas devenir l'encrier ni manger l'encrier. Si je me supprime, je supprime l'encrier. »

« L'être est ce qu'il n'est pas et il n'est pas ce qu'il est. »

« Nous pensons à un être sans aucune espèce de manière d'être. »

« Rester en suspens dans le par-delà. »

« Pour que ça se donne à moi, il faut qu'il y ait

---

1. Colette Hersent, déjà citée.

quelque chose qui se donne en tant que ne se donnant pas. »

« Ou tout est Dieu et il y a liberté, ou il y a liberté et tout n'est pas Dieu. »

« On est un être contre l'être duquel rien ne peut rien. Cet être se trouve être l'être qui repousse tout être qui n'est pas cet être [1]. »

La plupart du temps elle employait des termes trop abstraits à la cadence d'une mitraillette et la plupart des élèves renonçaient à la suivre. Les élèves étaient également frappées par l'étrange personnalité de leur professeur de philosophie, par ses façons insolites. Pour Nicole Périer, la meilleure élève, Simone de Beauvoir se manifestait comme étant en marge de la société, ce qui excitait une curiosité qui aurait pu se muer en admiration si Simone de Beauvoir n'avait pas tout gâché par son incommunicabilité, par sa distanciation qui lui avaient valu aussi le surnom de « la comtesse ». Elle semblait mystérieuse à certains égards et contrainte à la dissimulation par une existence peu avouable. Elle apparaissait comme étant jeune, plutôt jolie mais pas féminine du tout. Elle semblait même avoir tué la femme en elle. Elle était complètement indifférente à la propreté et se nippait à tout va. Elle portait des bas troués. Quand le trou s'agrandissait, elle rajoutait une socquette pour le camoufler. Pendant les deux années de cours qu'elle donna aux mêmes élèves, celles-ci ne virent jamais ses cheveux, toujours dissimulés sous un bandeau qui devenait comme un produit organique indissociable de son corps. De leur salle de classe,

1. Cours du 10 mars 1942, noté par Colette Hersent.

pendant qu'elles l'attendaient, les élèves apercevaient tout à coup, par les fenêtres, le bandeau pointer dans la rue Jacquemaire-Clemenceau, filer tout droit, puis fendre l'air dans le hall quand Simone de Beauvoir se hâtait d'arriver.

Ses élèves, même celles qu'elle ennuyait le plus, reconnaissaient qu'elle était un grand esprit. Un jour, Nicole Périer lui parla de Proust et de Valéry. Simone de Beauvoir se livra à une improvisation magistrale pendant deux heures, citations à l'appui. Elle avait des capacités de connaissance extraordinaires, donc une mémoire prodigieuse faite pour en retenir toujours davantage. Il semblait qu'on pouvait la mettre sur n'importe quel sujet, encore que son débit monocorde et accéléré en gâchât tous les effets. Le plus souvent, elle donnait l'impression d'être une théoricienne devant la vie, se gargarisant de mots et passant devant les choses les plus évidentes sans les voir. On ne sait trop si elle se rendait compte qu'elle restait étrangère à ses élèves par son comportement et sa manière d'enseigner. Par exemple, dans les cours de métaphysique, elle revenait souvent sur les notions d'immanence et de transcendance sans même expliquer les mots et s'envolait dans les nuées de démonstrations où il était impossible de la suivre. À l'inverse, quand elle parlait de la société actuelle, des mœurs, des préjugés, elle affectait un mépris qui se répandait jusque sur son visage et qui heurtait ces élèves de dix-huit ans qui abordaient la vie avec un idéalisme souvent ingénu que Simone de Beauvoir ne comprenait pas et haïssait car elle vivait dans un monde où cela n'était pas une valeur. Elle aimait les gens en état de révolte, elle-même étant révoltée comme une petite-bourgeoise en rupture avec son milieu. Cet antagonisme permanent produisait une impression de malaise. Mais son existence atteste que Simone de Beauvoir ne pouvait se trouver à l'aise avec des élèves incorporées dans un système social précis. D'où sa prédilection pour les jeunes filles déracinées du genre des « petites Russes », Olga et Wanda Kosakiewicz, Nathalie Sorokine et Bianca Biennenfeld. Ce qui frappait aussi ses élèves du lycée Camille Sée, c'était que Simone de Beauvoir n'avait pas au moins l'orgueil ou la conscience professionnelle de transmettre son savoir. Elle ne se posait même pas la question et ne le fera pas davantage dans ses Mémoires. Devant les réactions négatives de ses élèves en classe, Simone de Beauvoir ne manifestait pas d'amour-propre et ne témoignait pas davantage de cette conscience professionnelle, sa raison d'être : faire comprendre son enseignement. Celui-ci ne laissa ni trace ni influence même sur sa meilleure élève [1]. Elle ne se reportait pas à un programme défini, se contentant d'indiquer brièvement au début de l'année scolaire les thèmes qu'elle comptait aborder.

Elle ne pouvait se retenir de parler de Sartre en se référant à son œuvre. Pour les élèves qui ne l'avaient jamais vu, même en photo, Sartre était un littérateur du temps de l'Occupation.

Ses élèves savaient qu'elle était nomade et vivait à l'hôtel, déménageant souvent. Simone de Beauvoir intriguait, mais il n'était pas envisageable de nouer des rapports avec elle. En khâgne, les relations entre élèves et professeurs étaient chaleureuses. Les profes-

1. Témoignage de Mme Nicole Périer-Casens.

seurs voyaient en leurs élèves de futures collègues, excepté Simone de Beauvoir qui maintenait ses distances. Par contre, elle tolérait dans sa classe le laisser-aller, le désordre. Certaines élèves, découragées par le pur intellectualisme de ses cours, étudiaient d'autres matières. Pour voir jusqu'où elles pouvaient aller, quatre d'entre elles jouaient au bridge et l'une d'elles déplaçait même sa chaise et tournait le dos [1].

Simone de Beauvoir écrit dans ses Mémoires que, pendant les premières années, elle considérait comme une « mascarade » son métier de professeur. Il apparaît que ce sont surtout ses élèves qui le tournaient en mascarade. Toutes les six semaines environ, les élèves rédigeaient en classe un devoir. Simone de Beauvoir ne les surveillait pas ; les élèves pouvaient tricher. Elle ouvrait la fameuse valise, en tirait des feuillets et travaillait pour elle-même, écrivant sans relâche, complètement absorbée. Les élèves se demandaient même si Simone de Beauvoir n'avait pas une case en moins tant elle semblait parfois privée de réactions normales. Longtemps après les avoir ramassés, Simone de Beauvoir rendait les devoirs, sauf ceux qu'elle avait égarés, et ils étaient toujours maculés de taches colorées suggérant qu'elle corrigeait les copies sur des tables de bistrot.

Si les élèves accumulaient des objections relatives aux méthodes et à la personnalité de leur professeur de philosophie, l'inspecteur général Davy, grâce à qui

---

1. Témoignage de Mme Colette Hersent.
Les témoignages des élèves, dans ce chapitre, sont ceux de Mmes Hersent, Périer-Casens et Laurent. Les souvenirs manuscrits de Mme Hersent ont été approuvés par d'anciennes élèves de Simone de Beauvoir.

Simone de Beauvoir avait obtenu la classe de première supérieure à Camille Sée, se montrait réticent. Il notait dans son rapport d'inspection :

« Le souvenir d'une très brillante leçon sur la relativité, à Molière, en 1939, en philosophie simple, me faisait attendre beaucoup, ici, en 1re supérieure. Dois-je avouer que j'ai été un peu déçu ? Non que cette fois encore, je ne me sois trouvé en présence d'une personnalité, mais la leçon faite devant 25 élèves de 1re supérieure et de préparatoire assemblées, sur les valeurs morales, m'a paru beaucoup moins communicative et moins claire et moins suggestive que celle dont j'avais gardé le très précis souvenir. Le développement à la fois assez enveloppé et très systématique — l'être, le choix affectif, la valeur — restait un peu obscur et parfois très discutable et ne me paraissait pas très facilement senti par les élèves. J'ai vérifié ensuite que celles-ci n'avaient pas très exactement compris quel problème était en jeu et encore moins facilement saisi la dialectique du professeur. Cela n'empêche pas Mlle de B. de demeurer un professeur très au-dessus du commun à qui l'on demande surtout de se mettre plus à la portée de l'ensemble de ses élèves [1]. »

À la suite de quoi, Mlle Évrard, qui avait d'abord qualifié Simone de Beauvoir de « professeur remarquable, d'une intelligence supérieure, d'une rare maîtrise malgré sa jeunesse », rectifia le tir dans son rapport annuel de chef d'établissement : « Sa pédagogie était cependant en défaut ; elle ne se rendait pas

---

1. Archives Éducation nationale. Dossier de carrière de Simone de Beauvoir.

compte à quel point ses cours dépassaient ses élèves de l'an dernier, mais remise sur un chemin plus scolaire, elle a tenu ponctuellement compte des remarques qui lui ont été faites l'an passé. Ses élèves l'admirent sans cependant subir une influence qui d'ailleurs ne cherche pas du tout à se manifester. Très distante, aussi bien dans sa classe que dans ses rapports avec ses collègues, elle ne s'est pas du tout intégrée dans la vie du lycée [1]. »

Les événements allaient marquer davantage cette différence jusqu'au dénouement final.

1. Archives Éducation nationale.

10.

Condorcet

Dans une classe de philosophie, les élèves sont prédisposés à s'instruire et ils montrent une ferveur candide. Ils espèrent découvrir les secrets de l'esprit humain, être initiés à une sagesse dévoilant le mystère de l'homme, voir surgir le fabuleux Être dont la nature les passionne. Il y a en eux plus de naïveté que de connaissance, et ils s'attendent à une révélation. Un professeur médiocre qui possède certaines clefs obtiendra de ses élèves une attention révérencieuse et pourra même susciter un attachement à sa personne. Quand le professeur a le calibre de Jean-Paul Sartre, l'adhésion des élèves est pleine et entière, l'enthousiasme naît car la connaissance enseignée ouvre le champ à des discussions infinies où chaque mot s'offre comme une nouvelle conquête de l'esprit.

Simone de Beauvoir a raconté dans ses Mémoires comment, à son retour de captivité, elle s'étonna de « la raideur du moralisme de Sartre » qui désapprouva qu'elle eût signé le formulaire assurant qu'elle n'était ni juive ni franc-maçon. Il le désapprouva si bien que quelques jours plus tard, afin de pouvoir enseigner dans un lycée, il signa le même formulaire. Il le signa sans scrupule ni état d'âme, ses intérêts étant en jeu, encore qu'il le niât trente ans plus tard dans une interview qu'il accorda au fils de ses amis Gerassi : « Le Castor et moi nous en discutâmes. Elle dit que mon dogmatisme était stupide, ne servait à rien, que je devais signer pour obtenir un travail et de l'argent de sorte que je pourrais faire ce que je voulais... Elle avait raison, naturellement, mais je refusais de signer... Heureusement, l'inspecteur général de l'Éducation était un Résistant secret et, quoi qu'il en soit, il me rendit mon travail au lycée Pasteur [1]. »

L'inspecteur général Davy, dont il s'agit, résistant secret, selon Sartre, comme s'il en existait d'officiels, n'était pas résistant du tout, et Sartre réintégra de plein droit son travail d'origine ainsi que tout fonctionnaire de l'État revenu de captivité, qui se montrait soumis aux exigences des nouveaux maîtres. Il signa le formulaire infamant — et nul ne pouvait l'en dispenser —, auquel s'ajouteront pendant toute sa période d'enseignement quantité de textes mis en circulation par le ministère de l'Éducation nationale concernant la fidélité à la personne et à la politique du maréchal Pétain, chef de l'État [2].

Sartre retourna au lycée Pasteur, à Neuilly, où il avait professé pendant deux années avant la guerre. Il débuta son enseignement le 21 avril 1941, trois semaines environ après son retour de captivité. Sartre avait pris conscience de l'époque. La délation était partout ; il était facile de se compromettre et de s'attirer des ennuis par un seul mot de trop. Néanmoins, au lycée Pasteur, il céda au penchant qui le

---

1. John Gerassi, *op. cit.*, t. I, p. 175.
2. Voir AN AJ 40, circulaires Éducation nationale, 1941-1944.

poussait avant la guerre à copiner avec certains de ses élèves, à poursuivre la discussion hors des cours. À propos de la méthode de Sartre, le proviseur notera · « Peu soigné dans sa tenue mais professeur extrêmement brillant dans sa classe, M. Sartre paraissait fort admiré de ses élèves séduits par la distinction de sa parole et sa notoriété de jeune écrivain. Il prolongeait souvent la classe en conversations familières avec un petit groupe d'élèves qui s'assemblaient autour de lui et l'accompagnaient parfois. Je n'ai jamais reçu la moindre réclamation au sujet de son activité dans l'établissement [1]. »

Cet enseignement au lycée Pasteur s'acheva trois mois plus tard avec les vacances d'été au cours desquelles Sartre fit en zone non occupée sa tournée de « résistant » dont nous avons parlé. Pour la rentrée, il fut promu à la chaire de philosophie de première supérieure au lycée Condorcet. L'effectif de ses élèves était si faible qu'on réunissait souvent ceux de khâgne avec ceux d'hypokhâgne. Ce changement d'affectation marqua la fin de la méthode sartrienne d'une relative intimité avec certains de ses élèves. À Condorcet, son comportement se modifia. Il tenait ses distances. Il s'était concerté avec Simone de Beauvoir, rodée à l'époque, qui s'accommodait de cette période dangereuse en se tenant à l'écart de tout ce qui pouvait la compromettre et l'effrayer. À son tour, Sartre affectera la plus grande prudence et se murera en lui-même.

Le lycée Condorcet, rue du Havre à Paris, n'avait pas l'aspect seigneurial du lycée Pasteur de Neuilly.

---

1. Archives Éducation nationale. Dossier Simone de Beauvoir.

C'était un ancien couvent où l'enseignement s'accommodait de salles vétustes aux murs lépreux. À son premier cours, à peine entré dans la salle et avant même de gagner la chaire derrière laquelle s'étalait le portrait du maréchal Pétain, Sartre interpella les élèves : « Messieurs, nous allons nous occuper du problème de l'Être[1]. » Il y eut un frémissement d'aise et chez certains un mouvement de vive satisfaction. C'était la question fondamentale, celle qui excitait les jeunes imaginations. Ce n'est qu'après cette introduction que les élèves remarquèrent l'aspect physique de leur professeur, le cou enserré dans un chandail à col montant qu'il portait sous sa veste fripée, le pantalon poché aux genoux, les croquenots en mal de cirage. Quant à sa laideur, elle fut rapidement éclipsée par l'intérêt que son cours suscitait. On peut consigner que son strabisme était si gênant que parfois le voisin répondait à la place de l'élève interrogé.

Dès le début, les jeunes gens étaient tombés sous le charme, frappés par la voix prenante de Sartre qui moulait les mots et forçait l'attention, par sa diction sans bavure, par la précision et la simplicité des termes employés qui rendaient accessible cette question complexe et abstraite de l'Être, au cœur de toute philosophie depuis l'origine. D'où l'étonnement de plusieurs élèves habitués à tant de clarté quand, plus tard, ils abordèrent les œuvres philosophiques de Sartre où les pensées absconses s'enchevêtrent comme à plaisir dans le pathos propre à un technicien de la philosophie existentialiste.

1. Témoignage de Jacques Millorit.
Les témoignages contenus dans ce chapitre sont ceux de MM. Jean-Claude Carloni, Jean Guillaume, Jacques Millorit, Albert Rouby.

D'après les anciens élèves de Sartre que nous avons rencontrés, voici ce que l'on peut dire de son enseignement. Sartre se présentait à ses élèves comme doué d'une exceptionnelle connaissance de la langue française, d'une maîtrise absolue dans la construction oratoire du discours qui lui permettaient d'exprimer les pensées les plus abstraites, les plus riches en contradictions avec les mots de tous les jours. Il était immédiatement accessible et la simplicité du vocabulaire employé avec une précision effective permettait à son auditoire de suivre l'enchaînement du raisonnement, la fusion des idées, sans s'y perdre, et tout paraissait clair et donné. Non seulement Sartre enseignait sans ennuyer, mais il préparait les esprits à débattre librement tout en manifestant son influence par un exposé honnête de ses thèses. Son parti pris existentialiste avait souvent l'occasion de s'exprimer. Ainsi, parlant du doute cartésien, il mentionnait le *cogito ergo sum* pour affirmer que sans *ergo*, il s'agissait de la « conscience non thétique de soi ». Avec *ergo,* de la conscience réfléchie. Puis en quelques mots très simples, après avoir été dogmatique, il clarifiait les données abstraites de ce qu'il venait d'exprimer en termes de système. Il voulait avant tout enseigner à ses élèves les bases de l'existentialisme. Il ne cherchait pas à endoctriner mais développait honnêtement une philosophie, et son enseignement visait également à lui permettre d'exercer sa pensée philosophique.

Pour ses élèves, l'existentialisme était une nouveauté tout comme étaient neuves les grandes explications qu'il donnait sur l'essence et l'existence. Si Sartre essayait sa philosophie sur l'esprit des élèves, à une époque où il écrivait presque secrètement *L'Être et le Néant*, il utilisait également ses cours pour expérimenter ses recherches littéraires en un temps où il rédigeait aussi la deuxième partie des *Chemins de la liberté* dont la construction imitait servilement le procédé de « simultanéité » de John Dos Passos dans *Manhattan Transfer*. Reprenant devant son auditoire la substance d'un article paru dans un numéro de la *NRF* de 1938, il déclara que Dos Passos était « le plus grand écrivain de notre époque ». C'était la première fois que les élèves entendaient citer ce nom. Les préoccupations littéraires et philosophiques de Sartre s'exprimaient aussi aux dépens des auteurs dont il aimait inscrire les noms sur le tableau noir pour mieux les cribler de ses critiques et pourfendre leurs œuvres, se complaisant à ce singulier jeu de massacre.

À Condorcet, Sartre ne frayait pas avec ses élèves et ne se laissait aller à aucune familiarité. Il ne se préoccupait ni de leur vie quotidienne ni de leurs difficultés personnelles et pas davantage de savoir s'ils réussissaient à leurs examens. Il était plus attentif à la substance de ses cours qu'à ses élèves. C'est à peine s'il en connaissait trois ou quatre par leurs noms. Dans une classe de mathématiques spéciales où il assumait les cours de philosophie, les élèves lui firent corriger pendant une année les devoirs d'un élève imaginaire appelé Chambarjaud sans qu'il décelât la supercherie. Il arrivait avec ponctualité et commençait directement sa leçon. On pouvait le questionner, mais le cours achevé, il n'accordait pas une minute d'entretien et s'en allait aussitôt. Il exerçait une fascination sur les jeunes gens par la séduction de l'intelligence, par son côté brillant et percutant. Il arrivait aussi qu'une interrogation formulée par un élève l'embarrassât et que son piédestal vacillât. Un jour, après avoir posé les données de la conscience, il parla de la morale existentielle. « Quelle différence faites-vous entre liberté et caprice? » demanda un élève. Question que Sartre reçut mal et dont il se tira par une réponse qui découvrit une faille.

Sartre ne faisait jamais de réflexions désagréables à ses élèves. Il leur parlait courtoisement, les appelait uniformément « monsieur » et n'essayait pas de diminuer les moins doués par des remarques acerbes ou en les traitant avec condescendance quand ils lui remettaient des devoirs assez nuls ou répondaient de travers. D'où la considération qu'il suscitait chez les mauvais élèves par la sympathie et la manière de respect qu'il leur témoignait. Il lui arrivait souvent de noter les moins bons avec indulgence[1].

La vivacité des impressions que les élèves éprouvaient à écouter Sartre stimulait leur curiosité, leur attente de vérités révélées. Tant que le cours durait, la salle vétuste où il avait lieu se parait de tous les chatoiements de l'esprit. C'était un endroit humide l'été, froid l'hiver, toujours sombre, pris en rez-de-chaussée entre deux cours comme un bout de couloir cloisonné, avec une colonne au milieu. Cette colonne gênante, Sartre la prenait à partie, la criblant de plaisanteries. Sartre parlait sans notes, sans se reprendre ni se répéter, allant et venant dans la classe. Certains de ses anciens élèves se rappellent encore le cours sur l'Être qui s'étendit sur deux années. Son auditoire qui, avant ces leçons, n'avait jamais entendu parler de Husserl ni de Heidegger, ne

---

1. Archives du lycée Condorcet.

pouvait savoir que certaines idées avancées par Sartre leur étaient empruntées presque textuellement.

La réputation de Sartre, bon pédagogue et grand philosophe, s'étendait jusqu'à l'extérieur. Des élèves étrangers s'introduisaient dans la salle de classe. Devant ces abus, les intrus furent chassés. L'un de ses élèves, Jean Guillaume, comparait Sartre à Socrate se promenant avec ses disciples, la foule grossissant autour d'eux.

S'il excellait dans l'exposé de ses cours, Sartre ne se pliait pas volontiers aux servitudes de sa tâche d'enseignant. Il n'aimait pas s'encombrer de devoirs à corriger et, souvent, il s'y prenait après un assez long délai ou omettait de les rendre. À ses élèves qui lui remettaient un devoir impersonnel mais conforme à ses leçons, il disait invariablement : « Ce que vous avez écrit là, vous le saviez, je le sais. Et vous savez que je le sais. Alors puisque je sais que vous savez que je le sais pourquoi me montrer que vous le savez ? » L'un des sujets de composition : « Commenter ce jugement de Dostoïevski : " Si Dieu n'existe pas tout est permis " », montra la prédilection de Sartre pour ce thème qu'il avait déjà utilisé dans d'autres lycées. Il donna également un devoir typiquement existentialiste en faisant commenter ce jugement sur Victor Hugo : « Victor Hugo est un fou qui se croit Victor Hugo. »

Ses anciens élèves se souviennent également de deux cours de psychologie relatifs à l'Imagination et aux Émotions et de très prenants cours d'histoire de la philosophie sur Platon — il traita longuement des présocratiques avant de l'aborder —, Spinoza et Hegel.

En dépit de l'époque et du tragique des événements, Sartre ne faisait pas d'allusion politique ni ne commentait l'actualité. Au plus noir de l'Occupation, il n'aura pas une seule parole d'espoir. Quand le sort des armes tournera en faveur des Alliés, il n'adressera pas à sa classe ne serait-ce qu'un clin d'œil. Pas un mot, en conséquence, sur l'invasion de l'Union soviétique, sur Stalingrad, sur le débarquement allié en Afrique du Nord, en Italie, événements majeurs de notre siècle. À plus forte raison, silence complet sur les arrestations qui se multipliaient à Paris et n'épargnaient pas le lycée Condorcet, sur les mesures racistes, sur la nazification de la France. Certes, il pouvait y avoir des mouchards dans la classe, mais pourquoi lui et Beauvoir accréditèrent-ils après la guerre la version d'un Sartre résistant, se faisant entendre partout où il passait et n'hésitant pas à prendre des risques?

Les anciens élèves de Sartre qui se souviennent de ces jours pensent que si Sartre avait été engagé dans la Résistance, ils l'auraient senti, tant ils étaient attentifs et que la moindre allusion aurait pu les mettre en éveil. Employant un mot qui lui était cher, ils estiment que Sartre avait « néantisé » l'occupant, que l'Allemand n'existait pas pour lui. Quand il parlait de la liberté, un de ses thèmes d'élection, il ne la rattachait pas aux événements et donnait l'impression que pour lui l'histoire contemporaine n'était pas une réalité. Au sens large, il balayait la souffrance humaine en la transposant sur le plan philosophique. Il disait qu'un prisonnier dans un cachot de quatre mètres carrés est parfaitement libre. Sa liberté n'est pas dépendante de ce qui l'entoure. Il aurait pu

passer au concret, intégrer cette vision d'un prisonnier prétendument libre en puisant des exemples dans
le monde, mais il s'en gardait, de crainte d'aborder
des sujets compromettants.

Quand le Service du travail obligatoire fut instauré,
Sartre ne se préoccupa pas de savoir si certains de ses
élèves étaient touchés par cette mesure. Il ne posa
même pas la question.

De même qu'il n'éprouvait pas de curiosité pour ses
élèves, il se montrait discret sur lui-même, ne faisant
pas d'allusion à ses activités littéraires et théâtrales. Il
était professeur de philosophie, pas davantage. Pendant les trois années où il exerça à Condorcet, durant
l'Occupation, il ne se départit jamais de sa discrétion.
Il s'acquittait de son travail en hôte de passage.
S'alignant sur Simone de Beauvoir, il ne fréquentait
pas les autres professeurs et ne se mêlait en rien à la
vie du lycée.

Le dossier de carrière de Sartre a été égaré ou volé
aux archives de l'Éducation nationale. Nous sommes
privés des appréciations qui jalonnent son professorat
et des comptes rendus d'inspection. Du côté des
élèves, malgré l'admiration que la plupart d'entre eux
lui vouaient, aucun lien affectif ne se développa.
Indépendamment de son intérêt constant, la philosophie de Sartre n'eut aucune influence sur eux.

11.

L'affaire Simone de Beauvoir

Les relations entre les membres de la Famille étaient régies par une savante géométrie. On a vu précédemment qu'ils se livraient à des chassés-croisés minutieusement réglés afin de ne pas se retrouver tous ensemble dans la même pièce. La guerre et l'Occupation n'avaient pas modifié ces mœurs. Ils étaient tous répartis dans les hôtels de la plus basse catégorie. Simple nouveauté : devant les difficultés du ravitaillement, Simone de Beauvoir prendra une chambre avec cuisine et se résoudra à faire bouillir la marmite pendant quelques mois pour nourrir son monde, secondée par Jacques-Laurent Bost qui, rebelle à tout travail régulier, disposait de loisirs. Elle y prendra un certain plaisir, et dans l'odeur de ses hochepots, Simone de Beauvoir évoquait le foyer qu'elle n'aurait jamais.

Les événements séparèrent Bianca Biennenfeld du clan. Juive, elle se réfugiera en zone non occupée. La place de Nathalie Sorokine, devenue membre à part entière de la Famille, en fut renforcée.

Plus que les autres, cette jeune femme surexcitée était indifférente à ce qui ne concernait pas sa personne. Ainsi la vie se poursuivait-elle pour la Famille comme si de rien n'était. Dans le monde tragique des années d'Occupation, chaque membre ne se préoccupait que de son destin individuel qui primait le sort du genre humain. Plus l'intrusion du monde extérieur s'imposait, plus le repliement sur soi l'emportait.

On aurait dit que Sartre et Beauvoir dérivaient d'un centre commun, qu'ils étaient issus d'une même composante qui produisait une similitude de comportement et de pensée. Si Sartre recherchait des jeunes filles, Simone de Beauvoir prenait les mêmes, et quand elle pratiquait l'amour hétérosexuel, elle s'éprenait surtout de jeunes garçons. Cette mise en commun de partenaires amoureux permettait à la Famille de conserver son unité sociologique et de se donner à elle-même une représentation rassurante du monde.

Ce qui allait devenir l'affaire Beauvoir commença comme un fait divers.

Simone de Beauvoir témoignait à son entourage des sentiments envahissants. Possessive, elle aimait que ses proches se comportassent suivant ses conseils ; chez elle, l'orgueil de la femme supérieure était doublé par celui de la femme d'influence. Elle savait se montrer autoritaire, pesante. Ses relations homosexuelles avec Nathalie Sorokine étaient tissées de querelles et de brouilles. Elles aimaient toutes deux s'embraser de violence et n'étaient pas de ces femmes qui échangent des confidences en riant derrière leurs mains. En Beauvoir, flambait une froide passion qui pouvait la porter à énoncer des choses horribles à entendre. Pour Sorokine, c'étaient des mouvements furieux qui la poussaient à frapper son opposant, qu'il soit homme ou femme, et l'on ne savait pas du fond de quel sombre univers elle regardait les gens.

Fille d'un père et d'une mère qui s'empoignaient et avaient fini par se séparer, Nathalie Sorokine, alors étudiante de philosophie à la Sorbonne, était devenue la maîtresse d'un condisciple, Dupas, plutôt argenté, qui la traitait avec générosité. Ils vécurent ensemble pendant un an sans que Nathalie Sorokine renonçât à son amour pour Simone de Beauvoir. Le jeune homme s'en plaignit à la mère de Nathalie qui somma sa fille de mettre un terme à ses relations intimes avec Simone de Beauvoir. Il y eut épreuve de force ; rien n'en sortit. Mme Sorokine décida de porter plainte contre Simone de Beauvoir pour « excitation de mineure à la débauche ». Nathalie avait vingt ans.

Quels qu'aient pu être les calculs ou la réaction sincèrement indignée de Mme Sorokine, ce n'était pas la première fois qu'une mère haïssait Simone de Beauvoir. Mme Biennenfeld s'était souvent insurgée contre les relations que sa fille Bianca entretenait avec Simone de Beauvoir. Cette dernière écrivit dans son *Journal* : « Sa mère lui a fait des scènes hystériques à propos de moi, l'a à moitié chassée, lui a défendu de me revoir [1]. »

Nous n'avons pas retrouvé la plainte déposée par Mme Sorokine, mais nous disposons des pièces de l'enquête.

Le 27 novembre 1941, le recteur de l'Académie de Paris adressait à Mlle Évrard, la directrice du lycée Camille Sée, un pli strictement confidentiel :

« J'ai reçu copie d'une plainte adressée au Procureur de l'État français contre Mlle de Beauvoir, professeur de philosophie, pour excitation de mineure

---

1. *Journal de guerre*, Gallimard, 1990, p. 57.

à la débauche. Je vous prie de bien vouloir procéder à une enquête aussi discrète que possible, de façon que l'intéressée ne puisse ni directement ni indirectement soupçonner l'existence de la plainte déposée contre elle. Vous voudrez bien me signaler tous les faits du même ordre qui pourraient être parvenus à votre connaissance et même tous les indices susceptibles d'étayer cette grave accusation [1]. »

Mlle Évrard se rendit au rectorat le 31 décembre. Des notes rapides, gribouillées au crayon par son interlocuteur, forment un cadre d'accusation :

« 1. Arrivée de Simone de Beauvoir à Camille Sée venant du lycée Molière où elle était considérée comme faisant trop souvent usage d'André Gide.

« 2. A donné lieu à des suspicions au lycée de Rouen quant à son attitude avec ses élèves.

« 3. Distante mais respectueuse avec l'administration.

« 4. Un rapport devrait être adressé par Mlle Évrard pour le 15 janvier 1942 [2]. »

Devançant d'une semaine la date limite, Mlle Évrard transmit au recteur les résultats de son enquête.

« ... Même si certains faits peuvent donner lieu à des remarques, j'ai été heureuse de constater que la jeune fille impliquée dans cette affaire n'était pas une élève de mon lycée. Le hasard a voulu que je la rencontre lundi dernier, au moment où elle venait chercher à la conciergerie du lycée des papiers déposés au nom de Mlle de B. Celle-ci, venant de

---

1. AN, Archives du rectorat de Paris, AJ 16, en cours de cotation définitive.
2. *Ibid.*

perdre sa grand-mère, avait prié Mlle S.[orokine] de venir les retirer à sa place, ce qui n'indique pas précisément une rupture de relations. »

Et Mlle Évrard livra les différents témoignages qu'elle avait recueillis. D'abord, celui d'une élève de première préparatoire, « spécialiste de philosophie » :

« Cours jugés de grande valeur par les élèves qui admirent sans réserve l'intelligence supérieure du professeur, sa maîtrise, sa cohérence. Enseignement non livresque : le professeur parle sans aucune note ; au cours suivant, il reprend où il en était resté et poursuit son idée. Le plus souvent les questions sont abordées, semble-t-il, par un petit côté ou une pensée, mais on creuse en profondeur et bientôt le sujet éclate dans son ensemble et sous tous ses aspects.

« Jamais le professeur ne s'occupe des élèves après le cours ; elle paraît toujours pressée de partir. Elle est insaisissable et il ne viendrait pas à l'esprit de ses élèves de l'aborder après le cours. »

Suivait la liste des livres conseillés par Simone de Beauvoir : Platon : *Parménide, Phédon, Phèdre, Le Banquet, La République*. Robin : *La Pensée grecque*. Bréhier : *Histoire de la philosophie*. Burnett : *L'Aurore de la philosophie grecque*. Dumas : *Les Émotions*. Jamet : *De l'angoisse à l'extase. La Psychasthénie*. Scheler : *Essai sur la nature et la forme de la sympathie*.

« En résumé, poursuivait Mlle Évrard, l'opinion des " spécialistes " est que Mlle de B. est remarquable, qu'avec elle, on découvre la philosophie. »

Mlle Évrard passait ensuite aux déclarations d'une élève de première supérieure qui se résumaient à ceci :

« Influence sur les élèves, sur leur formation :

aucune. D'ailleurs les élèves de Première supérieure n'ont pas l'esprit philosophique. On admire Mlle de B. mais elle reste dans un domaine tellement intellectuel qu'elle n'a pas d'influence. Il ne leur viendrait pas à l'esprit de demander conseil, de parler au professeur. Il ne semble pas s'intéresser aux élèves ; celles-ci ne lui sont pas attachées. »

Une autre question est posée : « Les corrections des devoirs permettent-elles de saisir la façon de penser du professeur ? — Non, les corrections dans la marge sont invariablement : " soit, correct, obscur, mal dit ". »

Et les relations en dehors des cours ? « Elles n'existent pas », précisa Mlle Évrard.

Au tour de la présidente des parents d'élèves de témoigner. Elle a eu un long entretien avec sa fille. En rendant compte, Mlle Évrard écrivit : « Les élèves ne s'intéressent pas à la vie de Mlle de B. Cependant, certaines l'ont vue assez souvent aux terrasses des cafés du boulevard Saint-Michel. Elle y est toujours entourée d'une groupe de jeunes hommes ; mais les élèves pensent que l'un peut être son fiancé. Les devoirs de philosophie sont peut-être bien corrigés sur une table de café, car ils sont parfois tachés de liquide coloré. Elles savent aussi que leur professeur habite en hôtel et en change assez souvent... Influence du professeur : néant. On l'admire mais on ne la connaît pas. Elle arrive, fait son cours et part. Elle ne fait aucunement partie de la vie de la classe ou du lycée. »

Enfin, une répétitrice du lycée communiqua à Mlle Évrard ses impressions sur Simone de Beauvoir qu'elle apercevait en dehors de l'établissement et dont elle avait entendu parler auparavant :

« Mlle de B. fréquente très souvent les cafés de Montparnasse avec un groupe de jeunes gens et parfois de jeunes filles. Elle s'y montre très animée et est très écoutée. La répétitrice a entendu parler des " ennuis " qu'a eus Mlle de B. à Molière et à Rouen. À ce moment, elle fréquentait beaucoup ses élèves et avait une influence sur elles. Cette répétitrice, voyant combien elle est distraite et lointaine depuis qu'elle est à Camille Sée, en conclut qu'elle a dû changer totalement ses manières de faire et que volontairement, elle ne se mêle plus du tout à la vie du lycée et se cantonne exclusivement dans ses cours, disparaissant aussitôt après. »

Mlle Évrard aligna sa conclusion :

« Il est exact que Mlle de B. n'a aucune relation avec ses collègues de lycée. " On ne la connaît pas. " Elle n'assiste pas volontiers aux réunions trimestrielles : je suis obligée de les lui rappeler, mais elle se fait porter " malade " le plus souvent. Quand par hasard elle y assiste, elle reste isolée et se plonge dans un livre en attendant son tour ; elle s'en va aussitôt après... Elle ne s'occupe pas de la bibliothèque de philosophie de Première supérieure et ne demande jamais aucun livre qu'il nous serait possible d'acheter.

« Cependant, elle tient exactement compte des observations que j'ai pu lui faire concernant ses cours dépassant la compréhension de ses élèves [1]. »

La veille du jour où Mlle Évrard adressait ce rapport, la directrice du lycée Molière, Mlle Clara Lagarce, était convoquée au rectorat. Elle fut interro-

---

1. AN, Archives du rectorat de Paris, déjà citées.

gée sur Simone de Beauvoir qui avait enseigné la philosophie dans son établissement. Ses réponses furent consignées au crayon : « On traite de l'instinct sexuel comme de la faim ou de la soif. Elle invitait ses élèves à se rendre à Sainte-Anne le jeudi par plaisir à narguer tout le monde. Tout cela est périmé. Attitude de bravade devant la vie. Elle considère que le bien et le mal n'existent pas. Elle appartient à un milieu rigoriste contre lequel elle est en réaction. On ne sent rien de sensible chez elle[1]. »

Invitée à mettre au clair ces réflexions à charge, Mlle Lagarce s'exécuta dès le lendemain. Reprenant ces griefs qui remontaient à 1938-1939, elle écrivit la lettre dont nous avons transcrit le texte au chapitre 6, à savoir que Simone de Beauvoir était un professeur brillant mais dont l'influence sur les élèves était néfaste tant à cause de sa personnalité que des lectures qu'elle leur conseillait : Proust, Gide, Mauriac.

À la même date, une troisième directrice d'établissement, celle du lycée Fénelon, fut mise à contribution pour témoigner sur Simone de Beauvoir qui avait été professeur délégué pour l'année 1939-1940. Ce fut la même chanson : « Ce professeur est resté très à l'écart de la vie de la maison. Elle arrivait très juste pour l'heure de ses cours, les quittait en toute hâte, toujours courant... J'ai assisté à un de ses cours que j'ai jugé intelligent et documenté mais non parfaitement adapté à une classe de débutantes dans l'étude de la philosophie. Mlle de Beauvoir ne marquait pas beaucoup d'intérêt à ses élèves qui, en général,

1. AN, Archives du rectorat de Paris, déjà citées.

redoutaient ce professeur difficile à comprendre et sévère [1]. »

Entre-temps, Mlle Évrard, la directrice de Camille Sée, eut un entretien impromptu avec Simone de Beauvoir. Celle-ci, si distante et si secrète sur sa vie privée, se montra intentionnellement bavarde et profita de l'occasion pour berner Mlle Évrard, laquelle, croyant naïvement connaître enfin toute la vérité, se hâta d'en informer par lettre le rectorat trois semaines après son premier rapport. Elle fait part de la longue conversation qu'elle eut avec Beauvoir juste après son cours consacré à la *Troisième Méditation* de Descartes.

Comme le hasard avait placé Nathalie Sorokine sur la route de Mlle Évrard, celle-ci trouva aisément une entrée en matière. « Oui, c'est une de mes anciennes élèves de Molière que je n'ai jamais abandonnée parce que dans une situation assez malheureuse », répondit Simone de Beauvoir, et Mlle Évrard poursuivit : « Cette seule phrase me donnait la possibilité de questionner discrètement et bientôt tout le drame se déroula devant moi. » Simone de Beauvoir relata à sa manière comment se passaient les choses. « Le père et la mère de l'élève étaient sans ressources, note Mlle Évrard... Le père brutalisait la mère et terrorisait sa fille. Mme Sorokine quitta son mari pour s'installer avec son amant ; un an après le divorce était prononcé contre elle mais le père ne voulait pas se charger de sa fille, et la mère le fit de fort mauvaise grâce. Pendant l'année de la guerre, la situation empira : pauvreté croissante de la mère qui reproche à sa fille la moindre bouchée de pain. À ce moment, elle est

1. *Ibid.*

enchantée de l'aide que Mlle de B. lui donne en nourrissant sa fille presque totalement. De plus, celle-ci lui donnait des leçons de philosophie et la poussait à poursuivre dans cette voie car elle était bien douée. »

Simone de Beauvoir, poursuivait-elle, refusa de se charger définitivement de l'entretien de Nathalie Sorokine. Dès lors, la mère désapprouva les relations de Beauvoir et de sa fille. « Là-dessus, relata Mlle Évrard, la fille fit la connaissance d'un étudiant qui lui proposa de l'aider pécuniairement. Mlle de B. essaya de l'en dissuader ; mais la mère menaçait continuellement sa fille de la chasser. Nathalie S. finit par partir en compagnie de l'étudiant. Mlle de B. ne le connaissait pas et ne le rencontra que plus tard ; mais il savait qu'elle n'approuvait pas sa liaison. Mme S. au contraire espérant caser sa fille était revenue à d'autres sentiments : elle attirait l'étudiant chez elle, sortait avec lui, menaçait sa fille de ne rien espérer d'elle en cas de rupture... La fille se plaignait souvent à Mlle de B. de vivre comme une prostituée. En octobre 1941, elle rompit ne pouvant plus y tenir. Mlle de B. ne voulant pas l'abandonner à la misère accepta de la prendre à sa charge et de la pousser à reprendre des études philosophiques.

« Mais Mme Sorokine et le jeune homme se coalisèrent contre Mlle de B. " Tous deux eurent de longs conciliabules et se répandirent en menaces " de lui faire perdre sa place pour qu'elle ne puisse plus aider Mlle S. Jamais Mme S. ne fit la moindre démarche auprès de Mlle de B. pour réclamer le retour de sa fille. »

Craignant tout de même la fureur de Mme Sorokine,

Simone de Beauvoir raconta qu'elle exigea que Nathalie retournât auprès de ses parents. « Mais la mère refusa de la loger, continuait Mlle Évrard. Le père demanda si Mlle de B. ne pouvait pas continuer à verser de l'argent en cachette. » Et le mélodrame se développe : « Mlle de B. se vit dans l'obligation de l'aider de nouveau. La mère le sait et dit à sa fille : " Ça m'est égal qu'elle t'entretienne, mais je ne lui pardonnerai jamais de t'avoir fait rompre avec René V. [1]. " Tout ce récit me fut fait sans réticence, sans aucun but, puisque Mlle de B. ne savait pas ce qui me poussait à m'intéresser à l'ancienne élève que j'avais rencontrée dans la loge, au lycée même, où elle venait apporter un mot de son professeur qui venait de perdre sa grand-mère [2]. »

On peut s'étonner que Mlle Évrard, habituée à la réserve et aux silences dédaigneux de Simone de Beauvoir, n'ait pas marqué sa surprise devant sa confidence.

Parallèlement à l'enquête intérieure à l'Académie de Paris, se déroulait une enquête judiciaire confiée à l'inspecteur Dubois qui en rédigea aussi le texte :

« L'enquête à laquelle il a été procédé à la suite de la note ci-jointe du Parquet de la Seine concernant la plainte Sorokine contre une demoiselle de Beauvoir a permis de faire connaître ce qui suit.

« Mme Sorokine... née le 25 janvier 1897 à Moscou, coiffeuse, actuellement sans emploi, demeurant 131, rue Michel-Ange à Paris, entendue au sujet de la

---

1. Simone de Beauvoir donna un faux nom à l'amant de Nathalie Sorokine.
2. AN, Archives du rectorat de Paris, déjà citées.

plainte formulée contre Mlle de Beauvoir pour excitation de mineure à la débauche, se rapportant à sa fille, Mlle Nathalie Sorokine, n'a pu que confirmer les termes de ses déclarations. Elle ajoute cependant qu'un sieur Dupas, ancien amant de Mlle Sorokine, lui aurait fourni les renseignements précis contenus dans la plainte.

« Mme Sorokine fait également connaître qu'elle aurait proposé tout dernièrement à sa fille une place de femme de chambre, ce qui ne lui avait pas convenu.

« D'après les dires de Mme Sorokine, sa fille aurait toujours des relations sexuelles avec Mlle de Beauvoir, et elle refuserait de venir habiter de nouveau chez sa mère [1]. »

C'est au tour de Nathalie Sorokine d'être soumise à un interrogatoire par l'inspecteur Dubois :

« Nathalie Sorokine, née le 4 mai 1921 à Constantinople (Turquie)... étudiante, loge 41, rue Alain-Chartier à Paris 14e.

« Entendue, elle a déclaré :

« — Je suis étudiante à la Faculté des Lettres depuis une année environ. J'ai fait toutes mes études en France. Je connais Mlle de Beauvoir depuis 1938. Elle était mon professeur de philosophie au lycée Molière. Jusqu'en 1939, nos relations ont été celles de professeur à élève : Mlle de Beauvoir me conseillait utilement sur mes études. Mes parents subvenaient alors à mes besoins. En avril 1940, ma mère quitta son mari pour vivre avec son amant, dont j'ignore le

---

1. Préfecture de Police. Direction de la police judiciaire n° F 78478. Parquet du tribunal de première instance 4e section n° 110 873, Paris, 10 mars 1942.

nom. Me reprochant mes études elle me demanda de travailler, c'est à ce moment que, faisant part de mes malheurs à Mlle de Beauvoir, celle-ci résolut de parler à ma mère afin de l'autoriser à m'aider pécuniairement à poursuivre mes études. Ma mère accepta.

« Je vois mon père de temps à autre. Il me donne un peu d'argent, ce qui me permet avec l'aide de Mlle de Beauvoir de vivre facilement.

« J'affirme n'avoir eu que des relations très amicales avec mon ancien professeur. Si Mlle de Beauvoir venait me voir aussi souvent pendant l'hiver 1940, c'est que l'hôtel où elle habitait à ce moment-là n'était pas chauffé. Elle venait chez moi parce que j'avais ce confort dont elle ne pouvait profiter chez elle.

« J'ai eu un amant, M. Dupas, qui avait demandé ma main. Je ne partageais pas ses sentiments et j'avais horreur de nos relations sexuelles. Ma mère était satisfaite de cette fréquentation. Elle tenait à ce que je devienne la femme de M. Dupas. Je n'aimais pas cet homme et je voulais m'en séparer à tout prix. J'inventai alors une histoire de rapports sexuels avec Mlle de Beauvoir afin de me débarrasser de M. Dupas. Mlle de Beauvoir m'avait donné ce conseil. M. Dupas comprenant que j'étais une femme " faussée sexuellement " me laissa le quitter.

« Je connais MM. Sartre et Bost. Il n'ont jamais été mes amants. Ce sont de bons camarades que Mlle de Beauvoir m'a fait connaître. Je n'ai jamais reçu de leur part aucune proposition malhonnête.

« Je ne comprends pas que l'on me reproche de fréquenter Mlle de Beauvoir qui a toujours été pour moi une conseillère et une grande amie. Je me doute que ces relations ne plaisent guère à ma mère qui comptait sur moi pour subvenir à ses besoins.

« Ma mère m'a offert, il y a peu de temps, un emploi de femme de chambre. J'ai cru bon de refuser une place pour laquelle des études comme celles que j'ai faites ne sont point nécessaires. Je prépare le professorat et quoique étrangère, je pense un jour pouvoir occuper ce poste qui m'est cher et dont je serai redevable à Mlle de Beauvoir qui m'a toujours aidée d'une façon absolument désintéressée.

« Je tiens à dire que je suis une femme normale. Je n'ai jamais eu de relations sexuelles avec des femmes.

« Je n'ai rien d'autre à ajouter. »

L'inspecteur Dubois notera : « De l'audition de Mlle Sorokine, on peut déterminer que son genre ainsi que son attitude ne sont que ceux d'une étudiante. Paraissant très intelligente, cette jeune personne semble pourtant à certains instants assez exaltée, parlant notamment de Mlle de Beauvoir avec grand enthousiasme. Elle nie cependant toute relation sexuelle avec son ancien professeur et un jugement à ce sujet apparaît délicat [1]. »

Le procès-verbal de l'enquête se poursuit par l'audition de Simone de Beauvoir qui logeait à l'époque dans l'interlope hôtel Mistral, 24, rue de Cels, à Paris 14e.

« Consultée, elle a déclaré :

« Je suis professeur depuis 1931. J'ai débuté à Marseille. Je suis allée à Rouen de 1932 à 1936, au lycée Jeanne d'Arc, puis de 1936 à 1939 à Paris au

---

1. Préfecture de Police. Documents cités.

lycée Molière et enfin au lycée Camille Sée depuis 1939.

« J'ai connu Nathalie Sorokine en 1938 au lycée Molière. Elle est entrée dans ma classe de philosophie en octobre de cette même année. J'ai tout de suite eu de l'amitié pour cette jeune fille qui était vraiment une élève remarquable.

« Elle m'a fait part de ses désillusions concernant ses études. Sa mère, Mme Sorokine, voulait en fait lui faire abandonner ses études pour l'employer à de basses besognes pour lesquelles Nathalie Sorokine n'est point faite. J'ai parlé à sa mère qui m'a donné toute latitude pour la poursuite des examens de Mlle Sorokine. J'ai conseillé par la suite à Nathalie Sorokine de suspendre ses relations avec un sieur Dupas qui la harcelait et voulait l'épouser. Mme Sorokine m'écrivit alors, me demandant de ne plus m'occuper de sa fille. En réalité, elle était très fâchée de la rupture de Nathalie et de M. Dupas. Je savais que Nathalie n'aimait pas cet homme et j'ai cru bien faire en lui facilitant cette rupture.

« Nathalie, comme certaines jeunes filles de son âge, me portait une admiration vraiment exaltée. Je n'ai jamais répondu à ses appels et, au contraire, je l'ai dirigée vers des relations sexuelles normales. Nathalie Sorokine est violente, impulsive et combien de fois, plus tard, lorsque je ne fus pour elle que son amie et son professeur, me reprochait-elle certaines de mes relations masculines !

« Je connais MM. Sartre et Bost. M. Sartre a été mon amant pendant six années ; c'est maintenant pour moi un bon camarade.

« Je n'ai jamais eu M. Bost comme amant. M. Bost

est un ancien élève de M. Sartre avec lequel il entretient d'ailleurs des relations très amicales. Nous nous réunissons parfois en amis, afin de discuter de nos travaux.

« Mlle Sorokine connaît MM. Bost et Sartre. Ce ne sont pour elle que d'excellents camarades. Je n'ai rien d'autre à ajouter quant à nos relations communes.

« Une observation me fut faite lorsque j'étais professeur au lycée Molière par " l'association des parents d'élèves ". J'avais parlé à ce moment-là à mes élèves de Proust, et ce romancier avait touché la susceptibilité des parents. L'inspecteur des lycées Davy m'a cependant approuvée pour cette conférence qui n'était vraiment pas amorale.

« Je n'ai rien à me reprocher. J'ai toujours dirigé Mlle Sorokine comme un professeur peut le faire avec son élève.

« J'ai reçu des lettres de menaces de Mme Sorokine qui me demande de lui rendre sa fille. Je ne comprends pas ces menaces.

« Je n'ai plus rien à dire concernant ces faits.

« Je tiens à ajouter que je connais Olga Kosakiewicz ; c'est une de mes anciennes élèves également très douée pour les études. Je l'ai conseillée pendant plusieurs années. Jacques Bost est maintenant son ami.

« La sœur d'Olga, Wanda Kosakiewicz, est l'amie de M. Sartre depuis plusieurs années. Elle n'a jamais été mon élève [1]. »

L'inspecteur Dubois interroge ensuite Olga Kosakiewicz :

---

1. Documents cités.

« ... Entendue, elle déclare être l'amie de Jacques Bost depuis cinq ans environ et vivre chez lui. Elle dit avoir fait ses études à Rouen jusqu'au baccalauréat et avoir connu dans cette ville Mlle de Beauvoir. Ses relations avec ce professeur remonteraient à l'année 1935. Elle est toujours en excellent rapport avec Mlle de Beauvoir. Elle ajoute que Mlle de Beauvoir ne lui a jamais fait d'avances d'ordre tout spécial et qu'elle ne lui a présenté aucun homme dans un but déterminé. Elle dit ignorer les relations sexuelles possibles entre Mlle de Beauvoir et Mlle Sorokine [1]. »

Vient ensuite l'audition de Wanda Kosakiewicz :

« ... Consultée, déclare connaître Mlle de Beauvoir depuis 1939. Elle lui a été présentée par sa sœur Olga qui était son amie. Elle ne connaît pas Mme Sorokine mais par contre est une grande amie de sa fille Nathalie Sorokine.

« Elle dit fréquenter M. Sartre depuis trois ans, affirmant que ce dernier n'aurait plus aucune relation sexuelle avec Mlle de Beauvoir. Elle ajoute que Mlle de Beauvoir est victime de calomnies car elle ne peut croire qu'elle soit de mœurs spéciales [2]. »

Le père des deux sœurs Kosakiewicz répondit par lettre à l'inspecteur Dubois. Il commença par s'indigner que Mme Sorokine ait pu mêler ses filles à cette histoire. Quant aux relations d'Olga et de Simone de Beauvoir, M. Kosakiewicz précise que le professeur s'est occupé de sa fille avec son assentiment et que quand Simone de Beauvoir fut nommée à Paris, il lui confia sa fille qui voulait suivre les cours du théâtre de

1. *Ibid.*
2. *Ibid.*

l'Atelier. « Nous n'avons qu'à nous louer de l'influence que Mlle de Beauvoir a pu avoir sur notre fille. Nous avons pour elle la plus profonde estime et une infinie reconnaissance [1]... »

Après le témoignage de ce père candide, l'enquête de l'inspecteur Dubois fit intervenir Anne-Marie Battier, une ancienne élève de Simone de Beauvoir au lycée Molière. « Elle déclara n'avoir jamais connu personnellement son professeur, mais elle en aurait entendu parler par les élèves russes. Certains bruits circulaient en effet, laissant croire que Mlle de Beauvoir avait des mœurs spéciales et une réputation toute particulière. Elle dit avoir eu des informations signalant les relations plus qu'amicales de Mlle de Beauvoir et Mlle Sorokine. Mlle Battier ne peut fournir aucun renseignement complémentaire [2]. »

Au tour de Sartre :

« ... Il déclare avoir été l'ami de Mlle de Beauvoir pendant plusieurs années, de 1930 à 1936, puis celui de Wanda Kosakiewicz à partir de 1938. Il dit connaître Mlle Sorokine depuis 1941. Mlle de Beauvoir la lui aurait présentée comme une de ses amies. Ce serait une jeune fille très exclusive dans ses sentiments d'amitié, mais aussi très violente. Il peut affirmer que Mlle de Beauvoir n'a jamais eu d'idées et de sentiments particuliers vis-à-vis des femmes. Il signale toutefois l'amitié réciproque de Mlle de Beauvoir et Mlle Sorokine.

« M. Sartre serait maintenant l'amant de Mlle Wanda Kosakiewicz [3]. »

1. Documents cités.
2. *Ibid.*
3. *Ibid.*

Le dernier de la Famille à être interrogé fut Jacques-Laurent Bost qui se mit à l'unisson des autres :

« Consulté, il déclare connaître Mlle de Beauvoir depuis 1935. Il aurait fait sa connaissance à Rouen lorsqu'il était étudiant. Il conserve d'excellentes relations avec elle. M. Bost, ancien élève de M. Sartre, rencontre ce dernier fréquemment. Il dit n'avoir jamais reçu d'argent de Mlle de Beauvoir. Il n'aurait jamais été son amant. Il ne peut croire à des relations sexuelles entre Mlle de Beauvoir et Mlle Sorokine [1]. »

Pour les besoins de l'enquête, des vérifications furent effectuées aux lycées Molière et Camille Sée : « Aucun renseignement défavorable n'a été recueilli sur Mlle de Beauvoir », note l'inspecteur Dubois.

D'autres vérifications furent entreprises dans les différents hôtels signalés dans la plainte : à l'hôtel Mistral, à l'Yvette-Hôtel, à l'hôtel meublé du 33, rue Delambre, à l'hôtel Arago. Rien de suspect ou pouvant concerner l'enquête ne fut recueilli.

L'inspecteur Dubois clôtura son enquête par l'interrogatoire de M. Dupas, étudiant à la faculté des lettres. Il déclara :

« J'ai été l'amant de Mlle Sorokine d'octobre 1940 à octobre 1941. Je suis séparé d'elle depuis cette époque. Je subvenais aux besoins de cette jeune fille avec l'assentiment de sa mère. Mlle Sorokine me supportait sans m'aimer car elle avait une réelle passion pour Mlle de Beauvoir ; elle parlait continuellement d'elle. Or un jour, devant les propositions de Mlle de Beauvoir qui lui promit de l'entretenir, elle me

1. *Ibid.*

quitta. Maintes fois, j'ai entendu des mots que se disaient Mlles de Beauvoir et Sorokine qui ne laissaient aucun doute sur leurs relations. À ce moment-là, elles se trouvaient ensemble dans leur chambre et j'épiais leurs conversations. Elles se disaient par exemple : " Je ne pourrais vivre sans toi ; tu es le seul amour de ma vie ", etc. Jamais je ne les ai vues dans des attitudes indécentes. Mlle Sorokine m'a remis de nombreuses lettres où elle m'avouait son amour pour Mlle de Beauvoir. J'ai lu également divers papiers où les relations de Mlles de Beauvoir et Sorokine, MM. Sartre et Bost étaient certaines. C'était un groupe organisé avec Mlles Kosakiewicz où des parties spéciales d'amour étaient mises sur pied. Je ferai parvenir par l'entremise de Mme Sorokine à M. le Procureur de l'État français des lettres prouvant le caractère évident de ces relations malsaines. Je reproche à Mlle de Beauvoir son attitude à l'égard de Mlle Sorokine. Je voulais épouser cette jeune fille pour laquelle j'avais des sentiments très tendres.

« Je n'ai plus rien à ajouter [1]. »

L'inspecteur Dubois en arrive à sa conclusion :

« Des renseignements recueillis, il n'a pu être déterminé que Mlle de Beauvoir détournait Mlle Sorokine d'une vie normale. Toutes deux affirment en effet avoir des relations de grande amitié sans plus.

« D'autre part, de toutes les vérifications faites, rien ne prouve exactement les relations sexuelles pouvant exister entre Mlles de Beauvoir, Sorokine, MM. Sartre et Bost, chacune de ces personnes se défendant âprement et ne reconnaissant nullement

---

1. Documents cités.

les " mœurs spéciales " de Mlles Sorokine et de Beauvoir.

« À toutes fins, les vérifications administratives dans les divers services de la Police judiciaire n'ont donné aucun résultat[1]. »

Simone de Beauvoir et les siens s'étaient joués de la police. Quels que soient les résultats de cette affaire, ce fut une défaite pour la Famille en tant que spécificité sociale. Sartre, Beauvoir et leurs amis, qui ne faisaient que conspuer la société bourgeoise et s'ériger contre elle, n'osaient l'affronter et la défier devant ses instances répressives et même devant l'opinion publique.

Sartre fit également l'objet d'une enquête administrative de la part du rectorat de Paris. Le proviseur du lycée Pasteur, où il avait enseigné avant d'être nommé à Condorcet, fut chargé d'établir un rapport sur Sartre, sur les anomalies de son comportement. Il s'en tira de manière assez objective en décrivant Sartre, ainsi que nous l'avons déjà mentionné, comme un personnage « peu soigné dans sa tenue mais professeur extrêmement brillant » n'ayant jamais suscité la moindre réclamation au sujet de son activité dans l'établissement. La perfidie se manifesta dans le dernier paragraphe de la lettre :

« Il convient de signaler le fait suivant, qui avait surpris les services de l'économat : à son départ pour les armées en septembre 1939, M. Sartre, dont la mère habite Paris, avait donné une délégation de son traitement à Mlle Simone de Beauvoir, professeur

1. *Ibid.*

dans un lycée de jeunes filles. Après son retour de captivité et sur sa demande, son traitement a été viré au compte courant de Mlle de Beauvoir ; M. Sartre n'a jamais fait connaître à l'économat, malgré des demandes pressantes, le numéro de son compte personnel[1]. »

La dernière phrase fut soulignée au crayon par le rectorat.

Le dossier était complet. Le procureur de l'État français transmit le rapport de la police judiciaire au recteur de l'université de Paris, Gilbert Gidel, juriste acquis au régime de Vichy, nommé à la tête de l'académie de Paris avec l'assentiment des autorités allemandes. Le 3 avril 1942, le recteur Gidel, président du conseil de l'université, adresse au secrétaire d'État à l'Éducation nationale la lettre suivante :

« J'ai l'honneur de vous proposer l'exclusion du ressort de l'Académie de Paris de Mlle Bertrand[2] de Beauvoir, professeur de philosophie (1re Supérieure) au lycée Camille Sée et de M. Sartre, professeur de philosophie (1re Supérieure) au lycée Condorcet. Voici les raisons qui me mettent dans la pénible obligation de vous demander cette mesure :

« Professeur à Rouen, Mlle de Beauvoir avait déjà, semble-t-il, exercé sur certaines de ses élèves une influence suspecte ; avec l'une d'elles, Mlle Sorokine, elle a par la suite entretenu à Paris des relations sur le caractère desquelles la carte pneumatique, dont vous trouverez ci-joint copie, ne saurait guère laisser de doute. Nommée au lycée Molière en septembre 1936,

---

1. AN, Archives du rectorat de Paris, déjà citées.
2. Nom de famille complet de Simone de Beauvoir.

elle y a soulevé les protestations de quelques familles en recommandant à ses élèves de philosophie la lecture de Proust et de Gide, sans les mettre en garde contre les dangers qu'elle présentait pour elles, et en leur faisant faire des visites à Sainte-Anne. Son influence sur les jeunes esprits sans défense qu'elle n'avait pas de peine à " enthousiasmer " a motivé une démarche des Présidents des Œuvres catholiques de la Paroisse et du XVIe arrondissement auprès de Mme la Directrice : aux sages remarques de cette directrice, Mlle de Beauvoir a opposé " une attitude ironique et dédaigneuse ". Elle enseigne à Camille Sée, en Première supérieure, depuis octobre 1939 ; elle affecte de ne pas se mêler à la vie du lycée et fréquente assidûment les cafés de Montparnasse et du Bd. Saint-Michel ; elle y corrige, semble-t-il, ses copies : du moins celles-ci portent-elles parfois, lorsqu'elle les remet à ses élèves, des taches de liquide coloré (voir le rapport ci-joint de Mme la Directrice du lycée Camille Sée).

« Le 18 décembre 1941, Mme Sorokine mère a déposé en justice contre Mlle de Beauvoir une plainte dont elle m'a communiqué le texte. J'ai attendu, pour me faire une opinion, les résultats de l'enquête du Parquet. Ces résultats sont consignés dans le rapport de M. le Commissaire Dubois dont copie ci-annexée.

« Mlle de Beauvoir, interrogée, a reconnu que M. Sartre a été son amant pendant six années. " C'est maintenant pour moi, a-t-elle ajouté, un bon camarade. " Au sujet de Mlle Sorokine avec laquelle elle a nié avoir jamais entretenu des rapports sexuels, elle croit devoir préciser : " Je n'ai jamais répondu à ses appels et, au contraire, je l'ai dirigée vers des relations sexuelles normales. " De cette déclaration, on peut rapprocher celle que fait Mlle de Beauvoir à propos d'une de ses anciennes élèves, Mlle Olga Kosakiewicz : " *Je l'ai conseillée pendant plusieurs années*[1]. " Jacques Bost est maintenant son ami. Mlle de Beauvoir est fort liée avec Jacques Bost, ancien élève de M. Sartre ; c'est elle, évidemment, qui l'a mis en rapport avec Mlle Kosakiewicz.

« Ainsi, à s'en tenir aux propres déclarations de Mlle de Beauvoir, il apparaît avec évidence que ce professeur, qui en impose à ses élèves par sa facilité brillante et sa sécheresse hautaine, affiche dans sa propre conduite comme dans son enseignement un mépris supérieur de toute discipline morale et familiale. Il ne lui appartient pas de former de futures éducatrices[2].

« M. Sartre a publié un roman, *La Nausée,* et un recueil de nouvelles, *Le Mur* : ce dernier ouvrage qui en mars 1939 a été désigné par les 15 écrivains " groupés pour la défense des Lettres " comme " le livre du mois " a valu à son auteur dans la presse les éloges suivants :

« " Jean-Paul Sartre publie un recueil de contes où nous retrouvons son tempérament, sa personnalité singulière. Contes terribles, cruels, inquiets, désobligeants, pathologiques, érotiques... " Marius Richard, *Toute l'édition,* 25-2-39. " Quels dons magnifiques ! Quelle façon désinvolte et autoritaire de nous plonger dans le flot trouble de la vie et de nous y faire, comme on dit vulgairement, *boire la tasse* jusqu'à la suffocation

---

1. Souligné dans la lettre du recteur Gidel.
2. Les élèves de Simone de Beauvoir préparaient l'école de Sèvres.

et au vomissement! Tel qu'il est l'art de Jean-Paul Sartre a déjà produit plusieurs chefs-d'œuvre du genre atroce. " André Billy, *L'Œuvre*, 26-2-39.

« Ces deux extraits ont été reproduits à titre de publicité dans la *NRF* d'avril 1939.

« M. Sartre qui a fait de son talent littéraire un usage si édifiant emploie aussi dans son enseignement un talent qui lui donne sur ses élèves une " forte action ". Mais quelle peut être la nature morale de cette action?

« Pour ce qui est de sa vie privée, M. Sartre a été, on l'a vu, l'amant de Mlle de Beauvoir. En septembre 1939, c'est à elle et non à Mme Sartre mère qu'il a donné une délégation sur son traitement. Bien plus, après son retour de captivité, il a demandé que son traitement continue à être viré au compte de Mlle de Beauvoir.

« Le maintien de Mlle de Beauvoir et de M. Sartre dans des chaires de philosophie de l'Enseignement Secondaire me paraît inadmissible à l'heure où la France aspire à la restauration de ses valeurs morales et familiales. Notre jeunesse ne saurait être livrée à des maîtres si manifestement incapables de se conduire eux-mêmes.

« J'ai l'honneur de demander que Mlle de Beauvoir et M. Sartre soient exclus de l'Académie de Paris [1]. »

Quatorze mois après l'envoi de la lettre du recteur Gidel, un arrêté fut pris le 17 juin 1943 relevant de ses fonctions Simone de Beauvoir. Il lui fut notifié le 23. Par la voie hiérarchique, Simone de Beauvoir écrivit le 29 juin au recteur de l'académie de Paris :

---

1. AN, Archives du rectorat de Paris, déjà citées.

« Monsieur le Recteur,

« Mme la Directrice vient de me communiquer l'arrêté aux termes duquel je suis relevée de mes fonctions et mise en état de disponibilité spéciale. J'ai l'honneur de porter à votre connaissance que je proteste hautement contre la mesure dont j'ai été l'objet et que je déclare entièrement injustifiée.

« Je vous prie d'agréer, Monsieur le Recteur, l'assurance de mes sentiments respectueux et dévoués [1]. »

La lettre fut transmise au recteur puis à M. le ministre. Depuis le dépôt de la plainte de Mme Sorokine, l'affaire avait duré dix-huit mois. Simone de Beauvoir avait enseigné pendant un peu plus de douze ans.

Ni Simone de Beauvoir ni Sartre ne furent entendus par les autorités du rectorat.

Sartre ne fut pas inquiété [2].

1. AN, Archives du rectorat de Paris, déjà citées.

2. Onze mois après la libération de Paris, le 30 juillet 1945, un arrêté ministériel annulera la décision de Vichy et réintégrera Simone de Beauvoir, la nommant professeur au lycée Fénelon. Prenant acte de cette décision, Simone de Beauvoir écrivit à l'inspecteur général de l'académie qu' « au cours des années où j'ai été exclue de l'Université, j'ai été amenée à prendre des engagements auxquels il m'est aujourd'hui impossible de me dérober ». Elle sollicitait son congé pour une année, et ne professera plus.

12.

Les temps cruels

À l'angle du boulevard Saint-Germain et de la rue Saint-Benoît se trouve le café de Flore. Pôle d'attraction dès l'entre-deux-guerres, ce café servait de rendez-vous à une clientèle constituée en élite : gens de plume, artistes, cinéastes qui se retrouvaient en terre connue dans cet établissement dont le nom même s'énonçait comme un mot de complicité : « Rendez-vous au Flore... À tout à l'heure au Flore... » Seuls, quelques-uns des habitués possédaient un talent qui les faisait vivre ; les autres montraient des physionomies étranges et arboraient des tenues de bohème qui illustraient un destin indécis, une position fragile, rarement le reflet de la prospérité : ceux-là survivaient de hasard. Le cinéma étant l'art nouveau, on parlait beaucoup d'esthétisme, se référant aux grands metteurs en scène de l'époque : Feyder, Duvivier, Renoir, Carné. C'est au café de Flore qu'on avait surnommé le léger René Clair, souvent porté aux nues, le La Fontaine du cinéma.

Pendant l'Occupation, comme tous les lieux publics, le café de Flore était placé sous surveillance. La clientèle avait perdu son apparente homogénéité. Des Allemands sans uniforme s'y mêlaient ; des collaborateurs de l'ennemi s'y retrouvaient aussi. Qui espionnait-on au Flore ? C'était une sorte de bazar où visiblement chacun cultivait son identité. On s'entretenait surtout de choses touchant aux arts, aux lettres, peu souvent de politique. Mais c'était essentiellement la vie parisienne, dont les ragots passaient pour primordiaux, qui animait la conversation. Si personne n'était particulièrement bruyant, l'ensemble des consommateurs créait un bourdonnement continu. Jeunes et vieux, pressés autour des tables, se coudoyaient sur les banquettes et les chaises en moleskine rouge. On se saluait de table à table ; on réussissait à serrer des mains malgré la presse, on se flairait de loin comme appartenant à la classe tant vantée des intellectuels. Ceux qui ambitionnaient qu'on parlât d'eux pouvaient utiliser le Flore comme banc d'essai de leur notoriété. De jeunes comédiens pleins d'entrain se regroupaient. Le nombre des spectacles montés pendant l'Occupation leur offrait une première chance. Parmi eux se distinguait la jeune Simone Kaminker à la beauté originale, devenue célèbre plus tard sous le nom de Simone Signoret. Comme ses camarades, elle tournait le dos à la Résistance, préoccupée de son avenir professionnel et de ses affaires d'amour.

Le froid venu, tout le monde se tenait dans la salle du bas tempérée par un grand poêle. De lourds rideaux bleus tirés devant les baies dès la nuit tombée, à cause du couvre-feu, créaient une intimité qui rapprochait les clients dans une impression de sécurité, et les lumières chiches des plafonniers renforçaient cette sensation d'isolement bienfaisant dans la tourmente.

Aux premiers réchauffements du printemps, les

plus jeunes et ceux qui formaient une avant-garde montaient dans une petite salle basse de l'entresol où se trouvaient la cabine téléphonique et les toilettes. Des manuscrits, des livres s'étalaient sur les tables de marbre. La tabagie s'installait. Sartre et Simone de Beauvoir trônaient parmi les élus et noircissaient du papier, ou même engageaient d'interminables conversations.

Ainsi, jour après jour, les habitués du Flore ne comptaient plus les heures qu'ils y passaient. Ils en étaient tellement saturés qu'ils eussent souffert d'en être privés. Pendant les années noires, la société s'était simplifiée, non qu'elle fût plus fraternelle, au contraire, les égoïsmes étaient exacerbés, mais les difficultés d'existence, le malheur ambiant réduisaient les obstacles sociaux. Les barrières tombaient à demi. Dans un semblant d'égalitarisme, on s'adressait plus facilement la parole ; les gens étaient plus accessibles même si les coteries subsistaient et si les classes sociales se rigidifiaient.

Sartre et Simone de Beauvoir avaient pris leurs habitudes au Flore où ils se mêlaient à une société qui leur convenait. D'être assis à côté de collaborationnistes qui tenaient des propos pro-nazis ne les contrariait pas. Pour autant, ils ne renoncèrent pas aux autres cafés de Saint-Germain-des-Prés, de Montparnasse, du boulevard Saint-Michel, qui jalonnaient leur territoire de prédilection, où ils fixaient rendez-vous à tel ou tel membre de la Famille, chacun ayant son jour. À mesure que la notoriété de Sartre s'affirmait dans Paris occupé, le Flore devenait leur lieu d'élection et ils n'étaient pas du genre à s'intégrer dans un milieu où on ne les remarquerait pas. Ils se situaient physiquement au cœur de ce Paris dont ils affirmèrent toute leur vie qu'ils ne pouvaient se passer, qu'il fallait y être présent pour vaincre l'anonymat et connaître la célébrité même sous la botte allemande. Ils n'étaient pas de ces écrivains qui s'isolent à la campagne ou dans une retraite solitaire. Ils estimaient que la solitude réduit à l'obscurité alors qu'ils voulaient se montrer, parader à leur manière, concocter des relations, être identifiables au premier coup d'œil et surtout développer un réseau de complicités littéraires qui faciliterait le lancement de leurs livres. Rien ne se fait à Paris hors des chapelles. S'intégrer à un clan littéraire, c'est multiplier les connivences. Quand ils paraissaient en public, leurs visages peu expressifs s'animaient et une volonté d'hégémonie se fortifiait en eux. Ils élaboreront une stratégie consistant à voir pour être vus, à parler aux gens utiles pour que ceux-ci parlent d'eux. Cette habileté s'était manifestée dès 1938, à peine Sartre avait-il mis le pied chez Gallimard. Il offrit aussitôt ses services à Paulhan pour écrire sur les grands auteurs en vue de l'époque des articles destinés à la *NRF*. Il proposait pêle-mêle Gide, Giraudoux, Malraux et d'autres encore, disposé aussi à choisir comme thème : « Le rôle des objets dans le roman à propos de Brasillach, ce petit dégoûtant [1] ».

Sartre et Beauvoir braquaient sur le monde un regard intellectuel et non un regard sensible. Ils étaient animés par un grand sens pratique et procédaient à une froide évaluation des opportunités à saisir pendant l'Occupation. D'où leur marche vers

---

1. Archives J. Paulhan, 8 septembre 1938.

plusieurs objectifs dont chacun n'était que de pure circonstance. Alors que l'humanité était emportée par une guerre où se jouait son sort et que le nazisme pénétrait par toutes les brèches d'une France disloquée, il était étrange d'observer la progression de ces deux êtres dévorés par l'ambition.

Parmi les habitués du Flore figuraient plusieurs garçons et filles déjà marqués par la mort. Ils persévéraient à venir dans ce café chercher l'oubli et un semblant d'égalité. Afin de ne pas attirer l'attention, et parce que les endroits publics leur étaient interdits, ils ne portaient pas l'étoile jaune cousue à leurs vêtements, obligatoire depuis le 7 juin 1942. Des informations horribles, apprises par tous, auraient dû leur valoir des témoignages de solidarité. Pour être absous de leur indifférence, Sartre et Beauvoir, qui connaissaient certains de ces jeunes gens, argueront plus tard qu'ils ignoraient tout du sort qui leur était réservé, lequel était d'ordre public : les arrestations, les sévices, les déportations. La persécution des juifs avait commencé dès après la signature de l'armistice. À Paris où vivaient tant de témoins, aucune manifestation de la population n'eut lieu. Les rares protestations restaient du domaine particulier. La police et la gendarmerie françaises, complètement dévoyées, procédaient avec zèle aux arrestations, aux rafles et au gardiennage des camps d'internement où se développaient une misère et une détresse inouïes. Les gendarmes et les policiers séparaient à coups de crosse et de matraque les mères de leurs enfants. Trop de gens étaient mêlés à cette besogne infernale pour qu'elle demeurât secrète. Les arrestations avaient commencé en mai 1941. Ce fut à l'occasion de 4 230 arrestations, opérées le 20 avril 1942, que le camp de Drancy, aux portes de Paris, fut créé. C'était un vaste quadrilatère dont trois côtés étaient formés par des immeubles en construction de quatre étages, le quatrième côté étant fermé par des baraquements et des palissades. Les gendarmes français administraient le camp sous le contrôle des SS. La réputation de Drancy était si sinistre qu'elle se répandit à l'extérieur, tout comme le nom du Hauptsturmführer Dannecker qui régna sur Drancy en faisant preuve d'une cruauté sadique. Revêtu d'un uniforme impeccable, il inspectait le camp en usant de sa cravache tout en vociférant des menaces. Pendant deux ans, il organisera les déportations vers Auschwitz avec méticulosité.

Sartre et Beauvoir, qui prétendaient être des résistants, étaient informés comme la plupart des gens de leur milieu intellectuel. Ils firent comme s'ils ne le savaient pas. Comment auraient-ils ignoré les opérations menées par la police française les 16 et 17 juillet 1942 qui aboutirent à l'arrestation de 12 375 juifs à Paris et dans la banlieue, dont 8 260 adultes et 4 115 enfants ! La plupart furent enfermés pendant quelques jours au Vélodrome d'hiver, au centre de Paris, avant de subir le calvaire final. Même longtemps après la guerre, quand elle eut mis au point les procédés apologétiques de ses Mémoires, Simone de Beauvoir se trouva embarrassée pour évoquer ces effroyables événements, et elle prit garde de ne pas énoncer une seule fois les noms des grands maîtres du crime à Paris, feignant de ne jamais les avoir entendus et niant, par le fait même, leur existence en tournant le dos complètement à l'histoire. Elle se borna à mentionner que pendant cette période de l'Occupation, on rencontrait au Flore de belles jeunes filles juives, notamment Sonia Mossé, qui disparaissaient soudain. Qu'avait-elle fait pour les secourir ou les mettre en garde? Les avait-elle aidées à se cacher? Sartre et Beauvoir n'entendaient pas encombrer leur existence de personnes en détresse ni d'actions d'assistance. Ils fonctionnaient comme de froides machines intellectuelles. À chacun de se débrouiller, pensaient-ils; du point de vue philosophique, si l'on meurt aujourd'hui ou plus tard et quelle qu'en soit la manière, cela revient au même. Quant à la notion de souffrance, elle les laissait indifférents. Dans ses leçons à Condorcet, Sartre niait même la réalité de la souffrance. Au lieu de les ouvrir à la fraternité, le malheur des autres les renfermait davantage en eux-mêmes et aiguisait leur appétit de gloire comme si la détresse d'autrui justifiait leur hâte à jouir de la vie. Dans leurs calculs, deux nombres les inspiraient : Sartre avait trente-huit ans et Beauvoir, encore inconnue, trente-cinq. Ces deux âges sonnaient comme des alarmes : des âges limites pour préparer leurs destins.

En 1942-1943, années charnières de leur ascension, ils pressentaient qu'ils tenaient enfin la victoire. Le milieu littéraire parisien s'était tellement rétréci depuis l'armistice que Sartre s'y taillait sans difficulté une place prépondérante. Paris restait la ville où la population était la plus dense. Le succès y connaissait un retentissement supérieur. Il y avait quelque chose d'effarant dans l'activité inlassable de ces deux êtres qui, rejetant et négligeant l'horreur quotidienne, cherchaient à s'accomplir pendant ces années terribles comme si de rien n'était.

Un autre événement aurait dû intéresser Sartre et Beauvoir en tant qu'universitaires puisqu'il ne s'agissait de rien de moins que d'un acte de forfaiture commis au sein de l'Université. La persécution des juifs était accompagnée d'une entreprise « intellectuelle » destinée à promouvoir le racisme et l'antisémitisme comme valeurs culturelles. Si l'administration française avait effacé toute trace de vie spirituelle juive — aucune mention de la religion juive ne figurait plus dans le Bottin administratif —, l'Université devait jouer un rôle dans cette mise à mort. Par décret n° 3 247 du 6 novembre 1942, le maréchal Pétain décida de porter officiellement le racisme et l'antisémitisme au cœur de l'Université en créant à la faculté des lettres de Paris une chaire d'ethnologie et une chaire d'histoire du judaïsme.

Le titulaire de la chaire d'histoire du judaïsme était le professeur Henri Labroue, mêlé dès les débuts de l'Occupation aux pires initiatives. Il avait alors soixante-deux ans. Il était agrégé d'histoire et de géographie, docteur ès lettres et avait été pendant quelques années député de la Gironde. Le premier cours eut lieu à la Sorbonne dans l'amphithéâtre Michelet le 15 décembre 1942. Il y eut des protestations du côté de certains étudiants et des papillons furent lancés. Un chahut fut organisé à la sortie du cours, provoqué par la présence de photographes invités par M. Labroue avec l'autorisation du commissaire général aux Questions juives Darquier de Pellepoix. Un élève nommé Amidou fut même arrêté et traduit devant le doyen de la faculté des lettres,

Joseph Vendryes, qui « l'admonesta paternellement[1] ». Le secrétaire d'État à l'Éducation nationale, Abel Bonnard, écrivain et académicien qui, efféminé, passait plus de temps à se pomponner qu'à sa table de travail, réclama l'assistance de policiers en civil pour maintenir l'ordre. Le doyen de la faculté des lettres, hostile à ce cours honteux, s'interrogea sur la proportion de policiers : « Salle composée de 100 % de policiers, salle composée de 50 % de policiers et 50 % d'étudiants, salle composée de 75 % de policiers et de 25 % d'étudiants, etc.[2] » Rien n'en sortit. On s'avisa alors que suivant un décret remontant à 1885, c'était au doyen de faire régner l'ordre à l'intérieur de sa faculté. Sans s'embarrasser de son avis, on mit à sa disposition le chef du service intérieur de la Sorbonne et trois hommes.

Les cours du professeur Labroue avaient lieu les mardis après-midi et des exercices prenaient place le lundi matin. C'était une sorte de bouillie de sophismes éthico-anthropologiques destinés à ravaler les juifs au rang de sous-hommes, espèce biologiquement nuisible et inadaptable. À chaque cours, le nombre des élèves fut consigné. Le 21 décembre 1942, il y avait 17 auditeurs, le 22 décembre, ils étaient 34, le 5 janvier 41. Les cours suivants, l'effectif tomba à 7,14,18. Aucun incident ne fut signalé. Au bout d'un mois, les effectifs déclinèrent et ils ne devaient plus dépasser la dizaine. Parfois le cours avait lieu devant 2 étudiants. Souvent, devant cette raréfaction, M. Labroue achevait avant l'heure. Cinq mois après la

---

1. AN, Archives du rectorat de Paris, AJ 16, en cours de cotation définitive. Le doyen Vendryes sera arrêté plus tard comme résistant.
2. AN, Archives du rectorat de Paris déjà citées.

leçon inaugurale, en mai, il n'y eut plus que 2 étudiants par cours, rarement 3 ou 4. En juin, le plus souvent aucun étudiant ne se présentait. Le professeur Labroue tenait bon, et en 1944 il n'y eut jamais plus d'un étudiant et quelquefois aucun.

Le cours d'histoire judaïque constitua la plus grave violation du statut de l'Université française.

Un autre fait aurait dû singulièrement retentir dans l'esprit de Sartre et de Beauvoir. La trop fameuse « liste Otto », qui proscrivait les livres des auteurs juifs et ceux qui étaient jugés contraires aux intérêts de l'Allemagne et que gérait la Propaganda-Staffel, passa entre les mains de la Gestapo[1]. Désormais, la Gestapo exerça sa surveillance sur la vie littéraire parisienne. Cette omniprésence de la Gestapo et des services secrets allemands avait rendu des adresses célèbres, notamment celles d'immeubles situés avenue Foch et rue de la Pompe où l'on torturait des résistants, de simples suspects ou encore ceux dont le champ d'activités était hostile au IIIe Reich. À l'époque, ces adresses apparaissaient dans toute conversation sérieuse. Même longtemps après la guerre, Sartre et Beauvoir n'y feront pas allusion.

Le long asservissement de la France à l'Allemagne allait s'aggraver et s'étendre. La guerre qui remuait de si grandes masses d'hommes et de matériels produisait de brusques changements de situations. Le 8 novembre 1942, des troupes anglo-américaines entreprirent la première opération d'envergure visant à la libération de l'Europe. Elles débarquèrent en

---

1 Jacques Delarue, *Histoire de la Gestapo*, Fayard, 1963, p. 287.

Afrique du Nord. Fidèle à sa politique de capitulation et de Collaboration, le maréchal Pétain lança l'anathème contre les libérateurs et donna ordre aux forces françaises d'Afrique du Nord d'ouvrir le feu sur les Alliés, puis il rompit les relations diplomatiques avec les États-Unis, se plaçant inconditionnellement à la discrétion de Hitler à qui il accordait aussitôt l'utilisation des aérodromes de Tunisie destinés aux bombardiers allemands.

Trois jours après le débarquement allié, le 11 novembre, Hitler ordonna à son armée d'envahir la zone libre et d'occuper toute la France. Bruits d'armes du côté allemand, silence du côté français. L'invasion s'effectua sans même que l'armée française d'armistice, consignée dans ses casernes par le gouvernement de Vichy, ait tiré un seul coup de feu. Malgré cette nouvelle violation des conventions d'armistice qui aurait dû replacer la France en état de guerre avec l'Allemagne, le maréchal Pétain se soumit et se fit un devoir de satisfaire les nouvelles exigences allemandes, allant même au-delà. Il refusa d'enjoindre à la flotte basée à Toulon de prendre la mer et de rallier les Alliés ou un port neutre. Dix-neuf jours plus tard, la flotte se sabordait au moment où des détachements allemands pénétraient dans la rade de Toulon pour s'en emparer. Une centaine de navires, soit 250 000 tonnes, furent envoyés par le fond. Le glas sonna pour le gouvernement de Vichy privé de ce dernier atout. La population française était restée passive lors des événements de novembre.

Sur le plan intérieur, le gouvernement de Vichy, par des arrestations massives, était devenu l'agent actif de ce qui allait devenir le génocide. Afin de lutter contre les patriotes qui s'opposaient à lui, il avait créé la Milice. Parachevant sa complicité avec le Reich allemand, il institua le 16 février 1943 le Service du travail obligatoire (STO) qui livrait à l'Allemagne les contingents de main-d'œuvre française dont elle avait besoin pour ses usines.

C'est dans ces circonstances que Sartre acheva vers la fin de 1942 sa pièce *Les Mouches* qui fut éditée aussitôt par Gallimard. Disposé à des concessions obligatoires et déshonorantes, Sartre s'employa à la faire jouer.

Au café de Flore, parmi les nouvelles qui circulaient, les aléas du montage de la pièce de Sartre animaient les conversations. À l'intérêt soutenu que suscitait le sort de cette pièce, on peut évaluer l'importance de Sartre dans le quartier de Saint-Germain-des-Prés.

Dès le printemps, le Flore s'étalait sur le trottoir. Des vedettes de la Collaboration apparaissaient plus distinctement. On remarquait parmi toutes ces têtes, moins pour son caractère que pour la réputation qui s'attachait à sa personne, celle de Robert Brasillach, l'aigle de *Je suis partout*, tueur et délateur par ses écrits et ses actes. Loin de se satisfaire de publier dans ses articles les noms de personnes qu'il vouait à la torture et à la mort, il n'hésitait pas à transmettre aux autorités françaises et allemandes les lettres de dénonciation qu'il recevait à *Je suis partout*[1]. Aux beaux jours, il venait parfois seul au Flore. Assis à la

---

1. AN, Archives du rectorat de Paris, AJ 16, en cours de cotation définitive. Voir aussi AN, F 60-1480.

terrasse, aussi immobile qu'un mannequin, il suivait du regard, derrière ses grosses lunettes, de jeunes éphèbes qui passaient sur le boulevard Saint-Germain.

Simone de Beauvoir insinuera dans ses Mémoires qu'elle-même et Sartre aimaient d'autant plus le Flore que les Allemands ne le fréquentaient pas. À la vérité, ces derniers ne s'en privaient guère, en particulier ceux qui avaient la charge de la vie culturelle française ; ils s'y montraient assidûment, de préférence en costume civil. Il nous faut reparler de l'un d'eux, si caractéristique de l'époque, le Sonderführer Gerhard Heller que ses interlocuteurs français appelaient le « lieutenant » Heller. Nous avons déjà vu que cet Allemand, qui eut de trente et un à trente-cinq ans durant ses fonctions en France, avait mené une vie plutôt obscure avant de gouverner les lettres françaises. Trente-sept ans plus tard, quand il écrivit ses Mémoires *(Un Allemand à Paris)*, il raconta que par aversion des armes, il ne portait sur lui qu'un revolver en bois, qu'à la mort du poète juif Max Jacob, il alla jeter une rose par-dessus les murs du camp de Drancy, et autres contes de cette nature. Son séjour à Paris pendant toute l'Occupation atteste une soumission sans faille aux ordres de ses supérieurs, une exécution scrupuleuse des instructions reçues et de puissantes protections au sein de la haute administration nazie. Peu de temps après avoir pris ses fonctions, ce tâcheron modèle, doté du pouvoir d'accorder ou de refuser l'*imprimatur*, deviendra l'interlocuteur principal des éditeurs parisiens. Personnage d'autant plus considérable que la majorité des éditeurs légitimaient encore son autorité en lui témoignant des égards excessifs. Au reste, ses relations avec les éditeurs et les écrivains se passaient comme de simples formalités qui dissimulaient leur caractère contraignant et inquisitorial.

Le Sonderführer Heller se vit du jour au lendemain courtisé, fêté, encensé, lui le protecteur du Reich de la littérature française. On le choyait dans les salons mondains à prétentions littéraires, chez Florence Gould, richissime Américaine, hôtesse de tous les régimes, et chez Marie-Louise Bousquet, femme de lettres occasionnelle. Heller avait vite compris la manière dont il fallait prendre les Français. Mieux valait user de douceur, de politesse flatteuse pour les amener aux volontés allemandes en leur montrant leur intérêt. En somme, il était préférable que les éditeurs et les écrivains se censurassent eux-mêmes et fissent la sale besogne.

Heller appartenait à cette troupe nombreuse de jeunes Allemands auxquels le IIIᵉ Reich confiait dans tous les secteurs des responsabilités disproportionnées avec leur expérience ou leur grade. Au physique, il était de bonne taille mais sans vigueur, avec une figure frappée d'un long nez et sa physionomie exprimait assez l'aménité. Des jeunes Françaises, filles des gens d'édition chez qui Heller était reçu, se souviennent encore d'avoir été amoureuses de lui tant il était affable et savait donner à son regard un air d'attention, une suavité qui les faisaient fondre. On verra également des écrivains français roucouler devant lui. Outre l'inévitable Brasillach, on peut citer entre autres Marcel Jouhandeau qui tomba passion-nément amoureux de lui, ce qui constituait pour cet homme, habité par la haine des juifs et de la démocratie, une raison supplémentaire de se placer parmi les ultras de la Collaboration. Avec ses interlocuteurs français, Heller montrait ce penchant typiquement allemand consistant à paraître « bon camarade ».

Pour la première fois de sa vie, Heller se sentait homme de pouvoir ; il éprouvait une joie intense à vérifier qu'il lui suffisait d'ouvrir la bouche et d'émettre un avis pour être obéi par des gens qui, en temps de paix, l'auraient dédaigné. D'un naturel bavard, il discourait intarissablement devant ses protégés français en portant souvent la main à son cœur. Il se prenait tellement au jeu que pour peu il se serait livré à des effusions. Il donnait rarement des ordres péremptoires mais usait de suggestions et dressait un tableau si épouvantable de ce qui se passerait si ses conseils n'étaient pas suivis d'effet qu'il fut rarement dans la nécessité de sévir. Ainsi, pour *Le Mythe de Sisyphe* d'Albert Camus, il ne dit pas : « J'interdis la publication de cet ouvrage dont un chapitre est consacré au juif Kafka », mais : « Je serais désolé que cet ouvrage ne soit pas publié à cause d'un chapitre traitant de Kafka. Il serait de l'intérêt de l'auteur de le supprimer. » Albert Camus comprit le message et accepta immédiatement le retrait du chapitre, plutôt que son livre ne paraisse pas. Le comportement de Camus était partagé par la plupart des auteurs qui se pliaient à la censure allemande en déclarant avec hypocrisie que pour l'honneur des lettres françaises mieux valait publier quelque chose plutôt que rien du tout. Or, garder le silence était la seule solution honorable. Bernanos écrivait : « Garder le silence ! Quel mot étrange ! C'est le silence qui nous garde. » À l'égal de Sartre et de Beauvoir, Camus était stratège de son ambition et il désirait, lui aussi, profiter des conditions de notoriété exceptionnelles qu'offrait l'Occupation pour se retrouver en position de force lorsque les Alliés auraient libéré la France.

Un autre exemple est significatif de la méthode Heller. Un ouvrage devait être publié avec une préface de Bernard Groethuysen, un collaborateur de Gallimard. Dans cette préface le nom d'Albert Einstein était cité. Heller, à qui l'ouvrage fut soumis, réagit et demanda la suppression du nom. Paulhan transmit l'exigence à Groethuysen. « Sans s'opposer formellement à la publication, écrit Paulhan, le censeur nous fait prévoir les plus grands désagréments — pour la maison, pour Gaston [Gallimard] et pour lui de surcroît — si le nom d'Einstein est maintenu. » Paulhan conclura en disant de Heller qu'il est un « homme droit et bienveillant[1] ».

C'était du grand art de la part de Heller d'affirmer qu'il ne s'opposerait pas à la publication du nom d'Einstein mais que lui-même partagerait les désagréments de ses protégés.

Le nom de Heller était sur toutes les lèvres et resta dans les mémoires. Sartre et Beauvoir ne le citeront pas une fois.

Loin des regards de ses dupes françaises, Heller redevenait un fonctionnaire zélé du IIIᵉ Reich. On a retrouvé des rapports d'activité dans lesquels il ne ménageait personne et donnait de précieuses indications sur l'édition française, nous apprenant quels responsables de maisons d'édition collaboraient de

---

1. Archives J. Paulhan, février-mars 1942.

bonne grâce avec l'occupant[1]. Heller se replongeait dans son milieu naturel, celui du nazisme. Là, c'étaient l'odeur fauve des bottes, les claquements de talons qui ponctuent les saluts, c'étaient les voix fortes à l'accent guttural. Il entendait parler de répression, de déportations, de fusillades. Il voyait des officiers et des soldats partir brusquement pour une mission punitive. Et sans doute écoutait-il des confidences à faire frémir. Il était lié avec l'écrivain allemand Ernst Jünger qui, en tant que capitaine de la Wehrmacht, séjourna longtemps à Paris, ne dédaignant pas à l'occasion de commander un peloton d'exécution pour analyser ses propres réactions. Compte tenu de leurs relations confiantes, il est probable que Heller apprit de Jünger la vérité sur ce qu'on appela plus tard la Solution finale. Jünger rencontra un colonel de la Wehrmacht de passage à Paris. Ce colonel lui décrivit la fusillade massive de juifs en Russie. Jünger notera : « Il paraît d'ailleurs que ces fusillades n'auront plus lieu, car maintenant on passe aux gaz[2]. »

---

1. AN, AJ 40-1005.
2. Ernst Jünger, *Second journal parisien*, 21 avril 1943, Christian Bourgois, 1980.

13.

La marmite du diable

Sartre pensait-il au théâtre depuis longtemps ? C'est
le rêve de tout écrivain de s'imposer en une seule
soirée sous l'ovation du public. Pour Sartre, le théâtre
était une manière de conquête presque instantanée.
Alors qu'il était mobilisé dans les Vosges, il écrivait le
13 décembre 1939 à Jean Paulhan qu'après avoir
terminé *L'Âge de raison*, la première partie de son
roman *Les Chemins de la liberté* : « J'écrirai autre chose,
je ne sais trop quoi, une pièce de théâtre ou peut-être
quelques nouvelles sur cette guerre [1]. »
Si la représentation de *Bariona*, au stalag, l'avait
ouvert à l'expérience théâtrale, elle ne l'initia pas à
l'art du théâtre. La conjugaison du jeu de l'acteur et
du texte ne suscita pas de réflexions fécondes. Il
estimait que la mise en scène et l'interprétation
servaient à son texte et que le théâtre était en soi une
grande imagerie.
Sartre termina *Les Mouches* au début de 1942. Il se
mit en quête d'un metteur en scène. D'abord il alla
trouver Jean-Louis Barrault. Ce dernier était un
ancien élève de Dullin, référence qui conférait une
valeur artistique à l'époque. Il bénéficiait aussi d'une

---

1. Archives J. Paulhan, lettre de Sartre à Paulhan, 13 décembre 1939.

formation de mime. C'était un de ces hommes complètement adonnés à leur art et en connaissant toutes les ressources. Il avait tenu quelques excellents rôles au cinéma sans toutefois percer l'écran. En tant que comédien, il manquait d'étoffe ; son physique de funambule semblait limiter ses registres. Il s'était taillé une réputation enviable dans la mise en scène. Barrault avait épousé la comédienne Madeleine Renaud, toute pétrie de charme et de qualités scéniques. Ils deviendront tous deux le couple le plus en vue du Paris-Théâtre de l'Occupation et apprécié de la Collaboration. Madeleine Renaud acceptera d'être l'hôtesse d'honneur du banquet donné en hommage à Arno Breker, le sculpteur de Hitler, en présence de tout le gratin pro-nazi français et de personnalités allemandes [1]. Jean-Louis Barrault sera l'ordonnateur de grandes messes théâtrales sous l'égide du maréchal Pétain. Il avait monté, en juillet 1941, *Les Suppliantes* d'Eschyle, en plein air, au stade Roland-Garros, sous le patronage du gouvernement de Vichy.

Par corrélation, Sartre pensa que le sujet des *Mouches,* également emprunté à l'Antiquité, pourrait séduire Barrault. Il croyait aussi que Barrault, étant bien en cour, pourrait sans doute aplanir les difficultés inhérentes au montage d'une pièce de théâtre. Barrault refusa ; il devait se souvenir qu'il avait eu un accrochage avec Sartre « à propos de la distribution des *Mouches* et nos méthodes de travail. Son comportement fut courtois et sans concession [2] ».

Sartre avait promis le rôle d'Électre à Olga Kosa-

---

1. AN, 411 AP 3.
2. Jean-Louis Barrault, *Souvenirs pour demain,* Le Seuil, 1972.

kiewicz. Cette promesse éveillait dans la Famille des considérations qui ne devaient rien au théâtre. Olga s'était refusée à Sartre qui avait éprouvé pour elle une passion sans espoir, et ce refus avait abattu Sartre qui, plus tard, quand la gloire lui livrera des femmes, exigera d'elles les dernières faveurs moins par ferveur érotique que par principe, tel un comptable sourcilleux réclamant son dû. Rappelons-le, après avoir repoussé Sartre, Olga avait eu des relations sexuelles avec Simone de Beauvoir et, finalement, avait présenté à Sartre sa jeune sœur Wanda qui était devenue sa maîtresse tandis qu'elle-même s'était décidée à prendre comme amant Jacques-Laurent Bost, élève et disciple de Sartre, qui se partageait entre Olga et Simone de Beauvoir.

Malgré la promesse de Sartre, Olga Kosakiewicz avait d'abord douté qu'il lui confiât le principal rôle féminin de la pièce. « Après ce que je lui ai fait, jamais, jamais il ne me donnera ce rôle », disait-elle à son amie Olga Kechelevitch dite Olga la Brune [1].

Sartre se tourna du côté de Charles Dullin avec lequel il était lié avant la guerre. Dullin était intervenu auprès de Gaston Gallimard pour que *La Nausée,* d'abord refusée par l'éditeur, fût publiée. Quoique marié, il vivait maritalement avec Simone Jollivet, le grand amour de jeunesse de Sartre. Il était tenté par le montage d'une tragédie et, fidèle à sa vocation, il recherchait de nouveaux auteurs. « Faire jouer ma première pièce ne m'a pas été difficile parce que je connaissais Dullin [2] », déclarera Sartre après la

---

1. Témoignage d'Olga Barbezat (Olga Kechelevitch).
2. *Le Théâtre dans le monde,* 1951, n° 3.

guerre. Cependant, quand Sartre, interné dans la caserne Haxo à Baccarat, avait appris par une lettre de Simone de Beauvoir que Dullin et Simone Jollivet acceptaient l'ordre nouveau et la politique raciste du Reich, il avait répondu : « Ce que vous me dites de Toulouse [S. Jollivet] et de Dullin m'en a complètement dégoûté[1]. »

Si le choix du rôle d'Électre était arrêté, il restait à trouver un Oreste. Dullin proposa un comédien de sa troupe, Jean Lanier, venu au théâtre par hasard, et qui avait une belle voix de tragédien. Prisonnier de guerre rapatrié, il était avant tout musicien, violoniste, mais l'interruption provoquée par sa captivité le porta à mettre un terme à cette carrière. Une amie comédienne le présenta à Dullin. Quand ce dernier pensa à lui pour le rôle d'Oreste, Jean Lanier avait déjà figuré pendant huit mois dans trois pièces montées par Dullin.

Afin d'emporter l'adhésion de Sartre, Dullin lui dit : « Lanier ressemble à un bas-relief que j'ai vu en Grèce[2]. »

Dullin allait à la découverte de jeunes comédiens et appréciait surtout ceux qui n'avaient reçu d'autre formation que celle que dispensait son école dont il avait gardé le nom d'origine : la Compagnie de l'Atelier. Olga Kosakiewicz était une de ses élèves. À l'occasion des *Mouches*, Dullin la fit travailler en tête-à-tête pendant des heures et des jours. C'était un formidable travail d'extraction. Olga apprit aussi à se mouvoir, à danser sous la direction de Mme de

---

1. *Lettres au Castor, op. cit.*, lettre du 29 juillet 1940.
2. Témoignage de Jean Lanier.

Linières, l'épouse de l'admirateur le plus fidèle de Dullin et qui, plus tard, deviendra son exécuteur testamentaire.

Olga Kosakiewicz était douée d'un grand sens artistique, mais peu persévérante, fantasque, prête à cesser sa carrière de comédienne sur un coup de tête. Elle ne savait pas conduire sa vie et cédait à ses plaisirs, à ses caprices. Pendant les temps de restrictions de l'Occupation, elle mina sa santé. Dès qu'elle disposait de quelque argent, elle préférait s'acheter au marché noir des cigarettes et de l'alcool plutôt que de la nourriture. Ses relations avec Sartre ne furent jamais réellement détendues et elle faisait des scènes à Jacques-Laurent Bost, son amant, qui la trompait et qu'elle finira par épouser.

Les répétitions commencèrent. Lanier-Oreste nota qu'une grande distance séparait Sartre des autres participants. Lui-même ne se sentait pas au niveau de Sartre. Quoique sa petite taille contraignît Sartre à lever la tête pour s'adresser à ses interlocuteurs, il avait un pouvoir d'attraction impressionnant. Les autres comédiens considéraient que Sartre et les siens formaient une bande, un groupe d'influence. Au théâtre de la Cité, cette bande comprenait Olga et Wanda Kosakiewicz — cette dernière, sous le nom de Marie Olivier, faisait de la figuration dans *Les Mouches* —, Simone de Beauvoir et Sartre. Simone de Beauvoir apparaissait souvent aux répétitions, mais n'adressait la parole à personne d'étranger. D'ailleurs, la Famille ne voulait pas être approchée. Ses membres tenaient les autres à l'écart. De leur côté, les sœurs Kosakiewicz ne parlaient jamais de Sartre, et Olga surveillait sa

sœur. Un mystère planait sur Sartre et les Kosakiewicz. Dullin ne s'en mêlait pas [1].

À l'époque, Wanda Kosakiewicz se montrait réservée en public, trop nouvelle dans le théâtre pour y
dévoiler son caractère. Sartre se bandait les yeux pour
ne voir en elle que ce dont il avait besoin : un
réceptacle de ses fantasmes quand l'amour l'inspirait,
et une correspondante qui lui permettait d'exercer sa
verve épistolaire lorsqu'il était loin d'elle ; en bref,
d'être un sujet pratique et multiforme.

Les élèves et les collaborateurs de Dullin se demandaient comment Olga Kosakiewicz, actrice des plus
médiocres, avait obtenu le rôle d'Électre. Si elle avait
été une élève ordinaire, Dullin l'aurait rudoyée pendant les répétitions à cause de son imperfection. On
sentait qu'un accord s'était établi à son propos.
Dullin était un vieux renard insaisissable, à la fois naïf
et roué [2].

La répétition des Mouches dura longtemps, deux
mois et demi, alors que Dullin, par économie, avait
tendance à aller vite. Présent, Sartre n'émettait
aucune prétention. Il était gentil, modeste et, comme
tous les auteurs débutants, il s'intéressait surtout à la
transposition de sa pièce sur scène.

Dullin avait annoncé dès le 7 septembre 1942, neuf
mois avant la représentation, la création des Mouches
dans le quotidien Paris-Midi, déclarant qu'il s'agissait
d'une « pièce très importante qui doit avoir un certain
retentissement ». Il y avait bien eu entre-temps un

1. Témoignage de Jean Lanier.
2. Témoignages de Jean Lanier et Monique Hermant.

imposteur mégalomane nommé Néron qui s'était engagé à financer la pièce, une mystification comme il en naît tant dans le milieu du théâtre, mais que Simone de Beauvoir, avide de participer à des événements exceptionnels, monta en épingle pour en faire une aventure extraordinaire et unique [1].

Le minutieux quadrillage de la France occupée par l'administration allemande, l'encadrement de la moindre activité professionnelle, culturelle ou de loisir par des commissions spéciales n'épargnaient pas le théâtre, considéré plus comme une manifestation publique qu'artistique.

Une série de formalités devaient être satisfaites pour qu'une pièce de théâtre fût représentée en public. Il fallait la soumettre au visa de la censure allemande. Le directeur du théâtre précisait dans sa lettre de sollicitation que l'auteur était disposé à procéder aux modifications de texte que la censure pourrait exiger.

Parmi les autres obligations des directeurs de théâtre ou de troupe, il y avait celle de communiquer à l'autorité occupante la liste des comédiens et du personnel, avec leurs états civils et leurs adresses, étant entendu que les directeurs s'étaient engagés préalablement à n'embaucher que du personnel « aryen ». Dullin écrira sur le questionnaire concerné : « À ma connaissance, il n'y a aucun juif parmi mes collaborateurs [2]. » Dans le doute, il lui

---

1. *La Force de l'âge, op. cit.*, p. 529 et suiv.
2. AN, AJ 40-1003.

incomberait de mener une enquête et de fournir les pièces justificatives.

Afin de renforcer les mesures d'exception, les employés et les comédiens des théâtres juraient sur l'honneur, et signaient une déclaration personnelle, qu'ils n'étaient pas juifs. Il était obligatoire que ces questionnaires soient envoyés le 22 de chaque mois à l'Association des directeurs de théâtre qui les remettait à la Propaganda-Staffel. Le statut des directeurs de théâtre de Paris spécifiait que tous les adhérents devaient être aryens [1]. L'auteur lui-même devait remplir des formulaires de la même eau.

Quand la pièce était acceptée et que le texte, corrigé suivant les exigences de la censure, était remis aux autorités allemandes, celles-ci donnaient leur accord de principe. Les répétitions pouvaient commencer. Puis la pièce était jouée en représentation privée devant « Messieurs les membres de la commission de censure du théâtre » avisés par lettre et qui donnaient leur accord définitif. Auparavant, le directeur était tenu d'adresser le programme et les affiches aux censeurs allemands. C'est également la Propaganda-Staffel qui octroyait les autorisations d'affichage dans la rue et dans le métro en spécifiant les emplacements. Aucune improvisation n'était tolérée. Les pages musicales accompagnant certaines pièces étaient communiquées à l'avance à la censure allemande, avec les dates et les heures d'exécution et l'état civil des compositeurs et paroliers. Les modifications d'horaire, les imprévus qui jalonnent la vie théâtrale étaient signalés par lettre aux autorités

1. AN, AJ 40-1003.

allemandes de la Propaganda-Staffel, siégeant dans de confortables bureaux, 52, avenue des Champs-Élysées, qui fixaient les prix des billets d'entrée et exigeaient également de connaître les salaires, les frais courants, le nombre de spectateurs. Enfin, quand le rideau se levait le soir de la générale, les invités allemands étaient présents aux premiers rangs. Certains directeurs, faisant du zèle, réservaient tout simplement les deux premiers rangs, permettant ainsi le placement d'invités allemands imprévus. Il suffisait à ceux-ci de se présenter aux guichets avec une carte de service de la Propaganda-Abteilung certifiant que le porteur avait droit à « deux bonnes places gratuites ».

Aucune représentation spéciale, aucune modification de détail n'était envisageable sans l'aval des Allemands. Ces prescriptions draconiennes concernaient aussi le théâtre pour enfants, le cirque et les spectacles de marionnettes. Ainsi, des autorisations devaient-elles être obtenues pour représenter *Blanche-Neige, Cendrillon, Riquet à la Houppe, Le Général Dourakine* ou *Les Petites Filles modèles*.

Charles Dullin était rompu à cet assujettissement. Il s'y était plié dès la première saison théâtrale de l'Occupation quand il avait pris la direction artistique du théâtre de Paris qu'il mena à la ruine comme presque toutes ses entreprises. Pour éviter un endettement irrémédiable, l'un des administrateurs, une dame Titaÿna, sollicita d'urgence par lettre une entrevue avec le Sonderführer Baumann, interlocuteur obligé du Theatergruppe, afin qu'il suggère « quelque moyen de parer à l'effondrement du Théâtre de Paris ». Cette Mme Titaÿna était un agent d'information du Kulturgruppe et faisait bon ménage avec Dullin [1]. C'est dans ces circonstances que, malgré son déficit, Dullin présenté par les Allemands comme « un des plus grands maîtres de la scène française [2] », reçut, avec leur agrément, la direction du théâtre Sarah-Bernhardt aryanisé sous le nom de théâtre de la Cité.

Peu de temps avant la guerre, Dullin estimait avoir épuisé les ressources de la petite scène du théâtre de l'Atelier où il était établi depuis des années. Il avait posé sa candidature pour prendre la direction du théâtre Sarah-Bernhardt, grand vaisseau en perdition qui appartenait à la ville de Paris. Une commission avait constaté le délabrement de la salle : plancher de la scène pourri, installation électrique hors d'usage, fonctionnement du rideau de fer hors de service, relèvement automatique des fauteuils et strapontins détérioré. On avait relevé treize points de défectuosité majeurs menaçant la sécurité publique [3]. Après l'armistice, il fallut plus d'un an — le temps passé par Dullin au théâtre de Paris — pour remettre en état le théâtre Sarah-Bernhardt. En 1941, Dullin put y emménager avec sa troupe. Il avait été convenu qu'il abandonnerait la scène de l'Atelier à André Barsacq, un de ses anciens décorateurs, totalement acquis à l'ordre nouveau et à la Collaboration.

Dullin faisait partie de l'Association des directeurs de théâtre qui agréait les exigences allemandes et il

---

1. AN, AJ 40-1002. Titaÿna était avant-guerre romancière et journaliste. Elle avait publié en 1931 *La Japonaise*. Après l'armistice, elle se plaça dans le Tout-Paris de la Collaboration et écrivit dans la presse parisienne.
2. AN, AJ 40-1002.
3. Archives préfecture de Police, réf. EB/99.

siégera pendant longtemps à son comité exécutif. Constituée dès le 5 octobre 1940, cette association proclama lors de ses premières réunions quel genre de relations elle entretenait avec les autorités allemandes. Dans une motion, les directeurs déclaraient : « Les autorités occupantes l'ont aidée [l'association] avec une compréhension qui mérite notre gratitude... Nous croyons à la nécessité provisoire d'une censure qui interdise les spectacles indésirables. Elle tiendrait naturellement le plus grand compte de la valeur artistique des pièces et se garderait de toute pudibonderie. Bien entendu aussi, les directives auxquelles elle obéirait ne seraient pas d'esthétique mais d'opportunité morale. La censure des Autorités occupantes qui ne se place naturellement qu'à un point de vue politique, se superposerait à cette censure française mais ne ferait pas double emploi avec elle[1]. »

Ainsi dans leur désir de plaire aux nouveaux maîtres, à ceux de Vichy et de l'Occupation, les directeurs de théâtre se plaçaient de leur propre gré sous le régime de deux censures. Et chacun de multiplier d'inutiles gestes de servilité. Par exemple, il était convenu que les directeurs adressaient des lettres aimables aux responsables allemands, « les priant d'honorer de leur présence » la première de telle ou telle pièce. « Vous pourrez amener autant d'officiers de la Wehrmacht qu'il vous plaira[2]. »

Afin de se faire bien voir, certains directeurs s'aplatissaient jusqu'aux os. Tel Paul Derval, patron multimillionnaire des Folies-Bergère, royaume du nu

1. AN, AJ 40-1002.
2. *Ibid.*

à grand spectacle. Dérogeant au genre qui avait établi sa renommée, il politisa sa scène. Répondant au désir du Sonderführer Lucht de la Propaganda-Staffel, il fit représenter une scène du *Misanthrope* de Molière par sa troupe revêtue de masques nègres « dans une parodie humiliante pour la France », histoire de montrer comment les Anglais auraient traité la culture française s'ils avaient pris Dakar[1].

Dans une lettre aux Allemands, Derval réclamait la protection de la Propaganda-Staffel si jamais le public se révélait hostile[2].

Dullin s'empressait également de faire allégeance à l'occupant. Un mois à peine après sa prise en charge de l'ex-théâtre Sarah-Bernhardt dont il avait accepté sans barguigner qu'il fût débaptisé, il cosignait un rapport, en tant que membre du comité de direction de l'Association des directeurs de théâtre de Paris, ainsi rédigé : « Nous devons également rendre hommage aux autorités occupantes pour le tact avec lequel elles nous ont laissé toute liberté d'action. Soucieuses d'une bonne organisation du théâtre français, mais respectueuses de notre initiative dans la limite de nos statuts, elles ont parfaitement admis que nous voulions tenir nos pouvoirs du seul gouvernement français. Elles ne nous ont opposé aucune mesure, et nous tenons à affirmer que de ce que nous avons fait ou voulu faire, nous sommes seuls responsables[3]. »

1. AN, AJ 40-1004. Lettre de Paul Derval aux Allemands du 6 novembre 1940, après l'échec du débarquement effectué à Dakar en septembre 1940 par de Gaulle et les Anglais afin de rallier l'Afrique occidentale française à la France libre.
2. *Ibid.*
3. AN, AJ 40-1002.

Affirmation mensongère. Un mois plus tôt, dans le courant de décembre et durant quinze jours, tous les directeurs de théâtre avaient été convoqués à la Propaganda-Staffel pour recevoir les consignes des autorités allemandes, et ce genre de convocation avait lieu régulièrement. Les dossiers regorgent de notes de service, de diktats auxquels les gens de théâtre se soumettaient. Il suffit de consulter les dossiers de l'administration militaire allemande en France (MBF) pour prendre l'étendue de la mainmise ennemie sur la vie culturelle. Le comité de censure théâtrale qui fonctionnait à plein régime en donne la meilleure illustration.

Le 3 février, un mois après l'inauguration du théâtre de la Cité sous la direction de Dullin, le « Referat Theater » par la plume du Sonderführer Frank réaffirma solennellement ses principes :

— Contrôle des programmes des spectacles d'abord par la censure, puis par une contre-censure exercée dans le théâtre même quand une pièce est montée.

— Contrôle de la presse quotidienne et des organismes professionnels.

— Contrôle de tout changement dans l'effectif du personnel de théâtre et des organisations théâtrales.

— Inflexibilité envers toute tentative d'intrusion juive, franc-maçonne et toute résurgence d'éléments hostiles à l'Allemagne.

— Rendre plus rigoureuse toute délivrance de laissez-passer vers la zone non occupée, la Belgique et les pays neutres.

— Empêcher l'émigration d'artistes de théâtre de haute valeur.

— Décourager toute tentative de propagande intellectuelle française[1].

L'Association des directeurs de théâtre de Paris recevait régulièrement les ordres allemands, et les directeurs de théâtre étaient convoqués à la Propaganda-Staffel pour rendre compte et recevoir des consignes.

Cette soumission à l'ordre nazi ne pesait pas sur la conscience des directeurs de théâtre. En contrepartie ils bénéficiaient de passe-droits convoités : en cette période de pénurie et de rudes hivers, Dullin fut inscrit sur la liste des personnes privilégiées destinées à recevoir chez elles « quelques envois individuels de charbon[2] ».

En septembre 1942, une liste émanant du Theater-Kulturgruppe établit un classement des théâtres parisiens favorables aux Allemands par degré de collaboration. Sur 44 établissements, le théâtre de la Cité, animé par Charles Dullin, arrive en cinquième position. Le premier était la Comédie-Française qui ouvrait largement ses portes à des troupes de théâtre allemandes et dont certains comédiens étaient l'ornement des dîners allemands et de l'ambassade d'Allemagne. Il était d'ailleurs stipulé : « La liste est confidentielle et ne doit en *aucun cas* tomber dans les mains françaises[3]. »

Quant au régime des deux censures, il arrivait que directeur de théâtre et auteur recourent sans vergogne à la protection allemande lorsque le régime de Vichy

1. AN, AJ 40-1001. Quelques consignes données par le Sonderführer Frank le 3 février 1942.
2. AN, AJ 40-1002.
3. *Ibid.*

voulait empêcher la représentation. Tel fut le cas de Jean Cocteau et de Jacques Hébertot, directeur d'un théâtre portant son nom. Jugeant immorale la pièce de Jean Cocteau *La Machine à écrire*, le gouvernement de Vichy, par l'intermédiaire de Fernand de Brinon, son représentant dans les territoires occupés, demanda à l'Institut allemand de l'aider à interdire la pièce. Cette exigence fit entrer en transe Jean Cocteau : « Monsieur l'ambassadeur de Brinon qui occupait l'avant-scène A était l'invité de M. Jean Cocteau dont il est un ami personnel de longue date [1]. » La lettre de Vichy fut transmise au commandant en chef des forces militaires d'occupation, service de la Propaganda-Staffel. Cette dernière, par une réponse de trois pages, estima que *La Machine à écrire* ne nuisait pas aux intérêts allemands et qu'en ce qui concernait l'autorité allemande, son « action est guidée par le désir de laisser s'épanouir harmonieusement la vie artistique à Paris ». Lettre ironique, cinglante, par laquelle l'occupant nazi se posait en défenseur de « l'esprit français [2] ».

Les Allemands accueillirent avec sympathie les protestations de Cocteau et d'Hébertot, d'autant que ceux-ci s'en prenaient aux pouvoirs français accusés de perpétrer « un acte de préméditation dans le but évident d'interdire la pièce pour des raisons sur lesquelles nous n'avons pas lieu d'insister ici, mais qui ne sont évidemment pas des raisons d'ordre public, d'ordre moral ou d'ordre artistique [3] ». D'ailleurs, Cocteau avait l'habitude de se jeter dans les bras des

1. *Ibid.* Rapport de Jacques Hébertot au Sonderführer Lucht, 1er mai 1941.
2. AN F 60-1468.
3. AN AJ 40-1002, Rapport de Jacques Hébertot déjà cité.

Allemands. Paru dans *Comœdia*, son « Salut à Arno Breker », sculpteur protégé de Hitler, plein d'emphase, avait même agacé les plus indulgents à son égard.

Les Allemands firent lever l'interdiction et la préfecture de Police le confirma à Hébertot. Le soir même, les responsables du Theatergruppe vinrent en personne assister à la représentation de la pièce d'où l'auteur avait supprimé les passages qui pouvaient choquer. « À l'issue de cette représentation, M. Jacques Hébertot et M. Jean Cocteau tinrent à témoigner leur reconnaissance à monsieur le Sonderführer Lucht et à monsieur le Sonderführer Baumann pour avoir bien voulu prendre les mesures en leur pouvoir pour faire lever l'interdiction[1]. »

Le Sonderführer Lucht pria Hébertot et Cocteau de le rencontrer le lendemain à 11 heures au bar de l'hôtel Scribe.

À cette réunion, Lucht fit savoir qu'il était possible qu'une autre interdiction émanant des autorités françaises frappât les représentations de *La Machine à écrire*, et il pria Hébertot et Cocteau d'exposer leur point de vue, puis de rédiger un rapport. Le rapport développa en 14 pages l'innocence de l'auteur et du directeur de théâtre et chargea les pouvoirs français en se félicitant de l'appui allemand.

C'est dans ce contexte que Jean-Paul Sartre, ayant obtenu de Charles Dullin qu'il montât *Les Mouches*, se soumit aux questionnaires et aux exigences des Allemands.

---

1. Rapport de Jacques Hébertot.

14.

Les Mouches

Les Mouches ne répondaient à aucune recherche scénique. Sartre n'était pas animé du désir de renouveau théâtral et il n'en avait pas la moindre idée. Il avait humé l'air du temps et s'inspira de la vogue de l'Antiquité qu'exprimaient des pièces jouées sur les scènes parisiennes : *Euridyce* d'Anouilh, *Orphée et son amour* de Népomucène Jonquille, *Les Suppliantes* d'Eschyle, *Iphigénie en Tauride* de Goethe, *Iphigénie en Tauride* de Jean Moréas, *Iphigénie à Delphes* de Gerhardt Hauptmann, *Antigone* de Sophocle, etc.

Sartre opta pour un succédané de *L'Orestie* et l'appela *Les Mouches*. Ce n'est pas qu'il avait l'instinct des grands sujets, mais on peut inscrire à son actif qu'il tenta d'appliquer aux *Mouches* une pensée qui l'avait sollicité à propos du roman : « À vrai dire, écrivait-il à Paulhan, les écrivains sont en retard sur les philosophes, c'est-à-dire que l'univers romanesque de certains écrivains n'est que l'univers romanesque de théories qu'on trouverait chez Descartes et Hume [1]. »

Pour sa part, Sartre entendait enfermer ses héros au sein d'une nébuleuse d'où émergeaient des aperçus

---

1. Archives J. Paulhan, lettre de 1939 non datée.

confus sur l'univers du temps et sur la liberté. En effectuant une telle transposition sur scène, Sartre s'engageait dans un théâtre de formules creuses énoncées d'un ton docte par ses personnages. Loin de se désintégrer ou de se recréer dans l'action, ses personnages risquaient d'être artificiels. En faisant énoncer par des héros classiques quelques pensées modernes, Sartre faussait le jeu d'autant plus que le sujet de la pièce bannissait toute surprise. Avant même que le rideau ne se lève, les spectateurs des *Mouches* savaient qui était Oreste et ce qui s'ensuivrait. Sartre se privait des ressources théâtrales de l'imprévu. Il était incapable de tirer parti du jaillissement de la vie. Quelles que fussent ses intentions, il pastichait. Faute de concevoir une action nouvelle, tout l'art de Sartre aurait dû consister à créer l'émotion. Or, l'émotion était absente de cette pièce didactique, privée d'humanité, où chaque personnage disait et faisait ce qu'on attendait de lui. Ajoutons que les masques grimaçants dont certains étaient pourvus et les costumes aussi rigides que des décors ajoutaient encore au caractère factice de l'ensemble.

Voici littéralement, en dehors de toute exégèse et réduit à son support anecdotique, ce qu'est la pièce. Elle commence par l'arrivée d'Oreste et de son Pédagogue à Argos, ville étouffante, vouée à l'ordure, envahie par des essaims de mouches, et dont les murs sont barbouillés de sang. Les deux voyageurs veulent se rendre à la « maison d'Égisthe », l'usurpateur, coupable, sur l'instigation de Clytemnestre, d'avoir tué le roi Agamemnon et réduit sa fille Électre au rôle de servante. Oreste et le Pédagogue rencontrent un quidam verbeux et vulgaire qui se présente sous le nom de Demetrios et qui n'est autre que Jupiter, parfois aussi appelé Zeus. Échange d'impressions et propos oiseux où se mêlent des réminiscences de la légende antique et où il est encore question de la pourriture et de l'odeur de charogne qui règnent à Argos. Depuis le meurtre d'Agamemnon, quinze années plus tôt, la ville entière vit dans le repentir. Mais c'est un repentir qui ne donne lieu à aucune vue profonde, à aucun écho humain, simplement à l'invective. Dans une pâtée de phrases épaisses, Jupiter conseille à Oreste de fuir Argos. Refus de ce dernier. Avant de quitter la scène, bonne âme, Jupiter enseigne un tour à Oreste. « À propos, si ces mouches vous ennuient, voici le moyen de vous en débarrasser ; regardez cet essaim qui vrombit autour de vous : je fais un mouvement du poignet, un geste du bras et je dis : " Abraxas, galla, galla, tsé, tsé. " Et voyez : les voilà qui dégringolent et qui se mettent à ramper par terre comme des chenilles. »

Resté seul avec son Pédagogue, Oreste est près de renoncer à ses projets ténébreux et à partir d'Argos. Mais Électre entre. Elle n'aperçoit pas les visiteurs et s'adresse à la statue de Jupiter qui se trouve sur la place : « Ordure ! l'aspostrophe-t-elle... Je suis jeune, moi, je suis vivante, ça doit te faire horreur ! » Elle ajoute : « Moi aussi, je viens te faire mes offrandes pendant que la ville est en prière. Tiens : voilà des épluchures et toute la cendre du foyer, et de vieux bouts de viande grouillants de vers, et un morceau de pain souillé dont nos porcs n'ont pas voulu, elles aimeront ça, tes mouches ! » Elle aperçoit Oreste et le Pédagogue. Oreste ne se fait pas reconnaître. Électre est enchantée de rencontrer un étranger.

Oreste et Électre restent seuls. Le caractère âpre d'Électre se révèle dans les banalités échangées. Survient Clytemnestre. Pour la première fois, la mère criminelle se trouve en présence de sa fille et de son fils, sans identifier Oreste. Elle avoue son crime, l'assassinat d'Agamemnon, de la façon la plus simple. Elle remarque d'une manière théâtrale et paradoxale : « N'importe qui peut me cracher au visage en m'appelant criminelle et prostituée. Mais personne n'a le droit de juger mes remords. » On se rend compte que l'auteur voudrait charger ses dialogues de considérations abyssales, faire entendre un beau tumulte de l'esprit mais, faute d'inspiration poétique, les répliques tombent à plat.

Acte II. Devant une caverne et un temple, le peuple se prépare à commémorer le jour des morts, ce jour où les morts viennent hanter les vivants et s'installent dans leurs demeures. Il est bon que chacun reconnaisse ses péchés, ses crimes. Personne n'y manque, c'est un déballage public. Un homme se jette à genoux et s'écrie : « Je pue! Je pue! Je suis une charogne immonde. Voyez, les mouches sont sur moi comme des corbeaux! Piquez, creusez, forez, mouches vengeresses, fouillez ma chair jusqu'à mon cœur ordurier. J'ai péché, j'ai cent mille fois péché, je suis un égout, une fosse d'aisances... » Arrivent le roi Égisthe et la reine Clytemnestre. La cérémonie de l'évocation des morts peut commencer. Elle croule sous le grotesque. Un déluge de pathos qui emprunte à tous les genres. Électre a revêtu une robe blanche, ce qui revient à blasphémer les morts. Empoignade verbale avec Égisthe. Toutes les formes de langage y passent. Perdu dans des réminiscences, Sartre, plagiant Racine, fait dire à Électre, comme dans *Athalie,* que « le malheur n'a pas abattu sa fierté ». Interminables propos diffus d'Électre qui achève son apparition en esquissant une danse. Conséquence : les morts n'apparaissent plus ; ils se taisent. Jupiter, agacé par le caquet d'Électre, y met un terme en s'écriant : « Posidon caribou caribon lullaby. » Résultat : la grosse pierre qui obturait la caverne se déplace avec fracas jusqu'aux marches du temple. « Horreur ! » s'écrie la foule. À la scène suivante, Oreste et Électre sont sur les marches du temple, seuls. Oreste incite Électre à fuir Argos, à partir avec lui, et il se fait reconnaître : « Je suis Oreste. » Électre est éplorée. Elle refuse de quitter Argos. Oreste décide d'y demeurer aussi. C'est alors qu'il projette de prendre à son compte tous les maux, tous les péchés de la ville et d'en décharger la population. Avec emphase, il laisse entendre qu'il pourrait faire des victimes expiatoires du roi Égisthe et de la reine Clytemnestre. Électre comprend que cette déclamation annonce le double crime.

Entrent en scène Égisthe et Clytemnestre. Le roi confirme, si on ne l'avait déjà compris, que sa technique de gouvernement consiste à frapper le peuple de terreur en lui imposant le culte des morts pour qu'il vive sous de pesants remords. Il congédie sa femme et, resté seul, il fait part au public de sa solitude semblable à la mort. Entrent subrepticement Oreste et Électre qui ont écouté les plaintes du roi.

Jupiter survient et se fait reconnaître du roi. Afin d'empêcher le crime, il avertit Égisthe des projets d'Oreste, car Jupiter sait qu'Oreste n'aura pas de remords ; un assassin sans remords, cela ne l'intéresse pas. Peut-être, après l'assassinat d'Égisthe, la bonne ville d'Argos se sentira-t-elle aussi délivrée de ses remords. Résultats qui frustrent Jupiter! Égisthe hésite. Il est prêt, sans doute, à obéir à Jupiter; tuera-t-il Oreste? Jupiter se retire. Apparaissent Oreste et Électre. Celle-ci encourage Oreste à tuer Égisthe. Égisthe lui rappelle les propos de Jupiter : « La justice est une affaire d'hommes, et je n'ai pas besoin d'un Dieu pour l'enseigner. » Oreste tue Égisthe en s'y reprenant à deux fois. Puis, il part assassiner Clytemnestre pendant que, seule en scène, Électre écoute les cris d'agonie de sa mère. Oreste reparaît, son épée sanglante à la main. Le frère et la sœur s'affrontent. Oreste annonce qu'il ne se repentira pas de ce qu'il a perpétré mais qu'il refuse d'en parler, tandis qu'Électre aime à en parler, et elle baise la main d'Oreste qui a donné la mort. Oreste s'obstine à répéter qu'il est libre, qu'avec ce crime « la liberté a fondu sur moi comme la foudre ». Électre, elle, ne se sent pas libre. Oreste insiste : sa liberté lui a été rendue sensible grâce à l'acte qu'il a commis. Tout à coup, le bourdonnement des mouches se fait entendre, et les mouches ronflent comme une forge et elles augmentent en volume. Leur taille double, triple. Électre annonce que ces mouches, ce sont les Érinnyes, « les déesses du remords ».

L'acte III présente, au début, les Érinnyes entourant Oreste et Électre pendant leur sommeil. Les Érinnyes se promettent de se régaler tout crus des deux jeunes gens. Ces bonnes filles en rajoutent tellement qu'Électre et Oreste finissent par s'éveiller, et leur crime leur revient à l'esprit. Une Érinnye révèle à Électre qu'Oreste s'y est repris à dix fois pour tuer Clytemnestre. Oreste admet qu'il est la proie du remords : « Mais que m'importe, je suis libre. Pardelà l'angoisse et les souvenirs. Libre. Et d'accord avec moi. » Les Érinnyes se retournent contre Électre qui, malgré les mises en garde d'Oreste, finit par les suivre. « Ha ! Je te hais », dit-elle à son frère en s'abandonnant à la vengeance divine. Retour de Jupiter. « À la niche ! », lance-t-il aux Érinnyes qui s'écartent aussitôt d'Électre. Jupiter et Oreste discutent : « Je ne regrette rien ! », clame Oreste. Jupiter plaint alors Électre. Oreste intervient : « Je l'aime plus que moi-même. Mais ses souffrances viennent d'elle, c'est elle seule qui peut s'en délivrer : elle est libre. » Jupiter s'énerve et dira à Oreste : « Si tu oses prétendre que tu es libre, alors il faudra vanter la liberté du prisonnier chargé de chaînes, au fond d'un cachot, et l'esclave crucifié. — Pourquoi pas ? », réplique Oreste. Ayant manifesté sa puissance, Jupiter offre à Électre et à Oreste le trône d'Argos contre un peu de repentir. Oreste rejette tout repentir. Il radote qu'il est libre et s'exclame : « Je ne suis ni le maître ni l'esclave, Jupiter. Je *suis* ma liberté ! À peine m'as-tu créé que j'ai cessé de t'appartenir. » Et plus loin, il ajoutera que les gens d'Argos eux aussi sont libres. De guerre lasse, Jupiter s'en va. Restés face à face, Électre et Oreste s'empoignent. Électre maudit Oreste et se sauve, menacée par les Érinnyes, en appelant à son secours Jupiter à qui elle fait acte d'allégeance.

Arrive le Pédagogue d'Oreste qui lui conseille de fuir la nuit venue ; le peuple en colère l'attend derrière les portes du temple. Oreste fait ouvrir les portes. Des cris de mise à mort l'accueillent. Face à la populace

Oreste déclare que son crime est son bien propre : « je le revendique à la face du soleil, il est ma raison de vivre et mon orgueil... » C'est pour le salut du peuple qu'il a tué et il mérite d'être son roi. Oreste raconte la légende des rats de Syros qui figuraient la lèpre. Un jour, un étranger se mit à jouer de la flûte et tous les rats le suivirent hors de la ville. Et, mimant la scène, Oreste marche vers la sortie de la ville tandis que les mouches-Érinnyes se lancent en hurlant derrière lui. Ainsi s'achèvent *Les Mouches*.

Ce n'est guère que dans le troisième et dernier acte que Sartre, par la voix d'Oreste, prononce huit à neuf fois le mot « liberté » et « je suis libre ». Il s'y prend comme devant ses élèves du lycée Condorcet, en parlant de la liberté du prisonnier et de l'esclave, ce qui n'est pas une liberté concrète, une liberté de mouvement et de décision, mais une liberté purement intériorisée. Quant à la liberté de la créature envers son créateur qu'Oreste revendique, elle est un des thèmes permanents d'un grand nombre de systèmes philosophiques et religieux. Dans son enfance, en milieu protestant, Sartre entendit souvent ses aînés s'exprimer sur la souveraineté absolue de Dieu et l'entière liberté de l'homme.

La pièce de Sartre n'est pas un drame sur la liberté. Oreste — qui apparaît immature — se trouve placé devant une double issue : être arrêté par le peuple ou mis en pièces par les Érinnyes. Devant l'alternative, il peut toujours clamer qu'il reste libre, il ne le sera plus devant les faits, et nul ne sait comment il est prêt à accueillir la souffrance. En dernière analyse, Oreste fait l'expérience de sa liberté dans une situation qui provoquera sa privation de liberté. L'intérêt de Sartre

ne consistait pas, comme il le fit, à conter la
légende grecque mais à construire sa pièce à partir
du crime d'Oreste et à montrer de quelle manière
celui-ci se serait comporté dans l'adversité après le
double assassinat. Or, Sartre achève sa pièce au
moment où l'action devient intéressante et significa-
tive, laissant son héros en suspens. Il escamote la
difficulté. De toute façon, les insuffisances dramatiques et conceptuelles des *Mouches* sont trop mani-
festes pour qu'on puisse, à propos de cette pièce,
employer le terme de création. Les personnages de
Sartre sont plats, inefficaces. Leur action est prédé-
terminée par le *fatum* antique et non par le libre
arbitre. Ils sont phraseurs, dogmatiques, bornés.
Les moyens d'expression adéquats font défaut à
Sartre.

L'ambiance de la salle, les réflexions qui s'échangeaient entérinèrent l'échec.

Les convenances furent respectées. Dullin avait
organisé un buffet dans une salle à côté du foyer. Il
y avait la troupe, des membres du personnel, des
amis, et surtout des Allemands. Parmi ces derniers,
les trois interlocuteurs privilégiés des gens de théâtre français, les Sonderführer Baumann, Lucht et
Rademacher du Theatergruppe, et d'autres Allemands en uniforme et en civil. Le champagne
coula. Des toasts furent portés. Sartre trinqua avec
les Allemands en souriant. Cette petite cérémonie
eut deux témoins, Marc Bénard, camarade de captivité de Sartre et créateur du décor de *Bariona* qui se
tenait au côté de Simone de Beauvoir avec laquelle
il sortait souvent, et M. Desportes de Linières,
admirateur indéfectible de Dullin. « Sartre était

parfaitement détendu quand il rendit aux Allemands leur politesse en levant son verre en leur honneur », dira Marc Bénard [1].

La critique, dont Sartre recherchait les suffrages, fut presque unanime à rejeter la pièce.

Rien pourtant n'avait été négligé pour remplir les 1 250 places du théâtre complètement restauré depuis un an : fauteuils reclassés, scène aménagée en plateau tournant, machinerie modernisée, peinture refaite en tons clairs. Malgré ces avantages, le théâtre de la Cité était, par tradition, difficile à gérer et semblait en butte à l'adversité. Dullin maugréait que c'était la faute de Gérard de Nerval qui s'était pendu dans les parages.

Pour la générale des *Mouches*, l'apport du Tout-Paris avait été respecté. La pièce était pressentie comme un événement. Le monde des lettres, de l'édition, des arts, du spectacle avait délégué ses meilleurs représentants. On distinguait les inévitables habitués des répétitions générales. D'autres, attirés par la réputation de Sartre, ne voulaient pas être absents. Tel cet éminent esprit, le plus grand écrivain français de l'époque, Paul Valéry, considérablement vieilli, mais dont le penchant mondain ne s'émoussait pas [2].

Si, avec l'accord des Allemands, le conseil municipal de Paris avait concédé le théâtre de la Cité à Charles Dullin pendant trois ans, le dispensant de payer un loyer, la presse parisienne se montrait

1. Témoignages de Marc Bénard et d'Edmond Desportes de Linières.
2. Edmond Buchet, *Les Auteurs de ma vie*, Buchet-Chastel, 1969.

favorable à l'acteur-metteur en scène-directeur de troupe et d'école dont elle connaissait les bonnes dispositions à l'égard de la Collaboration. Elle était prédisposée à le louer et à le soutenir. On le vit quand il donna, à l'occasion de l'ouverture du théâtre de la Cité, *La Princesse des Ursins* écrite par sa compagne Simone Jollivet, et dont la première représentation était donnée en faveur de « l'entraide d'hiver du maréchal Pétain ». La pièce était si mauvaise que la presse, à regret, déplora cet insuccès avec une tristesse amicale. Pour le lancement des *Mouches,* on n'épargna aucun effort. Les journaux sollicités apportèrent leur aide. Dans *La Gerbe,* feuille nazie, par excellence, Dullin avait écrit un article de présentation des *Mouches*; il s'y montrait plus prudent que dans l'article alléchant paru neuf mois plus tôt dans *Paris-Midi* où il parlait de la grande importance des *Mouches* :

« L'œuvre de Jean-Paul Sartre offrait pas mal de problèmes scéniques à résoudre. Le thème est simple, l'action rapide et directe. La pièce a changé plusieurs fois d'aspect mais sa forme moderne impose à l'acteur un jeu nuancé où le tragique se masque souvent sous l'ironie. Des rôles nombreux constituent autour des principaux personnages un chœur où la musique, la plastique ont une part importante. Le chœur est constitué par des éléments de notre École entraînés à ces exigences et encadrés par des acteurs qui ont su comprendre ce travail et se sont pliés de bonne grâce à l'entraînement particulier que nécessite l'emploi du masque, des récitatifs et des mouvements d'ensemble. J'ai trouvé en M. Henri-Georges Adam un décorateur qui a très bien senti l'esprit de la pièce. M. Jacques

Besse a écrit une partition musicale de théâtre, c'est-à-dire plus près du commentaire musical que de la musique pure. Ces efforts conjugués sont honnêtes, sans autre prétention que de bien servir le Théâtre. C'est tout ce que je puis dire [1]. »

Quoique Sartre ait assuré qu'il n'avait jamais eu de rapport avec *Comœdia* et que Simone de Beauvoir ait affirmé qu'après son article sur *Moby Dick*, Sartre n'y écrivit plus jamais, il donna une interview à cet hebdomadaire. Conformément à son habitude quand il voulait convaincre, il usa de formules paradoxales et déclamatoires :

« J'ai voulu traiter de la tragédie de la liberté en opposition avec la tragédie de la fatalité. En d'autres mots, le sujet de ma pièce paraissait se résumer ainsi : " Comment se comporte un homme en face d'un acte qu'il a commis, dont il assume toutes les conséquences et les responsabilités, même si par ailleurs cet acte lui fait horreur ? "

« Il est évident que le problème ainsi posé ne peut s'accommoder du principe de la seule liberté intérieure dans laquelle certains philosophes et non des moindres, comme Bergson, ont voulu trouver la source de tout affranchissement de la destinée. Une telle liberté reste toujours théorique et spirituelle. Elle ne résiste pas aux faits. J'ai voulu prendre le cas d'un homme libre, en situation, qui ne se contente pas de s'imaginer libre, mais qui s'affranchit au prix d'un acte exceptionnel, si monstrueux soit-il, parce que seul il peut lui apporter cette définitive libération vis-à-vis de lui-même.

---

1. *La Gerbe,* 3 juin 1943.

« Au risque de situer la tragédie classique dont j'ai repris l'armature et conservé les personnages, je dirais que mon héros commet le forfait d'apparence le plus inhumain. Son geste est celui d'un justicier.

« Par ce geste, qu'on peut isoler de ses réactions, il rétablit l'harmonie d'un rythme qui dépasse en portée la notion de bien et de mal. Mais son acte restera stérile s'il n'est pas total et définitif, s'il doit, par exemple, entraîner l'acceptation du remords, sentiment qui n'est qu'un retour en arrière puisqu'il équivaut à un enchaînement avec le passé.

« Libre en conscience, l'homme qui s'est à ce point haussé au-dessus de lui-même ne deviendra libre en situation que s'il rétablit la liberté pour autrui, si son acte a pour conséquence la disparition d'un état de chose existant et le rétablissement de ce qui devrait être.

« Le raccourci du théâtre exigeait une situation dramatique d'une intensité particulière. Si j'avais imaginé mon héros, l'horreur qu'il eût inspirée le condamnait sans merci à être méconnu. C'est pourquoi j'ai eu recours à un personnage qui théâtralement était situé. Je n'avais pas le choix[1]. »

On aura noté le coup de griffe qu'il donna à Bergson et qui dut plaire aux Allemands qui avaient mis ce philosophe juif à l'index. Sartre ne l'avait jamais épargné. Il voulait en finir avec un philosophe qui avait régné sur la bourgeoisie, le seul public cultivé auquel lui, Sartre, pouvait prétendre. Il sentait également que l'humanisme de Bergson pouvait par sa modération, par sa relation aux Lumières, par

---

1. *Comœdia*, 24 avril 1943.

son expression toute littéraire s'opposer aux affirmations peu démontrables et absconses auxquelles il
avait souvent recours.

Comme la plupart des critiques en convinrent, *Les
Mouches* étaient plus un spectacle qu'une œuvre par le
parti qu'en avait tiré Dullin. La mise en scène, la
musique, les costumes, l'hiératisme qui rigidifiait les
personnages frappèrent l'assistance. Quant aux journalistes, ils ne comprenaient pas qu'une aussi lourde
et désuète machinerie ait pu surgir du passé. Ils
considéraient Sartre comme un écrivain participant à
la vie littéraire de l'Occupation et n'avaient aucun
grief à formuler contre son comportement. En outre, il
était l'ami de Dullin, intégré à la Collaboration
depuis le début, qui, sans sourciller, avait accepté de
diriger un théâtre dont on avait aryanisé le nom. On
était donc entre orthodoxes.

La presse de la Collaboration accordait une place
importante aux livres, au théâtre, aux concerts, à
toutes les manifestations de la vie culturelle. Le
critique de théâtre le plus redoutable était Alain
Laubreaux de *Je suis partout,* la feuille fasciste et
délatrice qui existait déjà avant la guerre. Il était,
comme tant d'autres à l'époque, l'homme de la haine
pure, une sorte de lansquenet obèse perdu dans des
intrigues continuelles, remâchant sa haine à longueur
de journée. Il avait une certaine tournure d'esprit que
ses nombreux lecteurs appréciaient et ses critiques
théâtrales étaient citées en exemple. Il pouvait se
prévaloir d'être le critique le plus influent de la presse
parisienne où il disposait des colonnes nécessaires
pour s'épancher longuement et mener campagne. On
lui reconnaissait le talent du critique, l'art d'exposer

ses idées et une grande vitalité d'écriture. Il fera école et aura des successeurs après la guerre[1].

Dans *Je suis partout,* il constata que la mise en scène « nous vieillit de vingt ans... Comme c'est laid, comme c'est vieux[2] ! ». Dans *Le Petit Parisien* dont il était également le critique théâtral, Alain Laubreaux se plaignit d'« un invraisemblable bric-à-brac cubiste et dadaïste, une avant-garde depuis longtemps passée à l'arrière-garde... Ce qui fait que la tragédie de M. Sartre, dans le parti pris d'il y a vingt ans du metteur en scène, est à des milliers de lieues plus éloignée de nous qu'Eschyle, Sophocle, Euripide[3] ».

Ce furent d'ailleurs la mise en scène et les décors qui déconcertèrent la critique d'entrée de jeu. Dans *L'Œuvre,* on se gaussa du « décor saugrenu et bizarroïde. Ne parlons pas des masques de martiens dont sont affublés les personnages[4] ».

La Semaine de Paris est frappée par « le décor d'un modernisme outrancier et pourtant désuet[5] ».

Dans *La France socialiste,* le critique Georges Ricou note à propos de l'impression d'ennui ressentie pendant la représentation : « Les lenteurs d'une interprétation traînante, monotone, soporifique n'y sont pas étrangères, surtout la représentation s'encombre d'une mise en scène qui se veut originale mais se réalise avec une telle lourdeur, une telle absence de style, une telle accumulation de procédés baroques

1. Après la guerre, la plupart des critiques de théâtre, avec plus de distinction que Laubreaux, défendront comme lui les pièces « saines et utiles ».
2. *Je suis partout,* 18 juin 1943.
3. *Le Petit Parisien,* 5 juin 1943.
4. *L'Œuvre,* 7 juin 1943.
5. *La Semaine de Paris,* 1er-13 juillet 1943.

que la tragédie perd tout intérêt dans le bric-à-brac des décors, des costumes, des accessoires, des masques qui mêlent fâcheusement les décorations tapissières inspirées du style grec, les parures de l'art nègre, les réminiscences cubistes, dadaïstes, futuristes [1]. »

Dans *Paris-Soir*, Jacques Berland écrit : « La représentation de M. Charles Dullin, tarabiscotée à plaisir par le souci d'une avant-garde qui a l'air en réalité d'une rétrospective [2]. »

D'autres s'en prennent à la musique crispante de Jacques Besse qui imite le vrombissement des mouches.

Même l'hebdomadaire *Comœdia*, si favorable à Sartre, émet des réserves par la plume de l'excellent critique Roland Purnal, une sorte de bohème belge qui avait donné sa vie aux lettres françaises : « La représentation de Charles Dullin aggrave encore cette impression de disparate. Sous prétexte de ressusciter divers éléments de la tragédie antique, il déchaîne tout un bestiaire qui rejoint sans peine le bric-à-brac dont l'expressionnisme nous offrit l'exemple au lendemain de l'autre guerre [3]. »

Seul Maurice Rostand, fils d'Edmond Rostand, imbriqué dans une collaboration salonnière, petit maître précieux et maniéré, qui poursuivait on ne sait quelles visées, personnage plein d'afféterie, inséparable de sa vieille mère, la poétesse Rosemonde Gérard, attifée elle aussi d'oripeaux, se pâmera devant *Les Mouches* : « La mise en scène a l'allure, la puissance,

1. *La France socialiste*, 12 juin 1943.
2. *Paris-Soir*, 15 juin 1943.
3. *Comœdia*, 12 juin 1943.

le climat irrespirable de l'œuvre. C'est la Grèce vue à travers l'angoisse moderne [1]. »

L'exécution de la pièce de Sartre accompagna celle de la mise en scène de Dullin. À la nuance près, la critique fut unanimement défavorable mais, en général, les journalistes déclaraient l'estime où ils tenaient Sartre écrivain et ne songèrent pas à minimiser son œuvre littéraire antérieure aux *Mouches*. Ils parurent tous surpris par la médiocrité des *Mouches*, œuvre théâtrale complètement ratée. Certains remarquèrent que Sartre suivait la mode qui était aux Atrides et énumérèrent, en guise d'exemple : *Dieu est innocent* de Lucien Fabre, les cycles des *Iphigénie* de Racine, Goethe et Hauptmann, *Électre* de Giraudoux [2].

Plusieurs critiques insistèrent sur la contagion de Giraudoux dont certains auteurs dramatiques ne peuvent se garder. On parla même à propos de Sartre de « sous-Giraudoux [3] ».

La plupart des critiques renâclaient devant une œuvre qui leur paraissait radicalement ratée, tout en respectant Sartre écrivain. Louis-Jean Finot note : « Œuvre intéressante et d'une écriture solide, mais l'auteur, en traitant ce sujet, a voulu aussi saisir trop de problèmes à la fois — ceux de la liberté de l'homme, du remords, de la haine, de la fatalité, bien d'autres encore — ... et les longueurs rendent confuses les scènes même les plus fortes, étouffent les pensées profondes. On se sent quelque peu accablé par *Les Mouches* tout comme les héros d'Argos [4]. »

1. *Paris-Midi*, 7 juin 1943.
2. *Aujourd'hui*, 12 juin 1943.
3. *L'Œuvre*, 7 juin 1943.
4. *Semaine de Paris*, 1er-13 juillet 1943.

La France socialiste écrit : « Dernière venue des variations sur un grand sujet, que vaut exactement la pièce de Jean-Paul Sartre ? Il est assez difficile de dégager une appréciation juste sur une œuvre certainement intéressante à lire qui laisse à la représentation une pesante impression d'ennui [1]. » L'inimitable Maurice Rostand, seul favorable à la pièce, déclare d'emblée, dans *Paris-Midi :* « Il faut dire tout de suite qu'on se trouve devant un ouvrage exceptionnel par l'ampleur du développement, la puissance cosmique, la résonance métaphysique... L'œuvre est presque trop riche de significations, de symboles qui s'entrecroisent comme des éclairs ; le drame se passe entre les hommes et les dieux, mais on y retrouve ce pessimisme et cette angoisse de vivre que nous avions trouvés dans les livres étonnants de Jean-Paul Sartre [2]. »

Dans *Comœdia,* où Sartre comptait des amitiés et des complicités, Roland Purnal ne put sauver *Les Mouches.* Il dégage d'abord la philosophie de la pièce, puis il écrit : « Que penser de l'œuvre que nous venons de voir ? Elle me laisse insatisfait en dépit de passages d'une indéniable beauté. J'entends bien que tel Scarron travestissant l'*Énéide,* J.-P. Sartre s'est offert le luxe de travestir *L'Orestie.* Châtié autant que l'autre, bien que le style macaronique ne soit aucunement son fait et qui demande, en revanche, ses moyens d'intimidation à ce qu'il faut bien appeler le goût de la puanteur. Toute sa rhapsodie, en somme, tire son efficacité d'un certain état d'obsession scato-

---

1. *La France socialiste,* 12 juin 1943.
2. *Paris-Midi,* 7 juin 1943.

phagique que n'arrive point à compenser la fuite pourtant si belle qui marque le dénouement[1]. »

Charles Méré, critique de théâtre du quotidien *Aujourd'hui*, reproche à Sartre de « manquer de mesure et de goût » et parle de certains procédés ridicules qui rappellent « le music-hall ». « Il y a un peu de tout dans la pièce, du meilleur et du pire, de l'invention heureuse et du mauvais goût, de la bonne littérature et du vulgaire bazar[2]. »

Le critique des *Nouveaux Temps* écrit, entre autres : « M. Jean-Paul Sartre n'a pris dans le malheur des Atrides que le prétexte de fouailler une humanité qu'il déteste, se complaisant dans un péjoratisme négatif, en étalant tout ce qu'il y a de peu ragoûtant en notre triste monde. Ses mouches nous collent à la peau, s'agglutinant à nous, épaisses d'ordure, nous zizillent aux oreilles comme bourdonnant autour du fumier[3]. »

Au tour du *Matin* : « Il y a pourtant une belle idée dans cette pièce qui se rattache à la tragédie antique... mais dans cette ambiance de symbolisme mélangé à l'art nègre, on est un peu décontenancé[4]. »

Afin de ne pas surcharger notre texte, nous nous sommes limité à quelques extraits de journaux importants ; la totalité de la presse était au diapason. Il était nécessaire que le lecteur en prît connaissance pour mieux apprécier la défense que Sartre fourbira. Toutefois, nous avons gardé pour la fin les articles de deux journalistes. Le premier est celui d'Alain Lau-

---

1. *Comœdia*, 12 juin 1943.
2. *Aujourd'hui*, 16 juillet 1943.
3. *Les Nouveaux Temps*, 13 juin 1943.
4. *Le Matin*, 16 juin 1943.

breaux, déjà présenté, le second est celui d'André Castelot dont nous parlerons.

Comme les éditions Gallimard avaient sorti la pièce en librairie avant qu'elle ne fût jouée sur scène, Laubreaux prit soin de la lire après la représentation. Par un article de trois colonnes dans *Je suis partout*, Laubreaux en tira l'enseignement suivant : « Mais enfin, dans le cas des *Mouches*, le livre porte un témoignage, celui d'une absolue et totale absence de sens dramatique chez l'auteur. Aucune de ses intentions, évidentes à la lecture, ne parvient au spectateur. Pour employer une expression de jargon théâtral, son dialogue ne passait pas la rampe. Ses mots ne prenaient point la configuration de sa pensée. Ils ne formaient qu'un jeu littéraire, une thèse d'aspirant poète en contradiction avec sa nature profonde. Car, au surplus, M. Sartre est un réaliste nourri du pessimisme sommaire de l'ancienne école naturaliste, égarée dans un monde qui n'est plus le sien. Il s'applique aux variations poétiques que le théâtre de ces vingt dernières années a mis en honneur, mais son cœur refuse de suivre sa langue. Il a beau introduire l'âme des morts dans ses *Mouches*, c'est moins cette âme qui s'exprime que les mouches elles-mêmes, les horribles nourrissons de la chair putréfiée. Il est hanté par le stercoraire. Le poème du remords humain qu'il a l'ambition de symboliser dans ces singulières messagères du néant se résout par une affreuse élégie de la charogne... »

Après un long et cinglant développement analytique de l'œuvre, Laubreaux conclura : « Mais M. Jean-Paul Sartre, en dépit qu'il en ait, n'est pas un poète : c'est un rhétoricien attentif, un assembleur de mots. Il peint dans un cloaque avec ce que vous pensez. Mais cela n'est horrible que dans l'intention [1]. »

De son côté, André Castelot, le critique dramatique de *La Gerbe*, écrivit un long article. Cet hebdomadaire était dirigé par l'étrange Alphonse de Châteaubriant, ancien prix Goncourt, fanatiquement dévoué à la cause hitlérienne. Castelot s'en prit d'abord à l'esthétisme des *Mouches* : « Notre ami H.R. Lenormand évoquait la semaine dernière, avec le talent qu'on lui connaît, l'époque du dadaïsme de Tristan Tzara, cet art d'aliéné qui a fort heureusement sombré dans la vase dont il n'aurait jamais dû sortir. La mise en scène et les décors des *Mouches* relèvent de ce défunt et cacochyme surréalisme. Quel bric-à-brac démodé que toute cette diptérologie [2]. »

Quant au reste, Castelot était à l'unisson de ceux qui dénonçaient « l'abjection systématique » des *Mouches*. Il terminait son article en observant : « Il existe cependant une idée intéressante : les malfaisantes Érinnyes, furies du remords — de grosses mouches à viande —, ont beau tourbillonner autour d'Oreste, elles ne le toucheront pas car il refuse de se repentir. Il sait qu'il est libre. Il assume librement son crime. Les Érinnyes n'auront aucune prise sur lui. Il quittera la ville, entraînant toutes les mouches dans son sillage, comme Hans le joueur de flûte du conte devait emmener derrière lui les rats qui infestaient son village. »

Cette volée de bois vert qui frappa Sartre épargna

1. *Je suis partout*, 18 juin 1943.
2. *La Gerbe*, 17 juin 1943.

son interprète féminine, Olga Kosakiewicz dite Olga Dominique. « Cette jeune comédienne possède une flamme et un foyer », dit l'un. Un autre : « Une frémissante Électre. » Un troisième la trouva « touchante et véhémente ». Un quatrième jugea que malgré une mauvaise voix, elle faisait preuve d'un « tempérament dramatique ». Un autre encore parla de son « ardente sincérité »[1].

Quant à Sartre, il eut le soutien inattendu de la *Pariser Zeitung*, journal allemand publié à Paris et de l'édition française de *Signal*, grand hebdomadaire illustré que les services de propagande du Reich distribuaient dans toute l'Europe soumise à la croix gammée. Il est vrai que les décors, les masques, les costumes des *Mouches* convenaient à l'esprit germanique, amateur de lourdes machineries qui rappelaient le théâtre allemand des années 20.

Pour Sartre et Dullin, l'échec fut patent. Dullin crut bon d'écrire une lettre ouverte à Laubreaux en se plaignant de ses procédés. Approuvé par les siens, Laubreaux ridiculisa Dullin. Alors qu'il avait espéré obtenir les suffrages de la presse stipendiée, Sartre chercha à en tirer parti. Déjà dans son esprit s'esquissait une riposte qu'il fera triompher après la Libération et dont il parla avec Simone de Beauvoir : il était victime des collaborationnistes, ils avaient démoli sa pièce parce qu'elle était écrite par un résistant et qu'elle était une pièce qui apportait au public les thèmes de la Résistance. Il

---

1. *La Gerbe, Paris-Midi, La Semaine de Paris, La France socialiste, Aujourd'hui.*

commença à accréditer cette thèse avec d'autant plus de persistance qu'en juin 1943, la victoire des Alliés ne faisait plus de doute.

Si jamais la pièce de Sartre avait recelé la moindre odeur de résistance, la presse parisienne l'aurait dénoncée. Ajoutons que le lendemain, des représentants de la censure allemande vinrent au théâtre de la Cité par routine. Ils réexaminèrent le texte des *Mouches* et ne trouvèrent rien à redire [1]. Sartre prétendit encore que Dullin fut menacé après la représentation et que son théâtre faillit être fermé. C'est inexact : *Les Mouches* furent jouées jusqu'à la fermeture estivale, quinze jours plus tard, devant des salles au public clairsemé malgré les élèves des écoles appelés en renfort [2].

Seuls les résultats financiers catastrophiques du théâtre de la Cité jouèrent un rôle dans le sort des *Mouches* et auraient pu menacer Dullin. À la demande du secrétariat général des Beaux-Arts de Vichy qui subventionnait assez largement Dullin, l'inspection centrale des finances avait diligenté une enquête. Il en ressortait qu'à la fin de l'exercice, terminé le 30 juin 1943, en même temps que prenaient fin les représentations des *Mouches,* un lourd déficit apparaissait malgré les subventions qui étaient incluses dans les recettes. Quelle en était la cause : « Les pièces jouées pendant cet exercice, *Crainquebille, Richard III, Mamouret* et surtout *Les Mouches,* n'ont obtenu qu'un succès médiocre [3]. »

---

1. Témoignage de E. Desportes de Linières.
2. Des élèves de la classe de Sartre à Condorcet vinrent faire la claque.
3. AN 21-5274, Inspection générale des Finances. Enquête effectuée à la demande du secrétariat général des Beaux-Arts, 5 décembre 1943.

Des pièces jouées pendant cet exercice, la plus déficitaire avait été *Les Mouches*. C'est donc une cause strictement matérielle qui frappa la pièce qui, malgré de mauvaises recettes, fut jouée jusqu'à la fermeture annuelle du théâtre. L'enquête spécifiait encore : « M. Dullin n'a toujours pas réussi à attirer le public, observation déjà faite dans le rapport précédent... Le peu de succès des représentations en cours ne permet guère d'espérer qu'une telle situation pourra être redressée et l'on peut avoir des craintes sur les conditions dans lesquelles ce passif pourra être couvert[1]. »

Néanmoins, à la réouverture du théâtre, le 8 octobre, Sartre eut la chance que sa pièce, toujours sans succès, fût reprise et jouée en alternance jusqu'à ce que le coefficient d'occupation de la salle, vide aux quatre cinquièmes, clôturât l'expérience des *Mouches*, totalisant en tout 25 représentations.

Il est probable qu'il n'y eut pas de contrat signé entre Sartre et Dullin qui établissait très rarement un acte écrit avec les auteurs dont il jouait la première pièce.

En attendant de pouvoir proclamer après la guerre que *Les Mouches* formaient un appel à la résistance, Sartre rechercha l'appui de René Delange, directeur de *Comœdia*. Celui-ci annonça qu'il ouvrirait un débat sur *Les Mouches* dans l'hebdomadaire. Débat qui n'eut jamais lieu. Voici comment, après la Libération, Sartre relata l'affaire au juge d'instruction chargé du dossier Delange :

« En 1943 (juin), on représenta au théâtre de la

1. *Ibid.*

Cité une pièce de moi intitulée *Les Mouches* qui était une satire déguisée du régime vichyssois et des Allemands. La presse inspirée ne s'y trompa pas et me couvrit d'injures et il fut un moment question d'interdire la pièce et à la préfecture de la Seine, on voulut retirer à Dullin la direction du théâtre de la Cité. Delange qui n'ignorait rien de tout cela vint spontanément m'offrir d'ouvrir un débat sur ma pièce. Il aurait reçu simultanément et publié côte à côte pendant plusieurs numéros les articles des défenseurs et des détracteurs. Il avait déjà en réserve quelques articles qui me défendaient. J'acceptai et il annonça dans le numéro du samedi suivant qu'il ouvrirait ce débat la semaine d'après. Il fut convoqué à ce sujet par l'Institut allemand, on le tança et on lui interdit d'attirer l'attention sur ma pièce. Le débat censuré n'eut pas lieu. Delange n'en a pas moins cherché par des allusions ou des articles de son journal à défendre Dullin et moi-même[1]. »

Un mois à peine après la libération de Paris, Sartre, endossant l'habit du résistant, s'empressera de s'incarner dans son nouveau rôle. Il déclarera à

---

1. AN, Z 6, n. 1., 15070 Delange. Lettre au juge Zoussman, janvier 1945. Le juge Zoussman, franc-maçon, fin lettré, très sensible à la notoriété de Sartre et de Paulhan qui intervenaient en faveur de Delange, classa l'affaire.

Dans *Comœdia*, n° 103 du 19 juin 1943, figurait un encadré en première page : « À propos des *Mouches* » : « La création des *Mouches* au théâtre de la Cité a suscité des " mouvements divers " dans l'opinion artistique. Dans sa grande majorité, la critique a jugé avec dureté l'œuvre de Jean-Paul Sartre. Ici même, Roland Purnal, dont personne ne saurait nier la probité ni la sagacité, a exprimé la " déception " qu'il a éprouvée à la représentation de ce drame. Cependant le retentissement produit par *Les Mouches* a été profond aussi bien dans les milieux intellectuels que chez les jeunes qui y ont vu une prise de contact avec un monde nouveau et ressenti une sensation de découverte. Aussi ouvrirons-nous prochainement le débat sur *Les Mouches*. » De toute évidence Sartre a fourni les arguments de cet encadré.

l'hebdomadaire *Carrefour* en fustigeant les pièces à sujet mythologique : « Pourquoi faire déclamer des Grecs si ce n'est pour déguiser sa pensée sous un régime fasciste » et, avec forfanterie, il ajoutera plus loin : « Le véritable drame, celui que j'aurais voulu écrire, c'est celui du terroriste qui en descendant des Allemands dans la rue déclenche l'exécution de cinquante otages [1]. »

Lors d'un débat sur *Les Mouches* à Berlin en 1948, Sartre, enfonçant le clou, déclarera qu'il avait voulu écrire cette pièce pour « extirper quelque peu cette maladie du repentir, cette complaisance au repentir et à la honte », et il enchaîna : « Il fallait alors redresser le peuple français, lui rendre courage. Oreste, c'est le petit groupe de Français qui commirent des attentats contre les Allemands et portèrent ensuite en eux cette angoisse du repentir, soutinrent cette tentation d'aller se dénoncer [2]. »

Estimant qu'on peut toujours en rajouter et comme personne n'osait contester qu'il ait été un résistant, Sartre, sans complexe, ne manquait aucune occasion d'accréditer cette légende. Profitant d'une reprise des *Mouches* au théâtre du Vieux-Colombier en janvier 1951, Sartre donna le texte suivant au quotidien *La Croix* : « ... Nous étions en 1943 et Vichy voulait nous enfoncer dans le repentir et dans la honte. En écrivant *Les Mouches*, j'ai essayé de contribuer avec mes seuls moyens à extirper quelque peu cette maladie du repentir, cet abandon à la honte qu'on sollicitait de nous. Les collaborateurs ne s'y trompèrent pas. De

---

1. Michel Contat et Michel Rybalka, *Les Écrits de Sartre*, Gallimard, 1970, p. 90.
2. *Ibid.*

violentes campagnes de presse obligèrent rapidement le théâtre Sarah-Bernhardt [notons que Sartre n'ose plus dire le théâtre de la Cité] à retirer la pièce de l'affiche et le travail remarquable de celui qui était notre plus grand metteur en scène ne fut pas récompensé [1]. » Dans ce concentré de contre-vérités, on constate comment l'échec littéraire et commercial des *Mouches* devint sous la plume de Sartre un appel à la résistance.

Il est possible que l'Institut allemand ait demandé à Delange de mettre une sourdine à la querelle des *Mouches* par crainte d'une polémique qui mobiliserait des colonnes d'un journal plus utile à d'autres articles. Quant à Dullin, prétendre qu'il fut menacé par la préfecture de la Seine de se voir retirer ses fonctions à cause des *Mouches*, on sait que c'est pure invention. Dullin n'eut maille à partir qu'avec le secrétariat des Beaux-Arts alarmé par ses déficits chroniques, ses demandes incessantes de nouvelles subventions et son inaptitude à utiliser à plein rendement un théâtre de 1 243 places [2].

La situation de Sartre dans Paris occupé avait considérablement progressé depuis qu'ancien prisonnier de guerre il revenait du stalag XII D et tentait de convaincre quelques-uns qu'il avait créé un groupe de Résistance : « Socialisme et liberté ». En même temps que le sort de la guerre basculait définitivement en faveur des Alliés, Sartre apparaissait comme la prin-

1. *Ibid.*
2. AN, AJ 40-1003.

cipale force intellectuelle de l'Occupation et celle qui
s'imposerait à la Libération. Il avait élargi son cercle
de relations et il n'existait pas un seul écrivain de
bonne notoriété qu'il ne connût pas ou qu'il n'eût pu
connaître. Sartre et Beauvoir, toujours liés, avaient
conquis, grâce au premier, une situation dominante.
Non seulement ils fréquentaient tout ce qui compte à
Paris, mais des complicités nombreuses et subalternes
leur avaient permis d'atteindre cette hégémonie dont
ils rêvaient ensemble depuis qu'étudiants agrégatifs,
ils s'étaient rencontrés. L'Occupation avait créé entre
les écrivains des liens de dépendance. Michel Leiris
fut le *deus ex machina* de l'ascension de Sartre et de
Beauvoir. Suivant la chronique sartrienne, cette rencontre eut lieu en 1943. D'après Michel Leiris elle se
produisit en 1941[1]. Mais ce fut en juin-juillet 1943
que leurs relations se nouèrent fortement et qu'ils
devinrent amis si ce mot avait une signification pour
Sartre.

Quoique solide, Michel Leiris paraissait gracile
Cela tenait à sa tête plutôt grosse, disproportionnée
avec le reste du corps. Il avait un visage glabre et
sanguin où luisaient des yeux baignés d'une lumière
pâle. Une dizaine d'années plus tôt, il avait participé
aux farces grossières et provocatrices du surréalisme
et il en restait quelque chose dans son air emprunté,
comme s'il n'était jamais à l'aise au naturel. Une telle
affectation tenait sans doute à cette recherche à la fois
morne et passionnée qu'il avait entreprise sur lui-
même, notamment sur sa sexualité, dans un ouvrage

---

1. Cf. Michel Leiris, *De la littérature considérée comme une tauromachie*,
Gallimard, 1946.

à tendance suicidaire, *L'Âge d'homme*, qui, selon lui, était une confession dont la qualité première consistait à être « authentique », un terme qui deviendra l'une des munitions du vocabulaire sartrien, et portait Leiris à « se dévoiler publiquement ». Ce qu'il voulait, c'était écrire sa vie sous « l'angle de l'érotisme » car, expliquait-il, « la sexualité m'apparaissait alors comme la pierre angulaire dans l'édification de la personnalité [1] ». Il ambitionnait de tirer de son cas une œuvre littéraire.

Son ouvrage, *L'Âge d'homme*, publié en 1939, juste avant la guerre, fut considéré comme une nouveauté par la liberté avec laquelle Leiris parlait de sa sexualité, mais son style classique, un rien maniéré, condamnait ce livre à perdre son intérêt dès que l'émancipation des mœurs aurait rendu son contenu caduc. Il était frappant que dans ce livre consacré à son enfance et à son adolescence, il n'y ait pas un seul sourire. Il avait également publié avant la guerre *L'Afrique fantôme,* son journal pendant la mission linguistique et ethnographique Dakar-Djibouti (1931-1933) chargée d'acheter ustensiles et objets africains. Drôle de mission qui payait toujours ses achats, mais persuadait les vendeurs récalcitrants en leur bottant les fesses ou en les menaçant avec une arme. Sartre et Beauvoir assuraient qu'ils avaient apprécié ces livres. L'un et l'autre, si pudibonds, si dissimulés, étaient épatés par l'impudicité de Leiris. Le titre *L'Âge d'homme* plut tellement à Sartre qu'il en tira l'intitulé du premier volume des *Chemins de la liberté : L'Âge de raison.* Riche, ayant domesticité, habillé par les meil-

1. *Ibid.*

leurs faiseurs, vivant comme un grand bourgeois, Leiris voulait nier sa bourgeoisie, s'affranchir de cette étiquette qui le gênait. Il aimait hurler contre les bourgeois, vieille marotte flaubertienne. Il rencontra en Sartre un comparse et tous deux, indécrottables bourgeois, se bercèrent de l'illusion d'aller au peuple. Sartre et Beauvoir furent séduits : « Les Leiris connaissaient une quantité de gens célèbres ou notoires [1]. » Ils en profitèrent largement et se montrèrent sous leur meilleur jour au couple Leiris. Sans doute ne se seraient-ils pas autant dépensés si ceux-ci n'avaient pas détenu les clefs du monde intellectuel et parisien où Sartre et Beauvoir brûlaient d'être introduits. Même s'ils méprisaient les gens établis, le confort bourgeois, ils se gardèrent de critiquer le luxe dans lequel vivaient les Leiris.

Il était étrange d'assister aux grâces que multipliait Simone de Beauvoir à l'égard de Louise Leiris, brave et bonne, toujours soignée, disposée à prendre des risques en faveur d'autrui et à secourir ceux que l'Occupation mettait en péril, à « perdre son temps » pour les autres et qui tenait son appartement ouvert à tous. Mais ce comportement n'eut aucune influence sur Simone de Beauvoir qui ne cherchait dans les événements ou dans les rencontres que les éléments qui pouvaient lui être utiles.

Michel Leiris était en relation avec le Comité national des écrivains (CNE) qui dépendait du Front national, mouvement clandestin à prédominance communiste. Le CNE avait été fondé par Jacques Decourdemanche, dit Jacques Decour. Le CNE,

---

1. *La Force de l'âge, op. cit.*

d'abord réduit à quelques membres qui demandaient aux écrivains de ne pas publier pendant l'Occupation, dut finalement, pour augmenter ses effectifs, accepter que ses adhérents fassent paraître des livres. Sartre participait à certaines réunions du CNE depuis janvier 1943, après avoir été la cible des communistes qui l'accusaient par tracts d'être redevable aux Allemands de son rapatriement du stalag et d'être un disciple du philosophe nazi Martin Heidegger. C'est le communiste Billoux qui lui aurait recommandé d'entrer au CNE pour mettre un terme à cette campagne. Sartre accepta, plus par opportunisme que par adhésion morale.

Quelques mois plus tard, Sartre écrira dans les clandestines *Lettres françaises,* organe du Comité national des écrivains : « Drieu La Rochelle ou la haine de soi ». Jamais *Les Lettres françaises* ne publieront un autre article aussi éloigné de l'esprit de la Résistance. C'était un texte d'humeur. Sartre recourait aux procédés usuels de la presse fasciste où l'on s'en prend au physique et à la moralité des personnes. C'est ainsi qu'il commençait par fustiger deux hommes de lettres collaborationnistes : « l'ivrogne Fernandez » et « le pédéraste Fraigneau ». Quant à Drieu La Rochelle, c'était « un long type triste au crâne énorme et bosselé avec un visage fané de jeune homme qui n'a pas su vieillir ». Sur un ton polémique et violent, Sartre développait de manière simpliste les mobiles du comportement pro-nazi de Drieu. Cherchant une thèse paradoxale, il empruntera aux nombreuses analyses qu'on appliquait au nazisme en ce temps-là : « Il

est venu au nazisme par affinité élective ; au fond de
son cœur, comme au fond du nazisme, il y a la haine
de soi [1]. »

Toujours en éveil dès qu'il s'agissait d'affirmer sa
prétendue appartenance à la Résistance, Sartre déclarera seize ans plus tard, en 1959, au journal *Libération*
qu'il avait obtenu l'accord du Comité national des
écrivains pour faire représenter *Les Mouches*. Cette
assertion est inexacte car il n'adhéra au CNE qu'en
janvier 1943 et il avait déjà traité avec Dullin qui,
nous l'avons écrit, annonçait la création des *Mouches*
dans le numéro de *Paris-Midi* du 17 septembre 1942.
Dans l'interview de 1959 au journal *Libération*, Sartre
mentait délibérément en affirmant : « ... si la pièce a
été présentée à la censure allemande, c'est après un
débat au Comité national des écrivains où il avait été
décidé qu'il fallait la faire jouer parce que de telles
pièces aidaient à démystifier le public, même si elle ne
pouvait montrer que la vérité sous le voile [2]. »

On ne sait si ce fut Leiris qui proposa à Sartre
d'écrire un article sur *Les Mouches* à paraître dans *Les
Lettres françaises* pour donner à la pièce un fumet de
Résistance, ou si ce fut Sartre qui le lui demanda [3].

En 1960, dans ses Mémoires, Simone de Beauvoir
altéra la vérité en affirmant qu'après la répétition

---

1. *Les Lettres françaises*, avril 1943, n° 4.
2. *Libération*, 21 septembre 1959. Par ces propos, Sartre répliquait à une
attaque d'André Malraux, alors ministre des Affaires culturelles. Au cours
d'un voyage officiel au Brésil, Malraux avait accusé publiquement Sartre
d'avoir fait jouer sa pièce pendant l'Occupation.
3. *Les Lettres françaises*, organe du CNE, avaient été fondées par un
professeur agrégé d'allemand, Jacques Decourdemanche, dit Jacques Decour,
d'origine bourgeoise — son père était agent de change —, membre du parti
communiste clandestin, attaché au principe qu'aucun écrivain résistant ne

générale des *Mouches,* Michel Leiris loua la pièce dans *Les Lettres françaises* et « en souligna la signification politique [1] ». En réalité, Leiris n'écrivit un article sur *Les Mouches* que six mois plus tard, sans gloser sur une signification politique si peu évidente. Le titre de son article : « Oreste et la cité », circonscrit l'action d'Oreste à l'échelle de la ville. L'analyse de la pièce était correcte, telle que les spectateurs avaient pu la comprendre. Leiris ne cherchait pas à prêter à Sartre des intentions de résistant qu'il n'avait jamais eues. Le mot « résistance » ne fut même pas écrit. Seule concession au copinage, l'éloge hyperbolique que Leiris décerna à Sartre en mentionnant qu'il s'agissait d'une œuvre « telle qu'on n'en avait pas vu en France d'aussi puissante depuis nombre d'années [2] ».

Quant aux services de la propagande allemande, ils autorisèrent une réimpression des *Mouches* par les éditions Gallimard au début de l'année 1944.

---

devait publier ses œuvres dans la zone occupée. La première réunion du comité des *Lettres françaises* eut lieu chez l'écrivain Jean Blanzat. Il se composait principalement de Jacques Decour, Jean Paulhan qui avait puissamment aidé Jacques Decour, de Jean Guéhenno, du Père Maydieu, dominicain, de Jean Blanzat et Charles Vildrac.

1. *La Force de l'âge, op. cit.,* p. 553.
2. *Les Lettres françaises,* décembre 1943, n° 12.

15.

L'année capitale

L'année des *Mouches,* 1943, devait marquer à jamais la vie de Sartre et de Simone de Beauvoir. Malgré l'éreintement quasi unanime de la critique, Sartre fut sacré par *Comœdia* « véritable auteur dramatique » pour l'année 1943. Sous le pseudonyme de « Le Semainier », René Delange, le directeur de l'hebdomadaire, indéfectible allié de Sartre, écrivit avec l'autorisation de la censure allemande : « L'année qui vient de s'écouler nous a révélé trois véritables auteurs dramatiques. Celui dont la personnalité est la plus accusée, la plus originale, la plus percutante est sans discussion Jean-Paul Sartre dont *Les Mouches,* représentées au théâtre de la Cité, ont été jugées en surface par la plupart des critiques. Au gré de leur humeur, ces derniers nous ont livré des jugements éphémères sur une pièce qui, elle, demeurera, alors que la seule critique est celle qui a souci de rester [1]. »

Année faste! Dans la foulée des *Mouches,* Sartre publia *L'Être et le Néant,* maître ouvrage qui lui vaudra sa renommée de philosophe, et Simone de Beauvoir son premier roman, *L'Invitée,* qui la propulsait dans le

1. *Comœdia,* 8 janvier 1944, n° 131. Les deux autres auteurs distingués par Delange sont Georges Couturier pour *L'Honorable M. Pepys* et André Roussin pour *Am Stram Gram.*

monde des lettres. L'emprise de Sartre sur ce qu'allait être la vie littéraire d'après-guerre prenait corps.

Pendant cette année-là, il avait mis à profit la période de l'Occupation pour reprendre à son compte une tradition consistant à publier dans une revue de substantielles études sur des écrivains à la notoriété naissante, dont on considérait qu'ils étaient des valeurs sûres : Albert Camus, Maurice Blanchot, Georges Bataille, et il attaqua ce dernier rudement [1]. Par ce biais, son ascendant croissait ; il s'érigeait en maître et il acquit la réputation d'être en mesure d'écrire d'abondance avec une spontanéité qui tenait du miracle sans que cela lui coûtât d'autre effort que de prendre son stylo. De même, se conformant aux usages de l'avant-guerre, il publiera dans diverses revues des extraits de son roman *Les Chemins de la liberté*, montrant qu'il entendait exploiter les ressources offertes par l'Occupation pour se comporter comme au temps où la France était libre.

Cette production incessante n'empêchait pas Sartre de se rendre partout où il fallait se montrer. Il parvenait à concilier une prolifique période de production littéraire avec son emploi du temps de professeur au lycée Condorcet et la vie sociale qu'il menait presque tous les jours, manquant rarement les vendredis de Jean Paulhan quand ce dernier réunissait des écrivains autour de lui dans son petit bureau chez Gallimard. Côté amusements, Sartre était de toutes les fêtes chez les Leiris. Il participera avec

---

1. *Explication de L'Étranger* (Albert Camus), *Aminadab* (Maurice Blanchot), *Un nouveau mystique* (Georges Bataille). Ces trois études publiées à l'époque dans *Les Cahiers du Sud* ont été reprises dans *Situations I*. Georges Bataille répondra longuement à Sartre, cf. *Œuvres complètes*, Gallimard, 1973, vol. VI.

Simone de Beauvoir à des « fiestas » dont nous verrons les rites dans un autre chapitre, se couchant aux aurores sans que cela contrariât les occupations du jour à venir. Jamais las de s'affirmer parmi les autres, il ne remarquait personne parmi ses relations qui pût lui disputer la première place, pas même Albert Camus, pourtant très actif et pressé d'arriver, à qui le liait une espèce d'amitié toute neuve et de circonstance.

Camus représente un cas sans précédent dans l'histoire de la littérature française du XXe siècle par la rapidité de sa réussite et le moment où elle se produisit. Jusqu'en 1942, il était inconnu et n'avait publié qu'une pincée d'œuvrettes médiocres. Vivotant en Algérie, il rêvait de Paris, de la gloire. Il avait confié le manuscrit de *L'Étranger* à Pascal Pia, son dévoué protecteur, journaliste et homme de culture très répandu dans le milieu littéraire. Pia le transmit à Malraux, retiré, à cette époque de l'Occupation, sur la Côte d'Azur. Malraux le recommanda aux éditions Gallimard. D'emblée, *L'Étranger* sembla y jouir d'une faveur qui ne permettait plus de mettre sa valeur en doute. Les collaborateurs de Gallimard chargés de concourir au succès de certains ouvrages s'attachèrent à celui-ci. Ces professionnels formaient une chaîne de lecture intelligente qui dépassait la valeur même de l'œuvre. Durant l'Occupation, les jeunes et nouveaux auteurs étaient rares, et plus rares encore ceux qui portaient une promesse d'avenir. Les attentions flatteuses dont il était l'objet, les éloges qu'il recevait à propos de *L'Étranger* enchantèrent Camus qui ne péchait pas par modestie : après la guerre, il ne devait jamais laisser la moindre critique d'importance s'élever contre lui sans y répondre. La publication de *L'Étranger*, en juillet 1942, ne changea rien à son sort dans l'immédiat. Comme l'écrivait à Paulhan son protecteur Pascal Pia qui se démenait auprès des éditions Gallimard pour être utile et secourable à Camus : « Il a 28 ans et s'emmerde actuellement à Oran[1]. »

La publication de *L'Étranger* mit à contribution les amis et obligés de Gallimard qui saluèrent dans la presse la réussite ou l'importance du livre[2]. Les éditions Gallimard faisaient savoir que c'était le meilleur livre depuis l'armistice. Pourtant ce qui frappe dans cet ouvrage — et dans ceux que Camus publiera par la suite — ce sont ses limites, la manière dont l'auteur arrive au bout de lui-même rapidement et s'écrase contre des obstacles qui sont des points de départ pour des esprits mieux formés.

Venu en France, Camus s'y trouva bloqué par le débarquement anglo-américain en Afrique du Nord qui l'empêcha de retourner chez lui en Algérie. Ce fut sa chance ; il s'affranchit. Pour assurer sa vie matérielle, Pascal Pia sollicita de Gallimard des mensualités, « deux mille francs au moins et plus si c'est possible ». L'éditeur accepta de mensualiser Camus. Peu après, celui-ci entrait dans le comité de lecture de Gallimard qui passait pour être la plus importante institution littéraire de France. Ceux qui le composaient étaient aussi les animateurs de cette fameuse maison d'édition qui entendait tenir sous contrat les

---

1. Archives J. Paulhan, lettre de Pia à Paulhan, 3 novembre 1942.
2. Notamment Marcel Arland, Jean-Paul Sartre, Jean Grenier.

meilleurs écrivains de l'époque et favoriser les rencontres entre eux. Il n'est guère possible d'écrire l'histoire littéraire française du XXe siècle sans disposer des archives de la maison Gallimard et connaître la comptabilité de cet éditeur où figurent droits d'auteur, salaires, subsides, gratifications dont les versements ont souvent été suscités par des lettres d'auteurs fort intéressantes[1].

L'Étranger fut suivi, trois mois plus tard, par la publication du *Mythe de Sisyphe*, censé être le commentaire philosophique de *L'Étranger*, et dont Sartre vit au premier coup d'œil toutes les faiblesses[2]. Camus se prit au sérieux. Il devenait si pressé de parvenir qu'il n'observait plus la réserve et le détachement nécessaires. Peu à peu, il en vint à se composer un personnage que Paulhan perça. À la suite de quoi, ce dernier lui écrivit une lettre sévère où il l'accusait de poser. À Paris, Paulhan était le seul qui pouvait tout se permettre avec les écrivains et il ne s'en privait pas, mettant en cause ceux-là mêmes qui se croyaient hors d'atteinte. Camus baissa pavillon et répondit humblement à Paulhan : « Si je vous ai donné par moi-même l'impression qu'entre ce que je dis et moi, il y a une distance, cela est fâcheux, mais cela est sans doute vrai. Si j'en étais sûr, je cesserais d'écrire. Si c'est au contraire des parties différentes de mes écrits que vous n'arrivez pas à raccorder, je crois que cela peut s'expliquer. Il y a des choses que je sais et d'autres que je veux. J'ai dit les premières, les circonstances me forcent à montrer les secondes. Cela peut paraître sans lien. Mais l'essentiel de ce que j'ai à dire consiste à montrer qu'il y a un lien. Pour cela il me faut le temps et la santé [1]. »

Aussi résolu que Sartre et Beauvoir à faire son chemin pendant l'Occupation, Camus se déconsidéra en acceptant que le chapitre qu'il avait consacré à Kafka fût retiré du *Mythe de Sisyphe* afin que la censure allemande autorisât la publication du livre. Il brigua aussi, à l'occasion de la parution de *L'Étranger,* la bourse nationale de voyage littéraire décernée par le ministère de l'Éducation nationale de Vichy. Elle lui fut refusée ; le haut fonctionnaire responsable indiqua que « la lecture de *L'Étranger* me donne l'impression de me promener dans un désert de sable », alors que « certains parfums me demeurent nécessaires [2] ». Plus tard, Camus, comme Sartre, sollicitera que sa pièce, *Le Malentendu,* obtienne du Theatergruppe et de la censure allemande l'autorisation d'être jouée à Paris.

Sartre lui fit bonne figure, le traita en égal bien qu'il ait déjà sondé son infériorité intellectuelle. Il avait décelé avec un demi-sourire que Camus qui, dans *Le Mythe de Sisyphe,* revendiquait le statut de philosophe, ne possédait pas bien ses auteurs [3]. Toutefois, si Sartre dominait Camus par son intellect, sa culture et sa puissance d'écrivain, l'autre l'égalait et même le surpassait par son entregent. Non seulement Camus étendait chaque jour le cercle de ses relations

---

1. Archives J. Paulhan, lettre de Camus non datée, mais vraisemblablement début de 1944.
2. Archives J. Paulhan, lettre de M. Plante, 1943.
3. *Explication de l'Étranger, op. cit.* Sartre remarque : « M. Camus met quelque coquetterie à citer les textes de Jaspers, de Heidegger, de Kierkegaard qu'il ne semble d'ailleurs pas toujours bien comprendre. »

mais celles de Sartre devenaient les siennes. Il s'introduisait partout où c'était utile et, sous un feint détachement, un air serviable, perçait son appétit d'arriver. Vite en mesure de rendre des services, Camus pouvait compter sur la réciprocité.

En même temps que *Les Mouches* étaient représentées au théâtre de la Cité, Sartre publiait son œuvre philosophique majeure, *L'Être et le Néant,* dédié à Simone de Beauvoir, et qui, après la guerre, établira sa renommée de philosophe. Il se montra toujours assez discret sur la manière dont il l'écrivit et il semble que personne ne l'ait interrogé à ce propos ou que lui-même n'ait pas éprouvé l'envie d'en parler [1]. Il rédigea les quelque 700 pages du volume tassées menu avec facilité, au fil de la plume, en deux ans seulement tout en mettant la main à d'autres œuvres et en enseignant à Condorcet, faisant preuve d'une singulière aptitude intellectuelle au rendement et à la diversification.

Il n'est guère possible de rendre compte ici de cette œuvre énorme. L'œil fixé sur Husserl et Heidegger, tantôt pour approuver, tantôt pour contester, Sartre, parlant de l'être, expose les transformations du « pour-soi » — la conscience qui n'est pas ce qu'elle est — en dualité avec « l'en-soi » — être absolu qui est lui-même indéfiniment — et cette dialectique donne lieu à une série de descriptions phénoménologiques qui englobent les structures immédiates du pour-soi, la transcendance, la temporalité, l'existence

---

1. D'après Sartre, il aurait écrit 76 pages sur les thèses développées dans *L'Être et le Néant* quand il était en captivité au camp Haxo ; *Lettres au Castor,* 12 août 1940.

d'autrui, le corps, la liberté. Il conteste la psychanalyse classique et s'efforce de créer une psychanalyse existentielle où l'homme est une totalité.

Est-ce une œuvre qui tient compte de notre époque ? Ce livre éclaire-t-il la condition humaine ? Par son ignorance des sciences de son temps et sa prétention de garder la philosophie à l'écart de toute science pour lui conserver une apparente authenticité, tout en ayant l'ambition de traiter de l'homme dans sa totalité, Sartre ne peut que prétendre à des fragments de discours. En se privant de l'apport conceptuel des sciences, il ampute ses thèses d'un acquis indispensable.

Sartre n'était pas l'homme de la table rase, de la méditation solitaire. Professionnel de la philosophie, technicien consommé, il partait avec une surcharge de références, de réminiscences, qui ne lui laissait pas l'esprit libre de créer sa propre substance.

En reprenant par la voie de l'ontologie phénoménologique le plus ancien problème de la philosophie, celui de l'être, Sartre n'est pas un philosophe de crise qui se place sur le tranchant du monde, accordant à son temps la priorité de ce qui s'y produit. Notre époque lui échappe. Il la redoute ; elle complique sa tâche. Les recours à des exemples démonstratifs qu'il puise dans la vie ordinaire pour colorer son exposé sont neutres et faciles à manier. Ainsi, à propos de la « mauvaise foi », dans un passage souvent cité, il explique, par une description caricaturale, pourquoi un garçon de café « joue » à être garçon de café, car « le garçon de café joue avec sa condition pour la réaliser ». Il en va de même pour l'épicier, le tailleur, le commissaire-priseur, tous s'imitant eux-mêmes pour ainsi dire. La cruauté de l'époque où fut écrit *L'Être et le Néant* inclinerait vers un autre choix : pourquoi un tortionnaire joue-t-il à être tortionnaire ? Pourquoi un agent de police joue-t-il à être agent de police en arrêtant et en escortant des innocents dans des camps de concentration ? C'eût été l'intrusion de l'histoire dans le mythe.

L'Être et le Néant offre une philosophie que l'on peut apprécier plus pour l'ampleur de l'effort intellectuel qu'à cause de la valeur interne de son argumentation.

« Est-ce que j'y crois ? » Cette question salutaire que se posait Leibniz en doutant de son propre système, Sartre aurait été avisé de s'y soumettre, lui qui imaginait tenir un discours éclairant et pédagogique. Or, en progressant dans la lecture de *L'Être et le Néant*, les fissures apparaissent en même temps que Sartre croit élever un édifice philosophique solide. L'effort spéculatif tourne au dogmatisme. Un champ de ruines s'étend aux endroits mêmes où il pense avoir élevé de solides bastions. La rigueur apparente du discours sombre dans le chaos scolastique. Des propositions supposées définitives donnent naissance à des contradictions. Quelques formules brillantes, quelques aperçus ingénieux semblent résister mais leur signification se pare d'une élégance intellectuelle qui ne doit rien à la rigueur.

Le livre passa inaperçu. Il faudra attendre après la guerre la renommée de Sartre pour que l'intérêt de certains lecteurs se reportât sur *L'Être et le Néant* dont le titre même devint aussi connu que ceux de ses œuvres littéraires.

Trois mois après *Les Mouches* et *L'Être et le Néant*
Simone de Beauvoir apparut sur la scène littéraire.
Elle avait trente-cinq ans. Elle revenait à Paris après
deux mois de vacances, pleine d'énergie, et se réjouissait de la publication de son premier roman, *L'Invitée*,
qu'elle avait terminé deux ans plus tôt. Depuis, elle
avait travaillé à un essai, *Pyrrhus et Cinéas*, et achevait
un second roman, *Le Sang des autres*.

L'Invitée, dédiée à Olga Kosakiewicz, parut à la fin
du mois d'août parmi les nouveautés de la rentrée
littéraire. En épigraphe, le livre était orné d'une
pensée de Hegel : « Chaque conscience poursuit la
mort de l'autre. » Le choix de ce philosophe —
Simone de Beauvoir aurait pu préférer un philosophe
français —, en qui les Allemands voyaient le théoricien de la puissance de l'État allemand, plut à la
censure de l'occupant. Cet ouvrage n'avait pas suscité
l'adhésion sans réserve de l'éditeur et n'aurait probablement pas été publié tel quel si Simone de Beauvoir
n'avait été l'amie de Sartre, en passe de devenir le
grand écrivain des éditions Gallimard. Ce fut Brice
Parain qui prit en charge *L'Invitée*. Il demanda par
lettre à Simone de Beauvoir de supprimer les termes
grossiers semés dans l'ouvrage [1]. Elle corrigea si mal
les épreuves que Sartre dut y mettre la main [2].

L'imagination ne fut jamais le côté fort de Simone
de Beauvoir. Créer des personnages, ce n'est pas tant
faire vrai que rendre possible. Faire vrai, c'est copier
au naturel ; rendre possible, c'est donner la vie. Pour
faire vrai, Simone de Beauvoir emprunta tout à des

1. Archives Gallimard.
2. *Lettres au Castor, op. cit.*, été 1943.

modèles qu'elle avait sous les yeux : elle les prit dans la Famille et parmi ses connaissances. D'où un effet de platitude car ses personnages sont fabriqués si grossièrement que leur mécanisme devient apparent et qu'ils n'ont plus de secret, c'est-à-dire qu'ils sont privés d'un comportement imprévisible. Ils font ce que l'on attend d'eux, parlant de ce que l'on sait et laissant de côté le plus intéressant qui est ce qu'on ignore.

Dans *Les Chemins de la liberté*, Sartre s'était emparé de Jacques-Laurent Bost et d'Olga Kosakiewicz pour personnifier un frère et une sœur (Boris et Ivich). À son tour, Simone de Beauvoir se saisit d'eux, les plaça dans son roman qui narrait l'aventure à quatre qu'elle avait vécue dans la réalité avec Sartre, Bost et Olga Kosakiewicz. Voici comment se présente ce roman à clefs : Françoise (Simone de Beauvoir) est la collaboratrice et la maîtresse d'un homme de théâtre, Pierre (Jean-Paul Sartre). Elle a également un penchant pour le jeune Gerber (Jacques-Laurent Bost), employé par Pierre. Survient une « invitée », Xavière (Olga Kosakiewicz), qui « allume » Pierre et n'ose elle-même trop s'engager. On apprendra que pendant que le pauvre Pierre s'interroge anxieusement sur le comportement de Xavière, celle-ci couche avec Gerber. La seule différence entre le vécu et le roman, c'est que dans le livre, Françoise-Simone de Beauvoir se débarrasse de Xavière-Olga Kosakiewicz en l'asphyxiant au gaz.

À chaque page de *L'Invitée* apparaissent les stigmates indiquant, comme pour un malade, que ce livre aura une existence éphémère, qu'il contient en germe les ferments de sa propre mort. Il présente une épuisante suite de dialogues oiseux et prétentieux, ponctués, à chaque changement d'interlocuteur, par des « il dit, elle dit » qui brûlent les yeux. On se rend compte que Simone de Beauvoir voulait parler d'elle-même tout en craignant de se trahir mais sans pouvoir se retenir complètement, ce qui noie le texte dans un flot de phrases inutiles, montrant que son écriture agit comme une censure. Ainsi que dans la vie réelle de la Famille, les personnages ont toujours un verre d'alcool à la main pour se parler, et leur dévergondage se dissimule sous une pudibonderie à laquelle recourait Simone de Beauvoir quand elle se trouvait hors des tête-à-tête qu'elle se réservait avec chaque membre de la Famille.

Cet ouvrage niais avait, pour l'époque, au sein d'une production romanesque aseptisée, un petit air de scandale qui suscita de l'intérêt. Les lecteurs se hâtaient à travers la jungle des mots pour tomber sur des passages qui choquaient sans même être émoustillants. L'amour, on le sait, est source de connaissance de soi et révélation d'un monde qui échappe au rationnel. L'expression de sentiments, de sensations et d'émotions dépassait les capacités littéraires de Simone de Beauvoir. D'où l'inconsistance de ses personnages quand ils sont face à l'amour, et tout simplement quand ils vivent. De ce fait, et contrairement à l'expression sartrienne, qui deviendra une mode, ils ne sont jamais « en situation ».

« Je lis le livre de Simone de Beauvoir, *L'Invitée*, dont tout le monde parle. Est-ce là vivre ? Alors, je ne vis pas. C'est une chienne qui raconte des vies de chiens qui rongent des os, qui pissent à tour de rôle contre le même bec de gaz, qui se mordent ou qui se sentent le derrière. Peut-on boire à ce point et traîner à ce point, ne jamais dormir et si on dort, ne jamais dormir seul [1] ? », s'interrogea Jean Cocteau.

Gallimard s'occupa activement du lancement. Son homme lige, Marcel Arland, responsable de la chronique littéraire dans *Comœdia*, donna le signal en publiant un article très élogieux dans cet hebdomadaire. Simone de Beauvoir ne s'était pas opposée à ce que l'éditeur adressât son livre à la presse pro-nazie dont elle espérait obtenir les suffrages. Elle ne fut pas déçue. De *Je suis partout* à *La Gerbe*, les journaux suivirent et, malgré des réserves, traitèrent convenablement l'auteur. Le bouche à oreille fit le reste. Le livre se vendit bien parmi une bourgeoisie française frustrée, rien qu'à l'idée qu'un roman proposait une longue histoire de mœurs entrecoupée d'interminables escales au Dôme, à la Coupole, au Flore, au Bal Nègre.

Les éditions Gallimard s'accointèrent avec des membres de jurys littéraires dévoués à leur cause. Le jury Goncourt et le jury Renaudot citèrent le livre de Simone de Beauvoir. Seules les dames du Fémina eurent la dignité de ne pas décerner leur prix pendant l'Occupation.

Des deux institutions traditionnelles de la vie littéraire française, l'une sommeillait — l'Académie française, moyenne d'âge : soixante-dix ans — l'autre — l'académie Goncourt, moyenne d'âge : soixante-sept ans — était pleine d'éclats. Les querelles et les complots y étaient extravagants et explosaient tant à propos du choix du livre primé que de l'élection de ses membres.

---

1. Jean Cocteau, *Journal 1942-1945*, Gallimard, 1989.

Les académiciens français qui n'étaient guère plus que 14 à siéger ne pouvaient procéder à de nouvelles élections faute d'un collège statutaire minimal de 20 électeurs. Les fauteuils vacants augmentaient en nombre, les académiciens s'éteignant doucement en raison de leur grand âge. Aucune réception n'était possible en ces temps de pénurie. Où aurait-on trouvé du bon drap vert pour confectionner le fameux habit à l'heure de la fibranne et de la rayonne ? Peut-être ces impedimenta vestimentaires ne servaient-ils que de prétexte pour renvoyer à de meilleurs lendemains des élections qui, sous l'Occupation, auraient donné lieu à des pressions. Alors, les 14 académiciens demeurant à Paris se rendaient avec morosité dans le froid palais de Mazarin afin de participer aux séances du dictionnaire, toujours en chantier, sans parvenir à épuiser la lettre A, à raison de cinq ou six mots par mois. Le reste du temps, faute des intrigues délicieuses de l'avant-guerre, ils attribuaient des dizaines de prix comme s'ils couronnaient des astres. Une seule initiative louable avait eu lieu au début de l'Occupation, l'éloge mortuaire que Paul Valéry avait consacré à Bergson, malgré les campagnes antisémites, devant 11 académiciens réunis.

Les académiciens Goncourt se chamaillaient et se jetaient au visage des vérités qui n'épargnaient aucun d'entre eux. Leur ligne de conduite à l'égard de l'attribution du célèbre prix avait été fixée publiquement après dix-sept mois de régime d'Occupation, alors que la domination nazie s'était clairement exprimée. Le président, J. H. Rosny Jeune, quatre-vingt-quatre ans, avait déclaré :

« Au moment où la France s'engage à la suite de

son chef, Pétain, dans cette Collaboration qui doit porter l'Europe à sa plus haute puissance, il a été bien intéressant de faire l'inventaire des forces morales dont le pays dispose. La littérature n'est-elle pas une de ces forces-là ; un des plus puissants moyens pour assurer la supériorité de la civilisation [1] ? »

Les Goncourt ne se déjugèrent pas dans l'attribution du prix. Ils couronnèrent, pendant l'Occupation, des romans relevant d'une morale conformiste. Une méthode de lecture avait été proclamée par l'un d'eux, Léon Daudet : « Dix pages au début, dix pages au milieu, dix pages à la fin et l'on est fixé. »

Simone de Beauvoir n'avait aucune chance d'obtenir le Goncourt pour *L'Invitée*. Mais le rôle des éditions Gallimard consistait à faire citer son livre par le jury, ce qu'elles réussirent sans difficulté. Simone de Beauvoir souhaitait obtenir le prix bien qu'il ne pût être décerné sans l'agrément des Allemands. Elle prétendra que le Comité national des écrivains lui donna son accord pour accepter le prix, sous réserve qu'elle n'accordât pas d'interview [2]. Cette assertion est manifestement fausse quand on sait que *Les Lettres françaises*, organe clandestin du Comité national des écrivains, partirent en guerre contre les Goncourt. Dans un article cinglant, *Les Lettres françaises* dénonçaient nommément quatre membres de l'académie Goncourt — dont Sacha Guitry, « l'un des agents les plus actifs de la fraction collaboratrice de cette assemblée » — comme des traîtres et elles réclamaient un châtiment collectif : « Il n'est pas possible qu'après la

1. *Le Petit Parisien*, 15 décembre 1941.
2. *La Force de l'âge, op. cit.*

victoire, des hommes qui durant l'occupation ennemie vécurent dans l'esprit de la trahison puissent
disposer encore de la moindre influence sur le public
français. Ce n'est pas là une affaire intérieure de
l'académie Goncourt mais une affaire qui regarde le
pays tout entier. Traîtres et demi-traîtres doivent être
mis dans l'impossibilité de nuire [1]. »

Les objurgations des *Lettres françaises* restaient sans
prise sur Simone de Beauvoir. Renvoyée de l'université, elle cherchait un travail. Par l'intermédiaire de
Sartre, René Delange, le directeur de *Comœdia*, lui
trouva une place de « metteuse en ondes » à la radio
de Vichy, la Radiodiffusion nationale, qui possédait
plusieurs studios dans Paris. On ignore la nature de
ce travail ; on n'en trouve trace dans les rubriques de
la radio des journaux de l'époque. D'après Sartre, il
s'agissait de « 12 sketches radiophoniques à raison
d'un par mois à arranger pour l'année prochaine (on
vous fournit l'idée, vous faites le dialogue, ça dure
10 minutes) qui vous seraient payés de 1 500 à 2 000
balles... J'ai accepté pour vous d'enthousiasme [2]. »

Selon Simone de Beauvoir, sa prestation consistait
à effectuer la reconstitution de fêtes anciennes. Elle se
rendait à la Bibliothèque nationale et colligeait des
recueils de chansons, des complaintes, des farces et
produisait des montages pour la radio [3]. Elle se fit
aider par Jacques-Laurent Bost, toujours disponible
et serviable.

À la Radiodiffusion nationale, Simone de Beauvoir
se trouvait dans l'antre même de la Collaboration.

1. *Les Lettres françaises*, décembre 1943, n° 12.
2. *Lettres au Castor, op. cit.*, jeudi 8 (été) 1943.
3. *La Force de l'âge, op. cit.*, pp. 569-570.

Les lieux étaient solidement gardés. La Milice y tenait un bureau et y assurrait des émissions quotidiennes. La photographie du maréchal Pétain trônait dans chaque pièce. Des consignes, des circulaires qui suaient l'arbitraire et l'ordre nouveau étaient placardées aux murs. Des Allemands en civil et en uniforme venaient en inspection, notamment le Dr Bohfinger, le plus connu des responsables ennemis en charge de la radiodiffusion. Simone de Beauvoir dut remplir les formulaires inquisitoriaux et humiliants d'une demande d'emploi dans un service public de Vichy.

À la suite de l'occupation allemande de la France entière, les services centraux de la Radiodiffusion nationale avaient été réinstallés à Paris. Un de ses représentants, M. Menou, était délégué auprès des autorités allemandes [1]. L'ordre nouveau régnait dans les services et régentait les mœurs. Des réformes étaient imposées et des sanctions prises. Par exemple, « les artistes vivant en concubinage notoire » étaient immédiatement licenciés et leur comportement jugé encore plus scandaleux s'ils touchaient des cachets élevés [2]. Pierre Laval avait précisé qu'il s'agissait de « placer auprès du gouvernement une Administration nettement centralisée qui puisse traduire sans déformation et sans retard la pensée et les directives des pouvoirs publics [3] ».

Simone de Beauvoir fonctionna dans cette formidable organisation de propagande sur laquelle, du côté français, régnait le milicien Philippe Henriot qui deviendra, quand Sartre et Simone de Beauvoir

1. AN, Cote Radio France, carton 1, versement 8707-14.
2. *Ibid.*
3. *Ibid.*

revinrent de La Pouèze en janvier 1944, secrétaire d'État à l'Information. C'était un puissant et habile orateur qui pourfendait à la radio les Alliés, la Résistance, les juifs, les communistes, etc., et il décernera des satisfecit quand la Milice, au côté de troupes allemandes, effectuera des opérations répressives contre les maquis. Hiérarchiquement, il était le patron de Simone de Beauvoir. C'est dans l'atmosphère méphitique de cette radio qu'elle travailla pour gagner « 1 500 à 2 000 balles ».

16.

Vin et vinaigre

À la publication de son premier livre, Simone de Beauvoir se considéra comme un écrivain à part entière. Son succès élargit le cercle de ses relations et elle recevait des lettres de lecteurs. Elle s'en réjouissait, éprouvant la griserie d'une notoriété toute neuve. On parlait d'elle ; elle voyait son livre entre les mains des autres. Vivant dans un milieu littéraire, elle assumait sans complexe sa fonction d'écrivain. « Je suis des vôtres », pouvait-elle dire. Ce succès avait également renforcé sa position chez Gallimard ; désormais, elle ne connaîtrait plus les affres de l'attente et l'éventualité d'un refus.

En décembre, elle partit avec Sartre chez leurs amis Morel à La Pouèze, en Anjou, où régnait l'abondance un peu désordonnée de ses généreux propriétaires. Comme à chaque séjour, ils y menèrent une existence choyée. M\ :sup:`me` Morel pourvoyait à tout. Après le repas du soir, Sartre et Beauvoir se rendaient à la cuisine et ils restaient un moment devant la haute cheminée et le fourneau en fonte où s'accomplissaient tant de miracles culinaires, et ils félicitaient chaleureusement la cuisinière. Sartre s'y employait surtout. Simone de Beauvoir l'imitait, moins naturelle et ne disposant pas de cette aisance qui faisait partie de la séduction de

Sartre en société où il n'oubliait jamais d'accorder son attention à ceux qu'on appelle les petites gens.

Le dîner achevé, tout le monde se réunissait au salon dont le sol marbré tranchait avec le ton vieux rose du carrelage de terre cuite posé dans le reste de la maison. Hôtes et invités faisaient preuve d'entrain. Sartre et Beauvoir riaient beaucoup tout en conservant une pose sérieuse. Sartre distrayait tout le monde en se vantant de ses succès féminins, affirmant : « Je ne peux pas rencontrer une femme sans qu'elle me tombe sur la bouche. » Il animait ces soirées en se mettant au piano et chantait d'une belle voix. Ou bien, il jouait avec Marie-Antoinette, la petite-fille de Mme Morel. Sa spécialité consistait à faire l'éléphant de mer en prodiguant des grimaces effrayantes. « N'est-ce pas qu'il est laid ! », s'exclamait Simone de Beauvoir (elle le disait aussi même quand il ne faisait pas l'éléphant de mer).

Parfois, Mme Morel, s'étonnant de l'absence de coquetterie de Simone de Beauvoir, lui soufflait : « Mettez un peu de poudre », tant elle avait une figure boutonneuse. Ce fut Mme Morel qui lui conseilla de porter un turban à cause de ses cheveux peu fournis. Plus tard, la renommée venant, Simone de Beauvoir se coiffera en hauteur pour donner de l'ampleur à sa chevelure. Mais Mme Morel avait renoncé à l'initier à plus d'élégance ou à l'inciter à soigner davantage ses mains dont elle grattait le dos. Lors d'une soirée, Mme Morel lança à Sartre et à Beauvoir : « Vous devriez avoir un enfant ensemble. Un enfant de Sartre serait peut-être un génie. — Je veux bien ! » répondit Sartre. Simone de Beauvoir refusa d'une manière péremptoire avec un mouvement de répulsion rien qu'à l'évocation de la possibilité qu'elle pût être mère.

Depuis le début de l'Occupation, Sartre avait pris de l'assurance et ne montrait plus cette modestie et cette humilité touchantes d'avant-guerre. Cependant, quand il séjournait chez les Morel, il se montrait très attentionné à l'égard de tous et parfaitement bien élevé. Ce fut au cours de ce séjour de décembre 1943 et début janvier 1944 qu'il écrivit à M. Morel, qui était toujours claquemuré dans sa chambre, les volets clos, ne recevant personne hormis sa famille. C'était une lettre pleine de charme dans laquelle Sartre le remerciait de son hospitalité et espérait être admis un jour à le rencontrer[1].

Pendant ce séjour, il s'installa dans la chambre du premier étage que lui abandonnait la fille de Mme Morel, chambre plutôt monacale dont la bibliothèque contenait les œuvres complètes de Victor Hugo et *La Revue de Paris*. Il n'en sortait guère en dehors des repas et enfumait les aîtres avec sa pipe. Assis à une table placée devant la fenêtre, les épaules couvertes d'un plaid, il écrivait sans cesse. Il travaillait à la pièce que, faute de mieux, il appela *Les Autres* avant qu'il ne découvre plus tard le titre de *Huis clos*. Il l'écrivit en une dizaine de jours. Il la lut devant Mme Morel et ne changea presque rien à son texte qui sera dédié à « cette Dame », surnom de Mme Morel, quand il paraîtra en librairie.

Sartre avait l'habitude de travailler sans arrêt quand il se trouvait à La Pouèze. « Il faut faire des pages d'écriture », disait-il, affirmant qu'il suffisait de

---

1. Archives de Mme Marie-Antoinette Carretier.

se ranger à cette discipline pour savoir écrire ; encore fallait-il s'y plier avec acharnement et obstination. Il avait confié à Mme Morel et à sa fille qu'écrire était la seule chose qui lui fût accessible et par laquelle il pût triompher et vaincre sa laideur.

Cette fin d'année 1943 fut marquée en France par des bombardements meurtriers de l'aviation alliée effectués sur de grandes villes : Nice, Saint-Étienne, Lyon, Chambéry, Marseille, Amiens, Avignon et la ceinture parisienne. Les aviateurs visaient des usines travaillant pour l'armée allemande ou des nœuds de communication. L'imprécision des tirs provoquait des centaines de morts et de blessés dans chaque agglomération. La presse en profitait pour dénoncer les « crimes » anglo-américains et citait les paroles du maréchal Pétain : « Le but des bombardements ? C'est de nous obliger à céder. » Ce qui signifiait que les Français devaient se dresser contre les Alliés. Plus l'échéance d'un débarquement allié en France se rapprochait, plus la répression allemande et celle des sicaires de Vichy ensanglantaient le pays. La Milice française assassinait froidement et impunément. En janvier, au moment où Sartre et Beauvoir quittaient la maison accueillante des Morel, le gouvernement de Vichy institua des cours martiales qui permettaient à la Milice de condamner à mort de manière expéditive et sans appel des résistants et de simples suspects. Des juifs étaient jetés vivants dans des puits. Les pelotons de miliciens fusillaient, terrorisaient puis partaient recommencer ailleurs. Joseph Darnand, le chef de la Milice, qui avait prêté serment de fidélité à Adolf Hitler et à Philippe Pétain, fut nommé par le Maréchal secrétaire d'État à l'Intérieur. Les arrestations et les exécutions se multipliaient. Certains réseaux de résistance étaient décimés.

De retour à Paris, Sartre se préoccupa de faire jouer sa nouvelle pièce de théâtre tandis que Simone de Beauvoir partait faire du ski à Morzine avec son inséparable Bost. À son retour, elle et Sartre participèrent à des « fiestas », dont les piliers étaient, entre autres, le couple Leiris, le couple Queneau et Albert Camus, soirées canailles qui se prolongeaient jusqu'au matin au milieu d'un vacarme de danse, de soûlerie et de défoulement sexuel.

D'autres activités réclamaient Sartre. Depuis six mois, il avait été introduit par l'influent Delange chez Pathé-Cinéma où il s'occupait d'écrire des scénarios. René Delange appartenait au comité de lecture de cette entreprise présidée par l'écrivain Jean Giraudoux à qui Sartre fut présenté. Grâce à René Delange, Sartre se retrouva dans un milieu de la Collaboration qu'il n'avait pas encore fréquenté. Pathé-Cinéma dépendait de la censure et de capitaux allemands. Avant même qu'il fût question de Collaboration entre la France et l'Allemagne, ses dirigeants l'avaient réclamée au profit du groupe. Quarante jours ne s'étaient pas écoulés depuis la signature de l'armistice que, au début du mois d'août 1940, M. Remangé, président-délégué de cette société placée sous séquestre par l'autorité d'Occupation, écrivait à l'un des responsables allemands, le Dr Dietrich, que l'objectif du conseil d'administration de Pathé-Cinéma « était de faire du Cinéma une industrie saine, honorable, opérant avec les méthodes classiques et débarrassée des aventuriers et personnes douteuses qui avaient envahi et conquis le Cinéma français ». Il ajoutait que les hommes formant le conseil d'administration « déclarent sans contrainte qu'ils sont parfaitement disposés à étudier et à poursuivre une collaboration avec l'industrie allemande du cinéma [1] ».

Pendant l'Occupation, Pathé-Cinéma se développa et se préoccupa de la qualité de ses productions en créant un cours de comédie et un comité de lecture chargé des scénarios. René Delange mit Sartre en rapport avec des auteurs, des cinéastes qui gravitaient autour de Pathé-Cinéma et il organisa des déjeuners auxquels participa Sartre en compagnie de gens au service de l'Allemagne, tels que Fernand Crommelynck, auteur du *Cocu magnifique*. En reconnaissance des services que lui rendait Delange, Sartre désignait dans ses scénarios un rôle destiné à la maîtresse de ce dernier, fille du ténor Lucien Muratore qui obtiendra la direction de l'Opéra-Comique deux mois avant la Libération. Notons aussi que Delange fit entrer sa maîtresse à la Radio nationale avec autant de facilité qu'il s'y était employé en faveur de Simone de Beauvoir. Dans ce pandémonium de la Collaboration littéraire, artistique et journalistique, où tout le monde se connaissait, Delange était un intime du Sonderführer Heller, le « protecteur » allemand des lettres françaises, qui lui-même avait pour maîtresse une jeune comédienne tellement liée à Delange qu'elle avait choisi le pseudonyme de Barbara Lange. Elle eut droit, elle aussi, à une place à la Radio nationale [2].

1. AN, F 60-1548.
2. AN, Z 6, n.l., n°s 15 070 et 5 102.

En attendant qu'un de ses scénarios fût accepté et payé par Pathé-Cinéma — un scénario payé représentait presque son traitement annuel de professeur — et qu'on en tirât un film, Sartre s'activait à trouver un théâtre pour sa pièce *Les Autres*. Il se tourna du côté de Marc Barbezat. Celui-ci possédait près de Lyon un laboratoire de produits pharmaceutiques. Il avait créé *L'Arbalète*, une revue littéraire — dont la présentation luxueuse ne sera pas affectée par les pénuries de l'Occupation — qui relevait un peu du mécénat. Chaque numéro tirait à environ 350 exemplaires. Avant la guerre, Marc Barbezat avait été séduit par la lecture des textes de Sartre parus dans la *NRF* qui tranchaient avec les autres proses et formes de pensée. Pendant l'Occupation, une première fois en 1942, il avait eu un entretien avec Sartre dans un bistrot à côté du lycée Condorcet. Sartre lui avait remis quelques feuillets que Barbezat ne publia pas, les jugeant sans intérêt. Puis ce dernier avait rencontré Olga Kechelevitch dite Olga la Brune, une amie d'Olga Kosakiewicz. Il l'épousera avant la Libération. Quand Sartre lui montra *Les Autres*, il estima qu'il y avait dans cette pièce un rôle pour sa jeune femme. Il tenta de faire jouer cette pièce sur la plus grande scène de Lyon, le théâtre des Célestins, mais échoua.

Au fil de ses relations avec Sartre, Marc Barbezat remarqua que ni lui ni Simone de Beauvoir ne parlaient des événements dramatiques de l'époque, même pas une allusion, et qu'ils ne proféraient pas un seul mot qu'on pût qualifier de politique, qu'ils semblaient tout à fait insouciants et donnaient l'impression de pouvoir vivre et s'adapter à n'importe

quel régime, uniquement préoccupés de leurs car-
rières[1].

Sartre se tourna du côté de Camus dont il connaissait les expériences théâtrales en Algérie en tant
qu'acteur et metteur en scène dans des représentations d'amateur. Sans même savoir ce qu'il valait, il
lui proposa non seulement de mettre en scène *Les
Autres* mais de jouer le principal rôle masculin, celui
de Garcin, comptant sur l'habileté de Camus pour
trouver une scène, d'autant que celui-ci s'apprêtait à
faire jouer une pièce qu'il avait écrite, *Le Malentendu*,
dont un des rôles de femme était interprété par Maria
Casarès, une jeune comédienne en vogue, avec
laquelle il était au mieux. Des deux rôles féminins,
Sartre confia l'un à Olga la Brune et l'autre à Wanda
Kosakiewicz, sa maîtresse, jugeant sans doute très
réussi, après l'interprétation d'Olga Kosakiewicz
dans *Les Mouches*, d'avoir casé les deux sœurs dans ses
productions.

Wanda Kosakiewicz n'avait guère d'expérience
théâtrale en dehors d'un rôle dans une pièce de
Synge, auteur alors à la mode, *La Fontaine aux saints*,
qui n'avait pas eu de succès. Elle cherchait souvent
querelle à Sartre et gémissait sur son sort, faisant
mille cachotteries et dissimulant la nourriture qu'elle
pouvait se procurer pour ne pas la partager avec lui.
Elle ne renonçait pas à sa manie de percer à coups
d'épingle des poupées en chiffon personnifiant les
gens dont elle voulait se venger et, pour un rien, elle
éclatait en pleurs et poussait des cris de sa voix
pointue. Ambitieuse, elle était fière d'appartenir à la

1. Témoignages de Marc et Olga Barbezat.

Famille et d'être l'amie de Sartre dont on prévoyait qu'il serait un grand homme. D'ailleurs, Sartre s'accommodait de Wanda Kosakiewicz et ne discutait avec elle que de ragots et de petits riens. Les répétitions commencèrent dans la chambre de Wanda au miteux hôtel Chaplain. Camus, coupé de sa femme et de ses enfants résidant en Algérie, donnait de plus en plus le spectacle d'un petit-bourgeois qui s'émancipe. Il se fit séducteur, prêtant du velours à sa voix et de la flamme à son regard. Olga la Brune s'en agaça. Wanda Kosakiewicz parut touchée et Camus poussa ses avances, nullement gêné par Sartre qui faisait régulièrement irruption dans la chambre en apportant six ou sept feuillets de sa pièce à mesure qu'on les dactylographiait. Choqué mais peu expansif, Sartre n'en continua pas moins à tenir apparemment Camus en estime. Ils allèrent ensemble au Flore et Camus confia son attirance pour Wanda. « C'est un peu marrant, écrira Sartre à Simone de Beauvoir alors en villégiature à Morzine, il est légèrement pincé pour Tania (Wanda). L'âme russe, que nous avons explorée jusqu'aux doubles tiroirs, lui est encore peu familière [1]. » Et Camus de s'épancher : il insiste sur le « génie » de Wanda et sur sa « valeur humaine ». Quant à Wanda, à en croire Sartre, elle avait cherché simplement à marquer des points contre Camus et les consignait dans son agenda.

À mesure qu'il gagnait en renommée, Camus se métamorphosait. S'il restait le provincial un peu étonné du succès rapide qui suivait ses pas, il était aussi une sorte d'important, qui se faisait tranchant

---

1. *Lettres au Castor, op. cit.*, début 1944.

quand on n'était pas de son avis et, semblable à Sartre, il n'allait que là où se trouvait son intérêt. De tous ses comportements, en dehors de celui de directeur de conscience, c'était celui de séducteur qu'il affectionnait le plus. Il s'y essayait avec la plupart des femmes et n'épargna pas Simone de Beauvoir. En ce début de l'année 1944, parvenue au point de sa carrière et de sa vie où il ne faisait plus de doute qu'en compagnie de Sartre elle accéderait à la célébrité, Simone de Beauvoir continuait à aimer Sartre, non point charnellement, ces choses étaient mortes entre eux, mais avec une affection amoureuse presque spiritualisée qui la sensibilisait encore davantage. Des deux, elle était certainement la plus sincère. Lui, Sartre, par sadisme et par facilité, se jetait dans les jupes des élèves et des amies de Simone de Beauvoir. Elle n'y pouvait rien ; de son côté elle meublait ses loisirs avec des jeunes filles et de jeunes hommes. Sartre et Beauvoir étaient liés intellectuellement et pour Beauvoir cette influence qu'elle gardait sur Sartre était sa vraie victoire.

Les Autres furent rebaptisés *Huis clos*, titre emprunté, croit-on, à un film allemand projeté dans la salle d'un cinéma des boulevards. *Huis clos* ne comptant que cinq scènes et durant à peine une heure et demie, il avait été envisagé que Raymond Queneau écrivît un acte en guise de lever de rideau.

Un événement allait bouleverser les projets de Sartre. Il y avait à Paris un jeune résistant de vingt-six ans nommé François Vernet. Il avait publié plusieurs romans chez Gallimard. En 1942, il avait fait retraite dans le Bourbonnais où il avait écrit son dernier ouvrage : *Les Nouvelles peu exemplaires*[1]. François Vernet était doué d'un physique remarquable et son visage très beau frappait par son regard lointain. Un de ses amis l'appelait « un seigneur de lumière[2] ». Dans le réseau des Mouvements unis de la résistance (MUR), il était le responsable, sous le pseudonyme de Henri Bernard, de la fabrication des faux papiers. Il s'activait également au sein d'un groupe d'action contre la déportation qui prêtait assistance aux juifs et aux étrangers en péril. Il connaissait Sartre et parfois ce dernier tentait d'obtenir de lui un supplément de tickets d'alimentation pour améliorer l'ordinaire de la Famille. Vernet avait toujours refusé en répondant : « Venez d'abord nous rejoindre dans la Résistance ! », et il répétait à Olga la Brune qu'il connaissait bien : « Dites à Sartre qu'il vienne travailler avec nous dans la Résistance. Pourquoi ne vient-il pas ! C'est inadmissible[3] ! »

François Vernet avait une tante, Mme Hellstern, qui possédait place Vendôme un magasin de chaussures de luxe portant son nom. Il avait établi chez elle une « boîte aux lettres » où des résistants pouvaient déposer de la correspondance et en prendre.

Un après-midi, le 10 février 1944, François Vernet invita dans le studio que Mme Hellstern mettait à sa disposition plusieurs amis résistants et deux jeunes femmes, Olga la Brune qui avait épousé un mois plus tôt Marc Barbezat et Lola, la femme de l'acteur Mouloudji. Quelques instants plus tard, la Gestapo,

---

1. Georges Rougeron, *Le Département de l'Allier sous l'État français*, Imprimerie Typo-Centre, Montluçon, 1969.
2. Joseph Rovan.
3. Témoignage d'Olga Barbezat.

qui recherchait François Vernet, fit irruption et arrêta tout le monde dans un vent de panique. François Vernet sera condamné et déporté à Dachau où il mourra du typhus. Sa tante, Mme Hellstern, périra dans un camp d'extermination. Les deux jeunes femmes furent internées à la prison de Fresnes et subirent des interrogatoires sans violence. Quand, trois mois et demi plus tard, après un procès, elles seront libérées, à la fin mai, la première chose qui tomba sous le regard d'Olga Barbezat fut l'affiche qui annonçait la représentation de *Huis clos* au Vieux-Colombier[1].

Que s'était-il passé ? Avec l'arrestation d'Olga Barbezat, Sartre perdait une de ses interprètes. Ignorant encore les retombées éventuelles de cette arrestation et inquiet pour lui-même, Albert Camus proposa de suspendre les répétitions, arguant que sa pièce, *Le Malentendu*, allait être jouée au théâtre des Mathurins et que les répétitions commençaient quelques jours plus tard, au mois de mars.

Il n'effleura même pas l'esprit de Sartre qu'il convenait, par solidarité à l'égard d'Olga Barbezat, de renoncer à jouer sa pièce tant qu'on ignorait quel serait son sort. Au contraire, il se mit aussitôt en quête d'un metteur en scène pouvant disposer d'un théâtre, et il s'entendit avec Raymond Rouleau, comédien et metteur en scène sans grande flamme mais excessivement scrupuleux et soucieux du détail, qui imposa des acteurs professionnels. Camus se retira définitivement et Wanda Kosakiewicz, malgré des cris et des larmes, dut entendre raison. Alors que

1. Témoignages d'Olga Barbezat et de Lola Mouloudji.

tout le monde attendait un débarquement allié en France dans les semaines ou les mois à venir, Sartre s'obstina dans sa volonté de ne pas différer la représentation de sa pièce et préféra collaborer encore avec l'ennemi en sollicitant la censure allemande et les officiers du Theatergruppe.

Pendant que Raymond Rouleau vaquait au montage de *Huis clos*, un drame s'abattit sur la Famille peu après l'arrestation d'Olga Barbezat et de Lola Mouloudji.

Jean-Pierre Bourla, né le 1er décembre 1924 à Paris, était un élève que Sartre avait distingué au lycée Pasteur quand il y avait professé à son retour de captivité. Bourla avait eu une année scolaire irrégulière sauf en philosophie où il avait obtenu une première place que Sartre avait accompagnée de l'appréciation : « Excellent élève [1]. » Il avait sans doute l'intention d'écrire, surtout de la poésie, car il se mit à fréquenter Max Jacob à l'abbaye de Saint-Benoît-sur-Loire, et Max Jacob, qui éprouvait de l'amitié pour lui, disait qu'il avait « une figure à vagues ondes grises : c'est très rare [2] ». Bourla devint également un familier de Jean Cocteau. Il semble que malgré sa qualité de juif, il vivait librement, s'étant placé hors de la loi allemande en ne portant pas l'étoile jaune. Fin 1943-début 1944, il mit ses études en veilleuse et hanta Saint-Germain-des-Prés où il relança Sartre qui l'admit dans l'intimité de la Famille, et il devint l'amant de l'impétueuse Nathalie Sorokine. Il avait dix-neuf ans.

1. Archives du lycée Pasteur.
2. Jean Cocteau, *Journal 1942-1945, op. cit.*

Il avait perdu sa mère pendant son enfance et avait un père beaucoup plus âgé que lui, Alfred Bourla, soixante-deux ans, originaire de Salonique. Celui-ci, établi avant-guerre négociant en tissus au 47, rue du Caire à Paris, était réduit à gagner sa vie illégalement à cause des interdictions de toutes sortes qui frappaient les juifs. Il demeurait à Neuilly en compagnie de sa fille Mathilde, d'un an l'aînée. Devant l'arbitraire et les dangers prévisibles qui menaçaient la communauté, il était dans l'incapacité de préconiser une ligne de conduite à son fils. Jean-Pierre allait et venait, découchant la plupart du temps à l'hôtel où vivait Nathalie Sorokine. Tous deux s'aimaient avec fougue et Jean-Pierre Bourla menait une existence plutôt gaie, sorte de danse devant l'échafaud. François Vernet le pressentit pour entrer dans la Résistance. J.-P. Bourla déclina la proposition, ce qui revenait à repousser l'arme qu'on lui tendait. Les imprudences du jeune homme laissaient Sartre et Beauvoir indifférents et l'on ne peut assurer qu'ils se soient préoccupés de lui conseiller la prudence en lui proposant une solution de sauvegarde.

Un jour de mars, rentrant chez son père et y passant la nuit, il fut arrêté au petit matin par la Gestapo ou la police française, et avec son père et sa sœur il fut interné au camp de Drancy où son ami, le poète Max Jacob, arrêté une dizaine de jours plus tôt, venait de succomber d'une congestion pulmonaire.

Simone de Beauvoir, qui ignorait jusqu'à l'existence de la sœur de J.-P. Bourla, nous raconte dans ses Mémoires qu'elle se rendit un après-midi à Drancy en compagnie de Nathalie Sorokine. Elle y apprit que des trains blindés avaient quitté la gare pendant la nuit et que les gratte-ciel étaient vides, appelant trains blindés des wagons à bestiaux et gratte-ciel les immeubles de quatre étages formant les trois côtés du camp. Il est vrai qu'à plusieurs dizaines de mètres de l'enceinte du camp se trouvaient des gratte-ciel mais il était impossible, sur place, de les confondre avec le camp. Peut-être Simone de Beauvoir ne se rendit-elle jamais à Drancy et en parla-t-elle par ouï-dire ou d'après des photos. Elle affirmera que le camp était vide mais que, s'étant placées sur une hauteur — il n'y a pas de hauteur à Drancy —, elle-même et Nathalie Sorokine, qui s'étaient munies de lorgnettes, aperçurent au loin, au milieu de la cour, « deux silhouettes qui s'inclinaient vers nous. Bourla ôta son béret et l'agita d'un air joyeux, découvrant son crâne rasé[1] ». On se demande comment Bourla aurait pu apercevoir et reconnaître d'aussi loin les deux femmes perchées sur une hauteur. La maîtresse de Bourla père, qui était catholique, et qui, selon Beauvoir, assurera avoir dès le début soudoyé un Allemand nommé Félix afin d'épargner au père et au fils — et la fille ? — la déportation, déclarera que, grâce à Félix, les deux Bourla avaient quitté Drancy et se trouvaient dans un camp de prisonniers américains. Pressée par Nathalie Sorokine, inquiète de n'avoir plus aucun signe de vie, la femme finira par transmettre la réponse de l'Allemand : « Il y a bien longtemps qu'on les a abattus[2]. »

Plus jamais Simone de Beauvoir ne tentera de savoir ce qui était arrivé à Jean-Pierre Bourla, même

1. *La Force de l'âge, op. cit.*, p. 592.
2. *Ibid.*

après la guerre auprès d'organismes de recherche des victimes, et elle accréditera la version suivant laquelle il avait été fusillé.

En réalité, la famille Bourla, le père, la fille et le fils, furent tous trois déportés de Drancy à Auschwitz le 13 avril 1944 dans le convoi portant le numéro 71. Ce convoi transporta 1 500 déportés dont 624 hommes, 854 femmes et 22 de sexe indéterminé. On dénombrait 148 enfants de moins de douze ans et 295 de moins de dix-neuf ans. Celle qui devait devenir Simone Veil, premier président du Parlement européen, se trouvait à seize ans parmi ces déportés. En 1945, après la libération d'Auschwitz, on comptait 35 hommes et 70 femmes survivants. La famille Bourla avait été exterminée. De son vrai nom, Jean-Pierre Bourla s'appelait Juan Bourla-Benjamin [1].

Pour toute oraison funèbre, Sartre dira qu' « il n'est pas plus absurde de mourir à dix-neuf ans qu'à quatre-vingts [2] ». Accaparé par ses propres affaires, il écartait les faits qui ne le concernaient pas. À mesure que les jours passaient, Sartre réduisait son champ d'action à ses intérêts propres. On le remarque à sa dernière année de professorat. Au lycée Condorcet, il se désintéressait davantage de ses élèves. Dans le registre d'appréciations des professeurs, il les notait plus succinctement comme s'il cherchait à économiser son temps. Cela se traduisait par une indifférence pour le sort de certains élèves frappés par des mesures d'exception. Il y avait dans sa classe un élève juif nommé Pierre Weill. À l'époque de l'arrestation de

---

1. Serge Klarsfeld, *Le Mémorial de la déportation des juifs de France*, 1978.
2. *La Force de l'âge, op. cit.*, p. 592.

Bourla, cet élève disparut soudain. La disparition, dont personne n'ignorait la cause ni les conséquences, provoqua un grand émoi parmi les professeurs qui essayèrent de marquer leur solidarité dans le registre d'appréciations. Ainsi, M. Debidour, professeur de français, nota : « Pourquoi a-t-il disparu ? Il était en progrès certain en français et surtout en latin. » Un autre, M. Fouilhé, professeur de latin, indiquait : « Bien doué, réussissait fort bien, mais a disparu brusquement. » Un troisième, M. Huetz, professeur d'histoire et de géographie, témoigne aussi à sa manière : « L'absence de cet élève intelligent et laborieux a été vivement regrettée. » Au tour de Sartre : « Absent[1] ! » De toute façon, il n'était pas le genre d'homme à se rendre au domicile d'un élève persécuté pour s'enquérir de son sort.

Il ne témoignera pas davantage sa solidarité quand le proviseur du lycée Condorcet, M. Leroy, sera limogé pour avoir adressé des observations à deux élèves partisans de Doriot, les frères Lanne, qui venaient au lycée en uniforme et avec des matraques.

La même sécheresse fut observée chez Simone de Beauvoir quand elle enseignait à Camille Sée. Quelques jours avant les vacances scolaires, la veille du 7 juin 1942, date à laquelle les juifs étaient condamnés à porter l'étoile jaune cousue sur leurs vêtements, la directrice du lycée, Mlle Évrard, entra dans la classe de Simone de Beauvoir. Elle annonça : « À partir de demain, votre camarade Rosie Schlossberg, absente aujourd'hui, reviendra parmi vous et s'appellera... Vous devrez toutes l'appeler par ce

---

1. Archives du lycée Condorcet.

nom. » Avec courage et détermination, Mlle Évrard donna un nom « aryen ». Dans les jours qui suivirent, les élèves, les professeurs témoigneront leur amitié à la jeune Schlossberg — qui poursuivra ses études à Camille Sée sans encombre jusqu'à la Libération —, sauf Simone de Beauvoir qui ne lui adressa pas un mot de sympathie[1].

Pendant l'Occupation, Sartre ne manquera pas une occasion de se distinguer. Il voulait figurer à tous les créneaux de la vie intellectuelle. En septembre 1943, il fit partie d'un jury de concours de scénarios, organisé par la firme cinématographique Gaumont et l'hebdomadaire *Comœdia,* dont certains membres étaient des collaborationnistes ou des pro-nazis notoires, tel Lucien Rebatet[2]. En février 1944, il appartint au jury littéraire du prix de la Pléiade dont tous les membres avaient la particularité d'être édités par Gallimard, fondateur du prix. Grâce à Sartre et aux intrigues de ses amis, l'acteur Mouloudji obtint le prix de 100 000 francs pour son récit *Enrico* que Simone de Beauvoir l'avait aidé à écrire[3]. Pour célébrer cette distinction, Mouloudji organisa une fête. Il y avait amené Olga Kosakiewicz quand tout à coup survint Jacques-Laurent Bost, l'amant et le futur mari d'Olga. Bost était accompagné d'une belle Algérienne qu'il serrait de près. Sartre et Beauvoir accusèrent Mouloudji d'avoir sciemment amené Olga par provocation. Ce fut un beau tollé. Sartre, Beau-

---

1. Témoignages de Colette Hersent et Nicole Casens-Périer.

2. *Comœdia,* 25 septembre 1943, n° 117.

3. Membres du jury du prix de la Pléiade : Marcel Arland, Maurice Blanchot, Joë Bousquet, Albert Camus, Paul Eluard, Jean Grenier, André Malraux, Jean Paulhan, Raymond Queneau, Jean-Paul Sartre, Roland Tual.

voir et le reste de la Famille étaient querelleurs en diable; le moindre incident qui compromettait l'un des leurs tournait à l'explication orageuse. Ils étaient connus pour s'ériger en tribunal et prononcer des jugements sans appel quand il s'agissait de condamner ceux qui pouvaient leur porter ombrage ou qui ne pensaient pas comme eux.

Dans ses activités inlassables, Sartre ne négligeait rien qui pût consolider des relations utiles. Comme Dullin, malgré l'échec des *Mouches*, avait repris la pièce en alternance, Sartre accepta de donner des cours sur l'histoire du théâtre grec au théâtre de la Cité devant les jeunes comédiens de l'école d'art dramatique de Dullin.

Il s'associa également, en mars 1944, à une discussion sur le péché accompagnant un exposé de Georges Bataille qui venait de publier un de ses premiers ouvrages, *L'Expérience intérieure*, que Sartre critiquera avec abondance [1]. Cette discussion se passait rue de la Mégisserie, au domicile de l'étrange Marcel Maurey, qui devait fonder après la Libération, la revue *Dieu vivant*. C'était un personnage violent qui connaissait une inquiétude métaphysique et religieuse, et il réunissait chez lui la fine fleur de l'intelligentsia catholique libérale à laquelle Sartre et Beauvoir se mêlaient volontiers dans la mesure où elle avait une influence [2].

Quelques jours plus tard, le 17 mars, Sartre et Beauvoir participeront chez Michel Leiris, quai des

1. « Un nouveau mystique », dans *Situations I*.
2. Les habitués des réunions de Marcel Maurey se nommaient Maurice de Gandillac, Louis Massignon, Jean Hyppolite, Gabriel Marcel, le père de Lubac, le père Daniélou, Pierre Leyris, etc.

Grands-Augustins, à un événement artistique et mondain concrétisé par la lecture publique d'une bouffonnerie, riche en calembours et en chansons, écrite par Picasso, *Le Désir attrapé par la queue*. Albert Camus assumait la mise en scène et la présentation. Sartre et Beauvoir comptaient parmi les interprètes. L'appartement des Leiris était envahi par une centaine de spectateurs triés sur le volet. La pièce fut jouée au milieu des applaudissements et des cris de liesse. Ce fut certainement l'une des soirées privées les plus marquantes de l'Occupation[1].

Des activités si prenantes contraignaient Sartre à refuser par satiété des propositions. Il déclina l'offre de Marcel Arland de prendre part à une collection de nouvelles que celui-ci dirigeait[2]. Par contre, ne pouvant rien refuser à son ami René Delange qui l'épaulait toujours à point nommé, il rédigea dans *Comœdia* un article d'hommage à Giraudoux à l'occasion de sa mort[3].

---

1. La distribution des rôles dans *Le Désir attrapé par la queue* était la suivante : Mmes Zanie Aubier (La Tarte), Simone de Beauvoir (sa Cousine), Dora Maar (L'Angoisse maigre), Germaine Hugnet (L'Angoisse grasse), Louise Leiris (Les Deux Toutous), MM. Michel Leiris (Le Gros Pied), Jean-Paul Sartre (Le Bout Rond), Raymond Queneau (L'Oignon), Jacques-Laurent Bost (Le Silence), Jean Aubier (Les Rideaux). Des disques choisis par Georges Hugnet, poète et libraire, assuraient l'accompagnement musical.

2. Archives Marcel Arland, lettre de Sartre, 25 septembre 1943.

3. *Comœdia*, 5 février 1944.

17.

Fuite sans poursuite

Le théâtre du Vieux-Colombier (environ 500 places) avait eu sa renommée quand l'acteur-directeur de théâtre et de troupe Jacques Copeau, qui voulait faire œuvre rénovatrice, l'avait occupé de 1913 à 1924, s'efforçant d'appliquer ses théories et ses principes dans le mépris de la critique professionnelle.

Ce théâtre était tombé au début de 1944 entre les mains d'un homme d'affaires, Annet Badel, enrichi dans le négoce du bois et du charbon. Il s'était accordé avec le comédien Raymond Rouleau dont la réputation de metteur en scène s'était établie pendant l'Occupation. Annet Badel accepta de financer le montage de *Huis clos* à condition que sa femme, l'actrice Gaby Sylvia, fît partie de la distribution, exigence d'autant plus accessible qu'elle était une élève de Raymond Rouleau. Celui-ci imposa sa propre épouse, Tania Balachova, et un de ses anciens élèves, Michel Vitold, excellent comédien qui venait de subir une déconfiture en tentant de monter avec un ami sa propre compagnie. De l'équipe initiale de Sartre restait R. L. Chauffard, un de ses anciens élèves, qui tenait le petit rôle du garçon d'étage.

On connaît le thème de la pièce. Dans un salon de style Second Empire, à la cheminée ornée d'un bronze de Barbedienne, meublé de trois canapés, sont introduits successivement par un garçon d'étage : Garcin, Inès et Estelle. Ils ne tardent pas à comprendre qu'ils se trouvent en enfer. Garcin est un lâche qui a été fusillé pour désertion ; de plus, il persécutait sa femme. Inès est lesbienne, responsable de la mort de son mari et de son amie. Estelle a tué son enfant. Sartre crée des comportements antagonistes d'où doit sourdre tout l'intérêt de la pièce. Les ressorts du drame sont tendus. Le spectateur est pris. Il en sortira une histoire de mœurs brûlante avec de brusques retours sur le passé dans une vision hallucinée. Inès aime Estelle qui veut être aimée de Garcin, lequel a envie d'être seul. Mais quand la porte du salon s'ouvrira sur un couloir, aucun n'osera sortir, et ils comprennent qu'ils sont condamnés à rester ensemble pour l'éternité, que ce face-à-face rend tout autre supplice inutile car « l'enfer, c'est les Autres ».

Par cette pièce, Sartre illustre des thèmes de sa pensée philosophique et, essentiellement, le regard d'autrui, la difficulté qui consiste à être vu par les autres, thèmes qu'il avait développés dans *L'Être et le Néant*.

Le moment où fut joué *Huis clos* influença certains critiques. La plupart des articles furent écrits quelques jours après le débarquement allié en Normandie du 6 juin, quand les Anglo-Américains eurent pris pied sur le sol français et progressaient à travers le bocage normand.

La première représentation eut lieu l'après-midi, à cause des coupures de courant, encore que le théâtre possédât un groupe électrogène et pût donner représentation jusqu'aux dernières lueurs du jour grâce à un toit ouvrant.

Les habituels ténors de la critique parisienne étaient présents. À *Je suis partout,* Laubreaux titra : « Enfer et damnation ». Il considère que Sartre, dans *Huis clos* comme dans *Les Mouches,* est un « rhétoricien ambitieux d'étonner ». Il accuse Sartre de s'être inspiré pêle-mêle de Malraux, de Dostoïevski, de Mauriac et d'Édouard Bourdet et, au fond, ne sachant quoi dire, Laubreaux reproche à Sartre de dénaturer le théâtre parce qu'il est un professeur et non un poète[1].

Dans la foulée, et deux jours après le Débarquement, André Castelot, le critique dramatique de *La Gerbe,* rapportait dans son journal : « Lorsque M. J.-P. Sartre, en écrivant une de ses pièces, trouve un détail bien nourri de laideur humaine, on l'imagine aisément en train de se frotter les mains... Ce n'est pas pour rien qu'un de ses ouvrages se nomme *La Nausée.* En voyant l'an dernier *Les Mouches,* au théâtre de la Cité, nous avons eu un exemple de ce goût pour la pourriture. Cette fois, avec *Huis clos,* l'écœurement est total. On ne peut rêver une œuvre plus pénible, plus laide, plus remplie d'immoralité, plus éloignée des buts que le Théâtre se doit d'atteindre. Ne tardons cependant pas davantage à dire, en dépit de quelques longueurs, en dépit d'une construction chaotique, que *Huis clos* est une pièce remarquable. C'est du " théâtre ". Nous voulons dire par là que cette œuvre atrocement pénible nous est présentée avec un indéniable talent. Et ce n'en est que plus grave ! Renver-

1. *Je suis partout,* 9 juin 1944.

sons donc devant nos lecteurs cette poubelle en argent ciselée avec amour par l'auteur. » Suit l'analyse de la pièce qui, achevée, permit à André Castelot de s'exclamer : « Ouf! Nous voilà sortis de ce cloaque. » Puis, il prône la création d'un Conseil de l'ordre des auteurs dramatiques qui « puisse interdire non pour médiocrité mais pour laideur néfaste une ordure aussi écœurante que *Huis clos*, ordure de valeur sans doute, ordure dont la moisissure est surtout interne mais ordure tout de même, n'ayons pas peur des mots [1] ».

Hormis ces exceptions et les grossièretés du *Pilori*, feuille inspirée par les bas-fonds du nazisme, la plupart des critiques furent très favorables. Leur réceptivité à l'œuvre de Sartre tenait à ce que la victoire inéluctable des Alliés mettait un terme à leurs activités collaborationnistes et, les livrant à une cruelle confrontation avec eux-mêmes, « levait en nous la vague de la grande émotion tragique [2] ». Les problèmes soulevés par la pièce de Sartre sur la responsabilité individuelle interpellaient des critiques intelligents comme H. R. Lenormand, Roland Purnal, Claude Jamet, fourvoyés pendant quatre ans dans un comportement qui les enverrait encore plus sûrement en enfer que les personnages de *Huis clos*, et ils s'interrogeaient sur leur sort, sur leur changement de destin qui était proche. D'où les articles admirables écrits par ces critiques, lourds d'angoisse et de souffrance, pénétrants, limpides, vibrant d'humanité, des articles comme l'œuvre de Sartre n'en suscitera plus jamais; d'où leurs références à Dostoïevski

1. *La Gerbe*, 8 juin 1944.
2. H. R. Lenormand dans *Panorama*, 22 juin 1944. Lenormand était un auteur dramatique connu, devenu critique pendant l'Occupation.

capable de susciter d'aussi profondes analyses psychologiques et à Strindberg qui frappe le spectateur par la violence de ses dialogues.

À propos de *Huis clos*, H. R. Lenormand parlait de « tragédie tendue à l'extrême et qui dénude l'être humain avec une violence et une sûreté dont le théâtre contemporain offre peu d'exemples... Il est possible qu'à sa troisième pièce, M. Sartre s'élève au rang d'un Dostoïevski dramaturge[1] ».

Roland Purnal écrit que « toute la pièce tend à illustrer ce constat que le néant est la condition de notre existence, qu'il faut avant tout le rechercher au plus secret de nous-mêmes et que rien ne saurait prévaloir sur ce secret inexorable... Il en résulte une puissance d'évocation tout à fait extraordinaire... C'est un chef-d'œuvre d'angoisse et d'âpreté douloureuse, un chant qui vient de l'abîme. Il faut remonter jusqu'à Strindberg pour trouver quelque chose d'aussi fort[2] ».

De Claude Jamet : « Mais le plus beau, j'y insiste, c'est qu'on n'a pas le temps de réfléchir sur le moment ; c'est qu'on est pris, haletant, passionné de bout en bout, et suant comme Garcin lui-même d'une angoisse que rien ne vient rafraîchir ou dénouer à la fin ; et pour cause ; c'est qu'on en sort comme d'un roman de Dostoïevski ou d'un conte d'Edgar Poe, mais théâtral encore une fois. Car " c'est du théâtre " et du vrai[3]. »

Ce fut la première fois qu'une œuvre de Sartre

1. *Ibid.*
2. *Comœdia*, 10 juin 1944.
3. *Germinal*, 30 juin 1944. Claude Jamet était agrégé de philosophie. Ancien pacifiste, devenu critique littéraire pendant l'Occupation.

attira en masse la jeunesse. Des étudiants remplissaient en majorité la salle du Vieux-Colombier. Quand quelques ronchons protestaient à certains passages du dialogue, ils acclamaient et, manifestant leur plaisir et leur adhésion, ils lançaient à la fin de la représentation des cigarettes — denrée précieuse et rare — aux comédiens qui venaient saluer.

On comprend que cette pièce, difficile à construire, ait été écrite d'un trait, en une dizaine de jours, comme un éclair de conscience. À se reprendre, le caractère tranchant de l'œuvre se serait émoussé. Est-ce un drame de l'incommunicabilité, de la modification des êtres sous le regard d'autrui? La réplique d'Inès : « Le bourreau, c'est chacun de nous pour les deux autres » ou la découverte finale de Garcin : « Pas besoin de gril : l'enfer, c'est les Autres » ne constituent pas en soi une nouveauté. On en trouverait plus d'un exemple : le pécheur mérite d'être livré au supplice de lui-même et des autres créatures[1]. Certains penseront également que pour camper ses trois personnages, Sartre s'est inspiré, quitte à la dénaturer, de son histoire avec Olga Kosakiewicz et Simone de Beauvoir quand ils désiraient former un trio.

C'était la nuit du 5 au 6 juin 1944. En France, des hommes, des femmes, isolés ou en groupe, écoutaient la radio de Londres dans une attente fiévreuse, comme chaque nuit depuis plusieurs semaines. Ils

---

1. « La première peine d'un homme pécheur, c'est d'être livré à lui-même (...) Toutes les créatures s'élèveront avec Dieu contre les pécheurs; et c'est le second fléau dont il menace ses ennemis. » Bossuet, *Sermon sur la Passion de Jésus-Christ*.

formaient un réseau ténu et fragile à travers le pays. Une tension extraordinaire les maintenait sur le qui-vive. Encore puissantes, les armées du Reich reculaient partout. À l'ouest, les Alliés venaient de prendre Rome et l'Italie s'offrait à eux. A l'est, les armées soviétiques progressaient sur tous les fronts et, bientôt, plus un seul soldat allemand ne foulerait la terre russe. À quand le tour de la France et la délivrance? Ces hommes, ces femmes autour de la radio avaient souffert, espéré, combattu. Tous ou presque étaient les survivants de cette sanglante guerre de l'ombre que livrait la Résistance. Chaque jour, le souvenir de camarades morts sous la torture, fusillés, déportés, disparus, traversait leurs pensées. Ils écoutaient. La radio de Londres allait égrener en français ses messages enfantins et hermétiques, lourds de destinée, et, un à un, les auditeurs penchés sur leurs postes reconnaîtraient le message personnel qui ordonnerait à leur échelon une mobilisation immédiate, laissant présager que l'heure tant attendue, tant espérée, d'un débarquement sur les côtes françaises était imminente. Enfin, le combat suprême allait s'engager contre l'Allemagne et le nazisme, cette idéologie d'inhumanité qui lui collait à la peau. Et, effectivement, au cours de cette nuit du 5 au 6 juin, tous les messages diffusés appelaient à une mobilisation immédiate, à une mise en état d'alerte générale se traduisant par une immense veillée d'armes.

Il faudrait écrire par onomatopées pour rendre compte des bruits divers et forcenés qui retentissaient durant cette même nuit dans l'appartement spacieux de Charles Dullin et de Simone Jollivet, rue de La

Tour-d'Auvergne à Paris. Un tapage où se mêlaient des cris d'animaux lancés par des humains et un vacarme de tambour exécuté sur des casseroles, le tout noyé dans la musique de disques étalés sur une table. Des bouteilles de vin et d'alcool, pleines et vides, se dressaient sur les meubles. Partout des plats de grasse charcuterie luisaient, toutes provendes achetées au marché noir. Un brouillard de tabac empuantissait les salons où flottaient les miasmes d'une collectivité fermentant dans ses plaisirs. C'était ce que Michel Leiris appelait une « fiesta ».

Au milieu de ces réjouissances, la Famille était toujours presque au complet. Sartre, avec ses croquenots maculés, son pantalon poché, faisait le tour de la pièce en dansant tout seul, les mains alertes, peut-être doublement grisé par l'alcool et le succès de *Huis clos* qui ne se démentait pas depuis huit jours. Quant à Simone de Beauvoir, elle s'abandonnait sans retenue et son visage montrait comme une seconde nudité ; elle s'adressait aussi bien aux hommes qu'aux femmes et énonçait de brèves paroles provocatrices. Les autres, sous l'effet de l'alcool et d'un entraînement volontaire, devenaient vite débraillés et libérés de leurs inhibitions. Il y avait quelques élèves de l'école d'art dramatique de Dullin ; d'abord surpris par le comportement de ces adultes, ils s'étaient mis au diapason. Albert Camus, comme remonté à fond, se prodiguait. Il jubilait de se retrouver au cœur du Paris-qui-pense et, voulant briller autant que les autres, il tirait à lui les femmes et dansait en jouant des hanches avec un professionnalisme de danseur mondain. Ce soir-là, il était accompagné de Maria Casarès, jeune comédienne d'origine espagnole, dont les attitudes vibrantes et la diction rauque et déclamatoire étaient fort appréciées par certains qui la considéraient comme une tragédienne de grand talent — un poète admiratif l'avait surnommée : « la voix absolue [1] » — alors que d'autres la jugeaient horripilante. Elle achevait les dernières répétitions de la pièce de Camus, Le Malentendu, un mélodrame qui fera un four au théâtre des Mathurins.

Parmi les invités, comment ne pas remarquer Raymond Queneau ! Quelques années plus tôt, il avait été un habitué des réunions scabreuses des surréalistes et il poursuivait dans les fiestas une tradition où il est de bon ton d'avouer ses fantasmes. Il étouffait dans un délire d'aveux simplement salaces. Quant à sa femme Jeannine, dès qu'elle avait trop bu, elle aboyait comme une chienne et faisait mille grimaces qui ne gênaient que ceux qui n'avaient pas encore bu.

On rencontrait aussi le couple Leiris. Lui, toujours élégant, vêtu de bon drap anglais ; l'alcool lui fournissait le prétexte de se comporter librement devant Zette, sa femme. Quant à celle-ci, la seule qui conservât son quant-à-soi au milieu de cette licence, elle commençait toujours par ôter son chapeau.

L'apparition tardive de Simone Jollivet, qui se droguait tellement que des médicaments jonchaient le sol de sa chambre, suscita des acclamations.

Dullin, qui avait commencé sagement la soirée en

1. Pierre Emmanuel dans Les Lettres françaises, 25 novembre 1944.

récitant des vers, ne décollait pas de son fauteuil, le visage singulièrement creusé.

À ces fiestas, Bost, imitant son maître Sartre, se saoulait méthodiquement et serrait de près les femmes dont la plupart n'étaient pourtant ni jeunes ni appétissantes. Parfois, au cours de ces nuits de Walpurgis, apparaissaient Georges Bataille et son épouse [1]. Quoiqu'ils se soient souvent disputés en matière littéraire et philosophique, Sartre et Bataille dansaient ensemble quand ils étaient ivres ou ils se cachaient dans des placards. On voyait aussi l'auteur Armand Salacrou, joué pendant l'Occupation et qui, avec Sartre, prendra ses dispositions à la libération de Paris pour appartenir au mouvement de résistance du Front national du théâtre.

Les volets étaient clos, les rideaux tirés, autant à cause du couvre-feu que de la discrétion dont s'entouraient les personnes présentes.

Ils s'ébattirent ainsi jusqu'à l'aube passée. Sartre, Beauvoir et des membres de la Famille s'en allèrent prendre le premier métro. Quand Sartre et Beauvoir eurent regagné leur gîte à l'hôtel de la Louisiane, ils s'abattirent sur leurs lits dans un sommeil sans fond. Lorsque Simone de Beauvoir s'éveilla, elle entendit par la fenêtre ouverte une radio qui annonçait que des troupes anglo-américaines avaient débarqué au petit jour sur les rivages de la Normandie.

L'annonce du Débarquement, qui laissait augurer une libération prochaine de toute la France, n'arracha pas Sartre à la Collaboration puisque *Huis clos*

---

1. Voir *Le Magazine littéraire*, juin 1987.

fut présenté à la critique le lendemain et que lui-même se rendit au théâtre du Vieux-Colombier pour saluer sur scène avec les acteurs au baisser final du rideau et boire en coulisse un vin d'honneur avec les représentants allemands du Theatergruppe.

Quatre jours après le Débarquement, comme si de rien n'était, Sartre fit une conférence sur le théâtre à l'invitation du comédien Jean Vilar qui avait fondé la Compagnie des Sept et s'évertuait à placer son entreprise sous le sceau de la pensée en entretenant une importante correspondance et en multipliant les contacts avec des intellectuels. Cette séance rassemblait des personnes qui avaient coutume de se réunir ailleurs et que Sartre traînait après lui, dont Albert Camus, si bien que le conférencier, où qu'il aille et quoi qu'il dise, parlait toujours devant le même groupe comme si une discussion se poursuivait d'un salon à l'autre entre amis.

L'exposé de Sartre était un de ces discours hors du temps où l'on tait l'essentiel mais sur un ton si péremptoire et des paroles si sagaces qu'on admet que l'essentiel est dit. Il crut bon de distinguer la différence d'approche entre le cinéma et le théâtre. Faute d'idées, il recourut au paradoxe qui donne l'apparence de l'idée. Camus intervint. Vilar s'en mêla. Jean Cocteau qui se trouvait là renchérit en illusionniste[1]. Pendant ce temps, la bataille faisait rage en Normandie.

Les services culturels allemands devaient donner un dernier signe de bienveillance à Sartre à la fin du

---

1. On trouvera le texte de la conférence de Sartre par Michel Contat et Michel Rybalka, dans *Un théâtre de situations, op. cit.*, 1973.

mois de juin, presque un mois après le Débarquement. Dans un compte rendu mensuel, le Kulturgruppe des Services de propagande en France écrivit
une brève notice sur *Huis clos* : « Le théâtre du Vieux-
Colombier tenait un grand succès avec la représentation de la nouvelle pièce de J.-P. Sartre qui décrit trois
âmes maudites dans l'enfer, un enfer qui était dépeint
comme une chambre d'hôtel bon marché avec un
domestique [1]. »

L'activité intellectuelle était grande à Paris en ce
printemps 1944. Les clans et les chapelles littéraires
étaient nombreux. Sartre dominait. « Sartre est le lion
de sa génération », notait Alfred Fabre-Luce qui
passait pour un commentateur averti de l'époque. « Il
possède ce don particulier des chefs d'école : le
pouvoir de théoriser et de mystifier [2]. »

Une rencontre eut lieu qui exercera une influence
sur l'avenir immédiat du couple Sartre-Beauvoir.
Pascal Pia dirigeait le journal clandestin *Combat* qui
paraissait environ une fois par mois, et il chapeautait
l'organisation : la rédaction, l'imprimerie, la distribution. Ayant d'autres fonctions dans la Résistance, il
avait proposé à Albert Camus, à la fin de l'automne
1943, de le décharger de la rédaction du journal.
Camus avait déjà travaillé dans la presse sous la
direction de Pia, notamment en Algérie, à *Alger
républicain*. Camus était un bon metteur en pages et il
accomplit son travail avec méticulosité. Une jeune
fille, Jacqueline Bernard, dont le père et le frère
devaient être déportés, était l'agent principal de

---

1. AN, A J 40-1001, Propaganda Abteilung Frankreich Gruppe Kultur.
2. Alfred Fabre-Luce, *Journal de la France*, Fayard, 1969.

Combat. Elle seule connaissait les rédacteurs, les imprimeurs, les distributeurs. Quelques jours avant le Débarquement, Camus lui avait dit : « J'ai quelqu'un à vous présenter. » Rendez-vous fut pris dans la loge d'un concierge d'immeuble de la rue d'Aboukir où demeurait un typographe de *Combat* qui deviendra, après la Libération, le chef de l'imprimerie de ce journal. Quelqu'un, c'était Sartre. Il avait pris le pseudonyme humoristique de Mireau, à cause de son regard. Jacqueline Bernard découvrira la véritable identité de Mireau lorsqu'elle se rendra à une représentation de *Huis clos*. Elle y croisa Sartre dont Camus ne lui avait pas révélé l'identité. Ils se saluèrent discrètement.

Après le Débarquement, Sartre ira à une réunion traitant du prochain numéro clandestin de *Combat* qui eut lieu chez le futur chef de la rubrique de politique étrangère du journal. Sartre écouta et se tut.

C'est alors que les membres de la rédaction de *Combat* pensèrent qu'un couvre-feu pourrait être établi dans Paris, que les hommes seraient menacés et que les femmes se révèleraient plus aptes à assurer les liaisons. Camus amena Simone de Beauvoir. Jacqueline Bernard lui demanda de servir d'agent de liaison parmi d'autres, fonction sans risque majeur. Simone de Beauvoir eut un signe d'acceptation sans enthousiasme, mais elle en sera dispensée par la suite car il n'y eut pas de couvre-feu.

Le 11 juillet, Jacqueline Bernard avait rendez-vous avec Camus. Elle sera arrêtée dans un café à double issue du boulevard Saint-Germain, par une équipe de la Gestapo composée de truands marseillais et corses sous les ordres d'un Allemand. À partir de là, le témoignage de Jacqueline Bernard devient un peu confus. Elle aurait réussi à entrer dans un magasin de la rue de Buci où elle aurait fait téléphoner sous un nom de code aux éditions Gallimard afin que Camus soit informé de son arrestation. Jacqueline Bernard étant la seule à avoir des contacts avec l'imprimeur clandestin de *Combat*, la parution du numéro en cours n'eut pas lieu[1].

Il ressort que Camus fut prévenu. À son tour, il alerta plusieurs personnes, dont Sartre.

La crainte que Jacqueline Bernard fût torturée, qu'elle parlât et citât des noms alarma Sartre et Beauvoir qui en informèrent les Leiris. Ceux-ci les invitèrent spontanément à se réfugier chez eux, dans leur appartement. Sartre et Beauvoir y restèrent quelques jours. Ayant tenu conseil, ils décidèrent de s'abriter à Neuilly-sous-Clermont, une petite commune de l'Oise, à 70 kilomètres de Paris, où Simone de Beauvoir et Bost étaient allés se ravitailler. L'idée de sa propre mort terrifiait Simone de Beauvoir depuis sa jeunesse. Récemment, elle avait eu une crise d'égarement rien qu'en y pensant. Elle ne supportait pas l'idée d'être prise dans les remous de la guerre, de frôler le moindre danger. Les conséquences du débarquement allié lui rendaient encore plus palpable la présence de la mort. Il se révélait urgent de se mettre à l'abri. Si près du but, alors que la vie s'annonçait victorieuse pour elle et Sartre, était-il concevable de prendre le moindre risque, d'accorder une place, aussi infime fût-elle, à une Résistance pleine de périls

---

1. Témoignage de Jacqueline Bernard. Cette dernière sera déportée, survivra et sera rapatriée après la guerre.

dont ils n'avaient jamais voulu! Au diable le vieux
principe philosophique selon lequel c'est seulement
en risquant sa vie qu'on préserve sa liberté. Tous
deux, en plein accord, décidèrent de fuir Paris. *Huis
clos* tenait encore l'affiche.

18.

La Libération

Adossé à un versant boisé qui le prive de profondeur, le village de Neuilly-sous-Clermont, au nord de Paris, s'étend tout en longueur. À une extrémité se dresse une commanderie des Templiers, à l'autre le hangar d'un tailleur de pierre. Les maisons sont si espacées que peu d'entre elles forment de véritables rues. Dans la rue de la Commanderie, au numéro 34, se trouvait une auberge-épicerie-tabac. C'était un ancien relais de poste non dépourvu de style, à la façade ornée de panneaux de brique encastrés dans des chaînes en pierre de taille qui donnaient un relief au bâtiment. Cette auberge ne portait aucun nom. Elle appartenait aux époux Detrée. On pénétrait de la rue dans une petite épicerie-tabac emplie de marchandises malgré la pénurie régnante. De cette épicerie on accédait par une porte à la salle commune de l'auberge, peu spacieuse, encombrée au milieu par un billard placé entre un comptoir et quatre ou cinq tables réservées à la restauration. La cuisine était étroite, des plus rudimentaires, mais il en sortait d'appétissantes merveilles auxquelles Sartre donnait le terme générique de « ragougnasse ».

Les chambres du premier étage étaient occupées. Sur les trois mansardes à vasistas installées dans les combles, une seule était libre, donnant sur la rue. Elle comptait un lit. On y avait ajouté une paillasse à même le plancher raboteux, sur laquelle Sartre et Beauvoir couchèrent tour à tour. Il n'y avait pas de commodités pour la toilette. Sartre et Beauvoir, peu soucieux d'hygiène, s'en passèrent. C'était leur côté grand siècle. Quand une autre mansarde devint libre, Beauvoir l'occupa.

Sartre raconta aux époux Detrée qu'il était recherché par les Allemands qui voulaient le fusiller comme résistant. Il fut regardé avec sympathie. Pendant les premiers jours, il joua à l'idiot pour dépister les curieux mais comme cette mascarade ne menait nulle part et qu'il n'y avait pas d'Allemands dans la localité, il reprit vite un comportement normal avec, tout de même, la satisfaction éprouvée à ce jeu de masque.

Chassés de leurs soupentes par l'incommodité, Sartre et Beauvoir travaillaient dans la salle commune. Ils transportaient leurs habitudes du café de Flore à l'auberge anonyme de Neuilly-sous-Clermont car, partout où ils allaient, loin de se confondre avec les événements, ils recréaient des conditions de vie auxquelles les rattachait l'accoutumance. Dans cette auberge, centre du marché noir local, Sartre et Beauvoir purent également absorber leurs doses quotidiennes d'alcool. Derrière, la cour était le lieu d'une extraordinaire activité. Des gens venus des environs s'attablaient autour d'un grand nombre de tonneaux vides posés debout, étant assurés de faire bonne chère en cette époque de privations.

Dans un coin de la cour, des lapins étaient abattus, aussitôt dépiautés et cuisinés en gibelotte, en civet.

Quand le lot de lapins était épuisé, on passait aux poulets, décapités et plumés en un tournemain. À trop ripailler en douce, on risque la rousse. C'est ce qui se produisit. Les services de répression du marché noir déléguèrent un incorruptible qui commença par découvrir, dans la remise où l'on saignait les cochons, une grande malle pleine de paquets de tabac. À mesure que progressait la perquisition, on tirait des recoins quantité de produits qui valurent à l'aubergiste un traitement sévère, lequel ne l'empêcha pas de recommencer après coup.

Peu de loisirs : Sartre et Beauvoir se promenaient chaque jour à travers champs et Sartre jouait au billard avec le patron de l'auberge et son jeune fils. Ils recevaient également des amis venus de Paris, Bost et Leiris, avec lesquels ils échangeaient des vues sur le proche avenir, c'est-à-dire qu'ils parlaient de leur place dans la société après la Libération.

Parfois, un convoi d'Allemands, battant en retraite, traversait le village, à l'écart des grandes voies de communication [1].

Depuis plus de quatre semaines qu'ils s'attardaient à Neuilly-sous-Clermont, on ne sait trop si Sartre et Beauvoir étaient guéris de la peur qui les avait poussés à quitter Paris quand, le 11 août, la radio annonça que des troupes américaines étaient parvenues aux abords de Chartres. Ce fut un signal pour Sartre et Beauvoir : la route de Paris serait bientôt ouverte aux armées alliées. Ils en débattirent ensemble ; leurs destins semblaient s'accomplir sous leurs yeux. Ayant pesé les risques, ils estimèrent nécessaire

---

1. Témoignages de MM. Aurouet, Deprée, Bériot.

de regagner Paris, ne pouvant envisager de manquer la libération de la ville s'ils voulaient faire accroire qu'ils étaient des résistants. Pour ces esprits pratiques, ce n'était pas un monde nouveau qui les attendait mais des opportunités nouvelles.

Les armées anglo-américaines étaient sur le point de remporter la sanglante bataille de Normandie. Après avoir traversé les prairies et le bocage normands, des troupes aguerries se déployaient jusqu'aux pays de la Loire avant d'entamer une marche frontale dans les vallées de l'Eure, de l'Epte et de la Seine et se répandre dans la plaine de la Beauce qui finit aux confins de Paris.

Sartre et Beauvoir quittèrent Neuilly-sous-Clermont, et leurs hôtes n'entendirent plus jamais parler d'eux, ce qui les choqua tout de même. Pourtant, trente-six ans plus tard, après la mort de Sartre, à la demande du conseiller municipal Aurouet, une petite place sans nom de Neuilly-sous-Clermont reçut celui de Jean-Paul Sartre.

Quand ils arrivèrent à Paris, le calme semblait régner. Malgré l'évolution rapide des événements, les drapeaux à croix gammée et les panneaux de direction allemands aux principaux carrefours proliféraient encore comme pour marquer une permanence. Les kiosques à journaux présentaient la presse collaborationniste. Ici et là, des voitures civiles surchargées mettaient en évidence le sauve-qui-peut de personnages trop compromis avec l'occupant. On assistait aussi aux déménagements discrets de quelques bureaux allemands, mais rien qui attirât particulièrement l'attention ou qui insufflât de l'humeur guerrière aux Parisiens qui ployaient sous un surcroît de restrictions. Les quinze premiers jours du mois d'août, à peine avait-on distribué par personne 200 grammes de viande. Raréfaction des fruits, des légumes, fermeture de boulangeries, distribution parcimonieuse de pain à peine consommable. Peu de lait, pas de sucre. L'électricité était coupée tant qu'il faisait jour et le gaz fourni aux heures des repas. À côté de ces pénuries, les prix des denrées de première nécessité s'envolaient au marché noir à des niveaux encore inconnus. Sous le soleil d'août, Paris, passif, attendait la Libération en se serrant la ceinture et de très nombreux pêcheurs à la ligne s'échelonnaient le long des quais de la Seine.

Le lendemain du retour de Sartre et de Beauvoir, le couvre-feu fut imposé à 23 h 15. Une grève des cheminots commençait dans plusieurs réseaux où les destructions produites par les bombardements alliés bloquaient de nombreux convois. On ne peut dissimuler, à l'évocation de cette grève, que, pendant l'Occupation, les cheminots n'avaient pas tenté sérieusement d'empêcher les départs des trains de déportés, certains même formaient les convois. On en eut encore un exemple. Malgré la grève, le dernier train de déportés vers les camps de la mort parviendra à quitter la gare de Paris-Bobigny le 17 août. À cette date, se produisait l'ultime hoquet du gouvernement de Vichy dont les chefs, Pétain et Laval, étaient emmenés par les Allemands en direction de la frontière du Reich tandis que nombre de ténors et de seconds couteaux de la Collaboration parisienne s'élançaient sur leurs traces. La radio nationale cessa ses émissions.

Menacés d'être désarmés par les Allemands, les policiers parisiens, qui leur avaient apporté servilement leur concours, arrêtant les juifs, les résistants, les communistes, décidèrent d'interrompre leur service, d'autant que les Alliés approchaient. On vit aux portes de certains postes de police, où tant d'innocents avaient été conduits, une petite affiche jaunâtre annonçant : « Vive la grève générale de la police parisienne ! » Suivait un court texte à la gloire de cette corporation. Les policiers étaient gens à rester entre eux. Au lieu de se mettre en civil et de se mêler aux insurgés pour leur apporter leurs armes, ils furent près de 4 000 à s'enfermer dans la préfecture de Police et à attendre les événements. En ces heures où la situation militaire escamotait le gouvernement de Vichy et ses serviteurs, ce n'était pas encore le bruit des balles qu'on entendait dans Paris mais celui des vestes qui se retournaient.

Le lendemain, la presse collaborationniste cessa de paraître. Les premières affiches de la Résistance appelant à la mobilisation générale furent placardées sur les murs de Paris. Le jour suivant, le 19 août, éclataient les premières escarmouches.

Pour l'ensemble de la Résistance parisienne, l'insurrection était une nécessité. Toutefois, les deux courants qui l'animaient, représentés par les partisans du général de Gaulle, minoritaires, et les communistes, majoritaires, avaient des stratégies opposées. Afin de limiter les pertes et d'éviter la mainmise excessive des communistes sur Paris, les gaullistes voulaient attendre la veille de l'entrée des troupes régulières dans la ville pour donner le signal de l'insurrection. Quant aux communistes, ils exigeaient un soulèvement précurseur afin de renforcer le parti du peuple et s'attribuer la plus grande part de l'action.

Sartre et Beauvoir, éloignés de la Résistance, ignoraient ce qui se tramait dans la clandestinité.

Sept jours avaient donc passé depuis leur retour à Paris. Au lieu de descendre à l'hôtel de la Louisiane, 60, rue de Seine, où ils avaient leurs chambres, ils logèrent quelques mètres plus loin à l'hôtel Welcome, au numéro 66 de la même rue, se complaisant au jeu qui les poussait à changer de domicile pour feindre d'être recherchés par l'ennemi.

Pendant cette première semaine, ils firent preuve d'une activité faite d'allées et venues, d'entretiens, de travail. Ils revirent leurs amis les plus proches et les plus utiles, s'entretinrent avec l'éditeur Gallimard de la parution des ouvrages qu'ils tenaient prêts et de la création d'une revue dont Sartre assumerait la direction. Ils escomptaient, après la libération de Paris, que tout reprendrait place et redeviendrait « comme avant ». Ils en débattaient entre eux avec une inépuisable vitalité et une jubilation intérieure comme s'ils présageaient que l'accès au théâtre du monde s'ouvrait à eux. Ce qu'ils appelaient « discuter ensemble notre route [1] ».

Cette agitation se limitait à leurs propres affaires. Aucune curiosité ne les poussait à parcourir Paris afin de prendre une vue plus large de la situation et de se mêler aux habitants avant l'arrivée des Alliés. Ils restaient confinés dans le cadre étroit de Saint-

1. *La Force de l'âge, op. cit.*

Germain-des-Prés et de ses parages où demeuraient la plupart de leurs relations. À partir de l'hôtel Welcome ou du café de Flore, leur itinéraire le plus fréquent empruntait les rues étroites qui menaient au quai des Grands-Augustins où demeurait Michel Leiris qui connaissait tant de gens qu'il semblait au courant des actions réelles ou supposées de la Résistance parisienne.

Comme Sartre et Beauvoir savaient que l'appartenance à la Résistance vaudrait prime à la Libération, ils resserrèrent encore leurs liens avec Albert Camus, revenu de la campagne où il s'était caché pendant plus d'un mois, et qui avait repris ses activités au journal *Combat*. Camus, lui aussi, cédait à la passion d'être parmi les gagneurs de l'après-guerre et de ceux qui régenteraient la vie intellectuelle. À les entendre tous trois, on avait l'impression qu'il leur suffirait de paraître pour remporter la victoire. Quelque chose de glacial perçait sous leurs propos sans qu'ils en fussent conscients, une volonté de domination les animait comme si, pour affirmer leur primauté, il leur suffisait de se hisser sur les effroyables souffrances endurées par l'humanité durant cette guerre et de déclarer simplement : « Nous voilà ! » Frappés par cette détermination, des témoins s'en souviennent encore aujourd'hui. Une alliance de fait existait entre Sartre et Camus bien que tous deux se fussent déjà jugés sans aménité.

Depuis son retour à Paris, Camus avait réintégré l'organisation de presse de *Combat* que son ancien protecteur, Pascal Pia, dirigeait toujours. Camus faisait fonction de rédacteur en chef. Il proposa à

Sartre de tenir pour le journal la chronique de la
libération de Paris qui serait publiée dès que *Combat*
pourrait paraître au grand jour, à moins que ce ne fût
Sartre, brûlant d'être du bon côté, qui ne lui en ait fait
la suggestion. Ce témoignage fut intitulé : « Un
promeneur dans Paris insurgé [1] ».

Dans son premier article, Sartre commença par
affirmer : « Je ne raconte que ce que j'ai vu. » Ce qui
était inexact. Simone de Beauvoir l'informait de ce
qu'elle avait appris ou entendu. Michel Leiris lui
communiquait aussi ce qu'il apprenait, et Sartre ne se
lassait pas d'interroger son entourage. La récolte était
abondante car pendant ces derniers jours de l'Occupation à Paris, tout le monde colportait des on-dit et
des anecdotes, chacun jurant qu'il l'avait vu de ses
yeux vu. Pour faire sa copie, Sartre rapporte ce qu'on
lui raconte sans toujours faire le tri, sans esprit
critique. On savait que la Résistance parisienne
possédait peu d'armes et rien que des armes légères :
pistolets, fusils, d'où le petit nombre de combattants à
l'origine, à peine 1 500 [2]. Prendre des armes à l'ennemi est la recette d'une insurrection. Les résistants
réussirent rarement, mais raflèrent des armes aux
Allemands surtout quand les combats s'achevèrent. Il
y eut des escarmouches mais point d'épopée. Sartre
qui répète ce qu'il entend dire autour de lui écrira :
« On connaît la consigne : assommer un Allemand et
lui prendre son revolver, avec le revolver conquérir un

1. *Combat*, 28 août au 4 septembre 1944. Ces articles furent repris dans une
série de témoignages sous le titre : *La Libération de Paris (19-26 août 1944)*,
Payot, 1945.
2. Au milieu du mois d'août, la Résistance détenait : 29 mines, 4 mitrailleuses, 20 fusils-mitrailleurs, 83 mitraillettes, 562 fusils, 825 revolvers, 192
grenades. Cité par Henri Michel dans *Paris résistant*, Albin Michel, 1982.

fusil, avec le fusil s'emparer d'une voiture, avec la voiture prendre une automitrailleuse ou un tank. Plus d'un en a souri parmi les incrédules de la Résistance. Et pourtant ce programme s'est réalisé point par point sous mes yeux. Un de mes amis s'est battu avec un mousqueton réquisitionné à un antiquaire.» On aimerait connaître le nom de l'ami et savoir comment il dénicha des munitions à l'usage de cette antiquité. Quant à l'histoire du mousqueton et de l'antiquaire, elle courait toutes les rues de Paris comme elle avait déjà couru les rues des villes de province libérées.

Sartre se promenait dans Paris beaucoup plus rarement qu'il ne l'écrivait. Les fenêtres de l'appartement de ses amis Leiris, donnant sur la Cité et sur les quais, lui servaient souvent d'observatoire à l'abri du danger. Il arrivait aussi que Simone de Beauvoir l'accompagnât, filant dans les rues, de préférence dans celles où il ne se passait rien si l'on compare leurs itinéraires avec le plan des combats. C'est ainsi qu'à une extrémité de la rue de Seine on apercevait le Sénat comme une grosse butte sculptée. Les Allemands y entretenaient une garnison. Des tirs violents y retentissaient par intermittence. On supposait que l'ennemi aménageait des môles de résistance, que ses armes étaient braquées dans toutes les directions et qu'il régnait là-bas un vacarme guerrier. Sartre, dont les parcours peu variés traversaient la rue de Seine, ne se hasarda jamais dans la zone réputée dangereuse du Sénat. Il resta ancré à Saint-Germain-des-Prés. S'il ne s'aventura pas du côté du Luxembourg ni de la Chambre des députés, pourtant à deux pas de son domicile, à plus forte raison n'alla-t-il pas du côté des Tuileries, de la Concorde, de l'Étoile et de la place de la République où le plus gros des actions de l'insurrection se produisait. Il ne se rendit pas davantage dans les quartiers populaires où les zones de combat étaient nombreuses et où surgirent la plupart des barricades. L'insurrection passa par-dessus sa tête sans qu'il en ait vu le déploiement.

Réduit à écrire ce qu'il entend dire puisqu'il a le chic de se trouver là où il ne se passe rien, Sartre, faute de faits et d'histoire vécue, nourrit ses articles destinés à *Combat* de considérations générales, de réflexions morales, de développements de remplissage. Il parle au passé et n'écrit pas au présent. Rien n'est saisi sur le vif ou dit avec spontanéité. Il emprunte à un style purement rédactionnel et non au ton évocateur du témoin. En cette période troublée où les passants s'adressent si volontiers la parole dans la rue, ce singulier promeneur ne parle à personne, ni au badaud ni au combattant. Il ne recueille aucun témoignage, ne rapporte pas de propos intéressants. On n'entend pas la voix de ses contemporains. Ce que Sartre publie n'est pas plus d'un témoin que d'un journaliste d'information, mais d'un écrivain habitué, cigarette aux lèvres, à écrire tranquillement dans son coin. Il y eut à Paris, réparties sur tout le territoire, environ 40 zones de combat[1]. Sartre n'en décrit aucune, il les évita toutes. On dénombrait 450 barricades, fragiles barrages contre les blindés mais pouvant perturber la circulation. Ces barricades représentent une tradition populaire, un recours à la portée de tous les civils où les femmes et les enfants

---

1. Carte des zones de combat et des barricades dressée par Adrien Dansette, *in La Libération de Paris*, Fayard, 1946.

font la chaîne. Elles se multiplièrent surtout dans les quartiers populaires, sur la rive droite de la Seine, au nord et à l'est de Paris, et sur la rive gauche à l'ouest. Sartre ne décrit aucune barricade et ne montre pas ceux qui les montèrent et y veillèrent. L'âme et l'esprit de ces journées de fièvre lui échappèrent.

Le bruit courait dans Paris que des envoyés de la Résistance étaient partis en messagers pour presser les armées alliées d'entrer à Paris. Avec son aplomb coutumier, Sartre affirmera : « J'ai vu les deux jeunes officiers qui partirent retrouver les armées alliées pour prier les chefs de hâter leur entrée dans la ville. » En réalité, il y eut un messager dépêché aux avant-postes alliés. Il trouva la mort sur le chemin du retour.

Les soubresauts de la libération de Paris durèrent sept jours. Une trêve intervint le deuxième jour ; elle ne fut pas respectée. Des combats dispersés reprirent, auxquels participèrent environ 3 000 Parisiens sur une population de 1 500 000 habitants. Pendant ces sept jours, Sartre, de son propre témoignage, s'était rendu fréquemment à la Comédie-Française en compagnie de l'auteur dramatique Armand Salacrou. Tous deux appartenaient au Front national du théâtre qui regroupait auteurs et gens de théâtre censés n'avoir pas pactisé avec l'ennemi alors que beaucoup s'étaient compromis. Un poste sanitaire était installé sous le péristyle du théâtre, devant l'entrée du public, et des croix rouges, mises en évidence, attiraient les regards. D'insolites infirmières en voiles blancs laissaient supposer qu'elles avaient décroché leurs vêtements dans les réserves de costumes du théâtre.

Les Parisiens craignaient que les Allemands n'opèrent des destructions massives. Des bruits alarmistes circulaient. Des égouts et les ponts seraient minés. La ville pourrait être soufflée.

Pourtant, dès le 23 août, quatre jours après le commencement des hostilités, les combats se raréfient. Devant la situation apparemment inextricable, le général von Choltitz, commandant du « Gross-Paris », menace de détruire les bâtiments publics.

Le 24, des éléments précurseurs de la 2e division blindée française, commandée par le général Leclerc, entrent dans Paris. Le 25, le gros de la division suit. Les Allemands capitulent. Paris est libéré.

De la fenêtre d'un hôtel, Sartre voit passer le général de Gaulle se rendant à l'Hôtel de Ville, et dont la population découvrait seulement le visage. Sur le grand balcon de l'édifice, de Gaulle se lança dans un fameux discours flamboyant par lequel, contre toute vérité historique, il prétendit que Paris était « libéré par lui-même, libéré par son peuple avec le concours des armées de la France, avec l'appui et le concours de la France tout entière, de la France qui se bat, de la seule France, de la vraie France, de la France éternelle ». Un discours qui ne mentionnait même pas les armées alliées sans lesquelles la France n'aurait pas été délivrée.

Sartre devait le comprendre. Une année plus tard, il écrivait : « Aujourd'hui, si vous ne proclamez pas que Paris s'est libéré lui-même, vous passez pour un ennemi du peuple. Pourtant, il semble évident que la ville n'aurait même pas pu songer à se soulever si les Alliés n'avaient pas été tout proches [1]. »

À l'exemple de toutes les villes de France, la

---

1. *Clartés*, 24 août 1945, dans *Les Écrits de Sartre, op. cit.*

libération de Paris s'accompagna d'une éclosion sou-
daine de résistants; il en sortait de partout. Tous
étaient méritants, voire héroïques. Aucun n'avait
failli. Les rangs de la Résistance grossissaient maintenant qu'elle était inutile. Nous avons mentionné qu'à
Paris environ 3 000 combattants s'opposèrent aux
Allemands; plusieurs centaines y laissèrent leur vie.
Mais ceux qui s'étaient promus sur le tard colonels,
commandants, capitaines ne pouvaient fonder leurs
grades sur rien ni donner du lustre à leurs galons.
Après l'épreuve, chacun dressa un état des effectifs,
accueillant tous ceux qui voulaient bien se présenter.
Au total, on inventa que 35 000 personnes avaient
combattu, presque l'équivalent de deux divisions.
Quelques mois après, quand les autorités décidèrent
d'homologuer ceux qui pouvaient faire acte de résistance, 123 000 personnes envoyèrent leurs dossiers.

Après la guerre, le ministère des Anciens Combattants reconnaîtra qu'il y eut à Paris pendant les
quatre années d'Occupation 29 817 résistants, soit, en
pourcentage annuel, 0,5 % de la population.

---

1. Chiffres cités par Henri Michel, *Paris résistant, op. cit.*

19.

Le nouvel Abélard
et la vieille Héloïse

N'étant pas sollicités par les exigences de l'Histoire,
Sartre et Simone de Beauvoir reçurent la libération de
Paris comme marquant la fin de l'Occupation, même
si l'Occupation se poursuivait dans d'autres régions
de France. Pour eux, elle sonnait aussi la fin de la
guerre, quoique la guerre dût durer encore dix mois
en Europe. Ils l'avaient traversée sans ébranlement
moral; ils saluèrent sa fin avant même qu'elle fût
achevée. Sartre affirma aussitôt sa présence. Quatre jours à
peine après la libération de Paris, il réussissait à faire
passer sur les ondes libérées de la radio appelée
Radiodiffusion de la nation française une adaptation
de sa nouvelle *Le Mur,* enregistrée avec le concours du
comédien Michel Vitold quelques jours avant son
départ pour Neuilly-sous-Clermont [1]. Dans la foulée,
il donna à la revue *La France libre,* parue à Londres
pendant la guerre sous l'autorité de Raymond Aron,
un article de circonstance traitant de *Paris sous
l'Occupation.*

La puissance et l'influence du parti communiste
après la Libération, ses succès, la fascination qu'il

1. *Combat,* 29 août 1944.

exerçait sur les intellectuels, les nombreux organes de presse qu'il contrôlait donnaient une âpreté et une vigueur particulières à son combat idéologique. En décembre 1944, pendant que la contre-offensive allemande dans les Ardennes belges menaçait par surprise le dispositif allié, Sartre fut attaqué par l'hebdomadaire communiste *Action* qui reprochait à l'existentialisme d'instaurer un dérivatif à la lutte de la classe ouvrière contre la bourgeoisie capitaliste. Sartre, lancé dans la politique, publia une mise au point qui fit dire à Paulhan à propos de cette « autodéfense » : « Il me semble qu'il triche un peu. Aussi qu'en le vulgarisant, il accentue le côté léger de l'existentialisme[1]. »

Le coup d'envoi était donné. Désormais, la polémique que livra Sartre connut un retentissement auprès d'un large public par son caractère de mode.

Sartre avait remis aux éditions Gallimard les deux premiers volumes de son roman *Les Chemins de la liberté*. Le premier volume, *L'Âge de raison*, fut imprimé avant même la fin de la guerre et parut avec le deuxième volume, *Le Sursis*, au lendemain de la capitulation sans condition de l'Allemagne, installant Sartre au premier rang des écrivains français. En même temps, paraissait le roman de Simone de Beauvoir, *Le Sang des autres*, dans lequel, fort habilement, elle parlait de la Résistance comme une personne qui y avait participé. Elle pourra mesurer la mise en condition d'une critique consentante qui salua la parution de ce roman médiocre avec force compliments, montrant de quel côté le vent soufflait.

---

1. Archives J. Paulhan, lettre à Joë Bousquet, décembre 1944.

À côté de ses inlassables activités littéraires, Sartre était présent dans l'action civique. Il appartenait à des organismes para-judiciaires chargés d'épurer les professions. Il était membre du Comité national du théâtre, du Comité national des écrivains, de la Commission consultative de l'édition. Il s'était même érigé en caution morale de la « Résistance intellectuelle ». Des écrivains accusés de collaboration, tel Jean Cocteau, songeaient à lui confier leur honneur, et Sartre, si habile pour lui-même, avait dit à propos de Cocteau qu'il avait « mal mené sa barque[1] ». René Delange, l'ancien directeur de *Comœdia*, savait qu'il pouvait compter sur Sartre pour le blanchir. Plus tard, quand Gaston Gallimard aura à répondre de son comportement d'éditeur pendant l'Occupation, Sartre témoignera en sa faveur en même temps qu'il témoignait pour lui-même :

« J'ai fait partie de la Commission d'Épuration des Éditeurs. Nous avons examiné le cas de la Maison Gallimard comme celui de tous les autres éditeurs, et nous n'avons rien trouvé à retenir contre lui. D'autre part, à titre privé, je tiens à dire que j'ai une profonde estime pour Gaston Gallimard qui est pour moi un ami. Je me suis fait éditer par lui *(L'Être et le Néant, Les Mouches)* pendant l'Occupation et je ne l'aurais pas fait si j'avais eu le moindre soupçon touchant son attitude vis-à-vis des Allemands ou de Vichy. J'estime que tout blâme qui serait porté contre la maison Gallimard atteindrait au même titre Aragon, Paulhan, Camus,

---

1. Jean Cocteau, *Journal 1942-1945, op. cit.*, p. 550.

Valéry et moi-même, bref tous les écrivains qui faisaient partie de la Résistance intellectuelle et qui se sont fait publier par lui[1]. »

Pour Sartre et Beauvoir, la Libération se passait sans à-coups, avec le sourire : « Cette victoire, écrira Simone de Beauvoir, effaçait nos anciennes défaites, elle était nôtre et l'avenir qu'elle ouvrait nous appartenait. Les gens au pouvoir, c'était des résistants que, plus ou moins directement, nous connaissions ; parmi les responsables de la presse et de la radio, nous comptions de nombreux amis : la politique était devenue une affaire de famille et nous comptions nous en mêler[2]. »

Trois semaines après la délivrance de Paris, le théâtre du Vieux-Colombier, reprit *Huis clos*. Ce fut la première générale dans un théâtre parisien depuis la Libération. À cette occasion Annet Badel, directeur du Vieux-Colombier, qui avait profité de l'Occupation, prit carrément le parti de proclamer qu'il avait été un résistant et il donna des faits une indécente mystification. Il reçut au Vieux-Colombier un journaliste du journal *Libération* qui écrivit : « Ici nous étions tous des résistants, nous dit le directeur du Vieux-Colombier. Le théâtre de la rive gauche est en effervescence Cependant que les machinistes remettent en place les décors de *Huis clos* enlevés il y a trois semaines, dans un coin obscur, Rouleau et Gaby Sylvia revoient une scène délicate de la pièce de J.-P. Sartre. Il y a dans l'air une atmosphère de joie.

« — Nous avons eu les pires ennuis avec *Huis clos*.

---

1. AN, Z 6, n.l., Gallimard 1550.
2. *La Force des choses, op. cit.*, p. 14.

La pièce a été autorisée par la censure allemande, puis interdite, puis à nouveau autorisée... Bref, le Vieux-Colombier était visé ! Inutile de vous dire nos angoisses. Si nous étions découverts, c'était pour tout le monde Compiègne... ou la rue Lauriston [1]. « Le directeur du Vieux-Colombier rit. Son rire est franc, clair, le rire d'un homme qui n'a plus à trembler...

« — Moi, cela m'était égal, mais il y avait Gaby, vous comprenez... Gaby Sylvia n'a jamais reculé devant aucune mission, même la plus périlleuse : à maintes reprises, elle avait transporté des armes soigneusement dissimulées dans la voiture de sa fille Catherine âgée de deux ans. Quelquefois, les revolvers et les fusils reposaient aux pieds mêmes de l'enfant sous une coquette couverture de satin rose... D'ailleurs, dans cette maison, tout le monde a travaillé pour la libération. Sartre et Vitold faisaient partie de la radio résistante. Raymond Rouleau était brancardier... Et je ne vous parle pas des machinistes, des électriciens et de tout le personnel du Vieux-Colombier. Alors, vous comprenez que nous sommes heureux d'être parmi les premiers à rouvrir les portes de ce théâtre libre dans un Paris libre [2]. »

Il était impossible de dissimuler que *Huis clos* avait été joué avec l'accord des autorités allemandes, et la presse, chaque jour, dénonçait des auteurs qui en avaient bénéficié. Pierre Bénard, un journaliste habile, acquis à Sartre qui confiait à sa femme des

---

1. Compiègne : camp d'internement, antichambre de la déportation.
   Rue Lauriston : des mercenaires français de la Gestapo torturaient juifs et résistants au 93 de la rue Lauriston.
2. *Libération*, 8 septembre 1944.

textes à dactylographier, trouva la formule : « *Huis clos* a été écrit avec courage pour un théâtre tout de même soumis aux lois de l'Occupation[1]. »

Notons que les critiques d'après la Libération qui rendaient compte de *Huis clos* n'avaient pas le professionnalisme ni le talent de nombreux critiques de l'Occupation. La plupart d'entre eux se révélèrent incapables d'en rapporter la substance, de l'intérioriser. Certains affectaient un vocabulaire plutôt qu'une pensée. Dans *Combat,* où écrivait Camus, dont on vantait la qualité de la rédaction, voici par quel pathos le critique Pierre Chapuis présenta *Huis clos* : « *Huis clos* est une scène de l'enfer. L'enfer n'est pas autre chose que l'indiscrétion. Celle de la connaissance qui ne serait pas si grave mais aussi l'insidieuse emprise de la connaissance qui s'acharne sur l'autrui, le ronge de l'intérieur. Dans un monde de lumière, le miroir qui vous renvoie votre sourire. Dans l'enfer qui est proprement un monde où l'on est voué " à se mirer au miroir d'une autre âme ", le monde de Lamartine effectivement vécu, le miroir qui plonge en autrui ramène à vous votre image essentielle, au lâche l'image du lâche, au méchant l'image du méchant. C'est pour un philosophe une tentation merveilleuse que de faire du théâtre. Nul n'y est plus propre en un sens que l'homme dont le rôle est de faire vivre par le langage, non des idées comme on croit, mais des réalités. Seulement, le danger est d'écrire des choses trop parfaites. Une pièce est une œuvre construite en commun par un auteur qui donne le texte et un public qui porte le texte par son émotion. Le pathétique de

---

1. *Front national,* 20 septembre 1944.

Huis clos est partie intégrante du texte, il vous est offert sur scène. Aussi la pièce se laisse-t-elle admirer et n'emporte pas. On n'est jamais emporté que par les événements auxquels on a part. Une scène le vérifie : la scène où les damnés tendent la main pour saisir leur vie, la vie où ils ont eu place, face au public qui vit. Alors l'émotion passe l'angoisse [1]. »

En même temps que le théâtre du Vieux-Colombier reprenait *Huis clos,* Sartre s'empressait de publier dans le premier numéro libre des *Lettres françaises* un article : « La République du silence ». Il avait attrapé au vol les propos des résistants sur le sentiment de liberté qu'ils avaient éprouvé à se mettre hors la loi, à œuvrer dans la clandestinité, à forger l'avenir, et qu'au fond jamais ils ne s'étaient sentis plus libres que pendant l'Occupation. Sartre fit sienne cette dernière formule et se pénétra de ce qu'il entendait : « Jamais nous n'avons été plus libres que sous l'Occupation allemande. Nous avions perdu tous nos droits et d'abord celui de parler ; on nous insultait en face chaque jour et il fallait nous taire ; on nous déportait en masse, comme travailleurs, comme Juifs, comme prisonniers politiques ; partout sur les murs, dans les journaux, sur l'écran nous retrouvions cet immonde et fade visage que nos oppresseurs voulaient nous donner de nous-mêmes : à cause de tout cela nous étions libres [2]. »

Cette obstination à se livrer à ses fantasmes d'héroïsme, Sartre la maintiendra toute sa vie et, dès qu'il en aura l'occasion, il cédera au besoin de travestir la

---

1. *Combat,* 20 septembre 1944.
2. *Les Lettres françaises,* 9 septembre 1944, n° 20.

vérité et de s'attribuer des prouesses imaginaires. Dix-huit ans après la libération de Paris, quand il adhéra à la Société des gens de lettres, il remplit une fiche biographique dans laquelle il nota à la rubrique « guerre » : « Prend une part active à la résistance et aux barricades de Paris[1]. »

À la Libération, cette supposée participation à la Résistance lui conféra une autorité incomparable, notamment auprès de la jeunesse.

Devant la persévérance de Sartre à s'enferrer, l'auteur de ce livre rendit visite à Henri Noguères, historien de la Résistance dont l'œuvre maîtresse est la référence incontournable. Me faisant l'avocat du diable, je lui dis :

« Pourquoi le nom de Sartre ne figure-t-il même pas dans votre ouvrage ?

— Parce que Sartre n'a jamais été un résistant.

— En cherchant bien, ne peut-on trouver au moins un petit fait, un petit quelque chose à mettre à son actif ?

— Non !

— Cherchez quand même ! » insistai-je.

Henri Noguères m'écrivit quinze jours plus tard :

« Je maintiens qu'en une vingtaine d'années consacrées à des recherches et à des travaux sur l'histoire de la Résistance en France, je n'ai jamais rencontré Sartre ou Beauvoir[2]. »

À défaut d'avoir été l'un des acteurs de cette période, Sartre aurait pu en être l'un des témoins. Il avait vécu une époque qui n'aura existé qu'une fois et

---

1. AN, Archives Société des gens de lettres, 454 AP 384.
2. Henri Noguères, lettre à l'auteur, 1er février 1989. Et Henri Noguères, *Histoire de la Résistance, op. cit.*, 5 vol.

qui ne s'était jamais vue. Il pouvait étudier les phénomènes qui avaient produit le nazisme et sa haine homicide et tenter d'expliquer comment une telle monstruosité, génératrice de déchéance humaine, avait pu séduire l'Allemagne d'abord — et tant de foules étrangères de par le monde —, qui avait librement choisi de se rallier à un régime dont elle connaissait les thèses bestiales constamment vociférées. Un homme de savoir tel que Sartre pouvait-il traverser l'Histoire sans même la prendre en compte ? C'est pourtant ce qui se produisit. Jamais Sartre ne saisira sa plume pour parler du fait majeur de la Seconde Guerre mondiale · le génocide des juifs, et d'une façon plus générale la politique d'extermination d'État appliquée à tous ceux que le IIIe Reich jugeait indésirables. Il n'étudia pas davantage le comportement de l'Église dont les acquiescements et les silences avaient contribué à rendre l'ère hitlérienne possible et qui avait renié le fondement de l'Évangile : « Aime ton prochain comme toi-même. » Sartre se révéla inapte à éclairer ses contemporains sur cette époque de terreur et de reniement absolus. Il n'en éprouvait pas la nécessité salutaire ; sans doute ne pensait-il même pas que la connaissance du passé est un avertissement pour l'avenir et que la mémoire est associée à l'Histoire. Il rejeta l'attitude philosophique qui requiert de l'homme qu'il s'enrichisse et s'éduque en étudiant les grandes expériences de l'humanité. En ce qui les concerne, lui et Beauvoir, le monde politique ne prenait date qu'au moment où ils allaient y figurer, étalant dans les sombres visées du stalinisme de l'après-guerre leur pédante ignorance.

Albert Camus, tributaire d'un langage insuffisant,

imita Sartre et ne consacra pas d'ouvrage aux événements qui avaient menacé la survie de l'humanité

Comment allaient se comporter les grands anciens qui étaient, chacun à sa manière, les témoins de ce siècle?
Ce fut le silence.
Paul Valéry, lui seul, aurait été capable de pénétrer au fond de cette monstruosité et de la restituer en formulant les données de manière intelligible, grâce à sa pénétration d'esprit, à sa sensibilité qui lui permettaient de réagir au plus haut degré de l'intelligence par une écriture d'une clarté définitive et d'une densité limpide. Lui seul, parmi les écrivains contemporains, eût été en mesure d'exprimer « l'attitude centrale » par laquelle le génocide et l'horreur absolue avaient été rendus possibles. Il devait mourir quelques semaines après la fin de la guerre.
Écrivain de charme, partisan de l'esthétisme pur, André Gide avait des coquetteries qui exprimaient son égocentrisme, son refus de s'ouvrir à la souffrance humaine dès qu'elle sortait de sa sphère habituelle de lamento. Il cherchait à inscrire son œuvre dans la durée qu'il voulait préserver de l'irruption de l'actualité jugée éphémère. « L'art opère dans l'éternel et s'avilit en cherchant à servir fût-ce les plus nobles causes[1] », écrivait-il. Il repoussait les œuvres ne visant qu'à l'efficacité immédiate. Pas plus que Sartre, il ne témoignera et il ne consacrera même pas un paragraphe aux victimes du nazisme.
Paul Claudel, ce bûcheron de la prose, ne destina

1. André Gide, *Journal*, 19 janvier 1948.

pas un article à la tragédie. Comme ses pairs, entièrement voué à lui-même, égoïste devant la mort qui s'approchait, il resta muet. Il se déchargeait sur Dieu qui voit et sait tout. Le cas de François Mauriac est significatif. Avant la guerre, dans un article intitulé « M. François Mauriac et la liberté », Sartre avait révoqué en doute le talent de romancier de François Mauriac et celui-ci se retrouvait face à face avec une génération d'écrivains qui ne le ménageait pas. Pendant l'Occupation, François Mauriac appartint à la « Résistance intellectuelle » en adhérant au Comité national des écrivains. Cette appartenance ne l'avait pas empêché de publier un livre et même de le dédicacer étourdiment au Sonderführer Heller, protecteur du Reich des lettres françaises. Il avait également relancé en vain la Comédie-Française pour qu'elle reprenne sa pièce *Asmodée* et crée *Les Mal-Aimés*. Ce double échec permettra à François Mauriac de déclarer à la Libération que lui, au moins, pendant l'Occupation, il n'avait pas forfait à l'honneur en donnant à jouer des pièces de théâtre. Cédant à la propension de croire que tout péché avoué est pardonné, il écrivait à Paulhan durant le conflit : « Je sais comme vous que la seule chance de réussite serait le silence absolu, mais est-ce possible [1] ? » Et quelques mois plus tard, il confiera au même en un curieux langage : « Bien que les éditeurs n'ont que continuer à vivre qu'en mettant les pouces — mais en acceptant leur argent (ce qui est mon cas) nous avons été peu ou prou leurs com-

---

1. Archives J. Paulhan, lettre de François Mauriac, novembre 1942.

plices [1]. » Après la guerre, devant la révélation de l'ampleur des crimes contre l'humanité, usant d'un mot facile, il déclarera : « Il faut pardonner. » Le pardon ! Cela facilitait ses affaires et lui conférait une stature de bon chrétien à laquelle se rallia un public nombreux. Comme les autres, il observa le silence. Des écrivains tels que Georges Duhamel, Jules Romains, Roger Martin du Gard qui, avant la guerre, jouissaient d'une renommée mondiale se retrouvaient, après les événements, auteurs d'œuvres que l'air du temps avait rendues caduques ; la plupart des livres vieillissent plus vite que les hommes. Eux aussi, ils se turent.

On attendait André Malraux, escorté de sa réputation éclatante d'homme qui ne peut vivre que dans les bouillonnements de l'Histoire. Il vint, et se produisit après la Libération de Paris en uniforme de colonel, doté d'un pseudonyme qu'il voulait déjà légendaire : colonel Berger.

Malraux avait retardé jusqu'au printemps 1944 sa participation à la Résistance. « L'imminence des grandes opérations décisives a contribué très certainement à lui faire prendre cette grave résolution : pour qui voulait " en être " et surtout " en avoir été ", il n'était que temps [2]. » Par relations et par l'intermédiaire de ses deux frères, Malraux, résistant de la onzième heure, réussit à se mettre en rapport avec des groupes de maquisards du Lot. Animé d'un extraordinaire aplomb, il laisse entendre qu'il est un officier « interallié », et il installe son poste de commande-

---

1. Archives J. Paulhan, lettre de François Mauriac, mars 1943.
2. Henri Noguères, *Histoire de la Résistance, op. cit.*, tome V, p. 308.

ment parmi les maquisards en s'accordant cinq galons. Il se prétend investi d'une « mission qui correspond d'autant plus à ce qu'il souhaite qu'il n'a laissé à personne d'autre le soin de la définir[1] ». Comme il faut pourtant être explicite, « Malraux aura l'habileté de laisser croire à chacun des groupes se réclamant d'une des hiérarchies en présence qu'il appartient à un autre[2] ». Colonel sans troupe, Malraux est rejeté de partout par les chefs de maquis de Corrèze et du Tarn. Va pour la Dordogne ! Il réussira à y être pris au sérieux. À un retour d' « inspection », la voiture qui le ramène avec trois compagnons tombe dans une embuscade allemande à Gramat. L'un d'eux est tué ; les deux autres, quoique sérieusement blessés, réussissent à fuir. Malraux, légèrement touché aux jambes, ne bouge pas. Au lieu d'être fusillé, il est transféré à Toulouse et enfermé pendant près d'un mois à la prison Saint-Michel jusqu'à la libération de la ville. Il n'eut point à souffrir. Devant l'étonnement que provoqua sa réapparition, Malraux affirma que les Allemands n'avaient pas osé le toucher parce qu'il avait revendiqué la qualité de « chef militaire de la région », ce qui aurait dû lui valoir, au contraire, un traitement extrêmement dur, voire une exécution. Les recherches qui ont été effectuées laissent présumer que Malraux avait avoué sa véritable identité, ce qui le transformait en précieux captif dont la liberté pouvait être monnayée. L'enquête entreprise après la Libération fit ressortir sur les comptes du trésorier-payeur de la Dordogne le

1. *Ibid.*, p. 309.
2. *Ibid.*

libellé suivant : « Versé pour la libération du colonel Berger : 4 000 000 [1]. »

À peine libre, Malraux posa au héros, s'attribuant de hauts faits, et il se mêla aux courants qui agitaient la Résistance. Des Alsaciens et des Lorrains étaient repliés dans le Sud-Ouest. L'idée leur vint de former une brigade de 2 000 hommes qui porterait le nom d'Alsace-Lorraine. Malraux affirma qu'il était délégué par le haut-commandement militaire et se fit élire à la tête de la brigade. Elle fut engagée en de dures batailles, surtout dans les Vosges, et subit des pertes nombreuses.

Malraux abandonnait souvent son commandement pour venir s'exhiber à Paris en uniforme de colonel, prenant les mines extraordinaires d'un Bonaparte entre deux campagnes et se faisant présenter au général de Gaulle qu'il réussit à séduire et qui le nomma compagnon de la Libération et en fit un ministre de l'Information. Encensé, fêté, il y avait quelque chose de si honteusement fabriqué dans les hommages que Malraux se faisait rendre qu'on se demandait comment il n'en était pas dégoûté. Il réussissait à suggérer aux autres ce qu'il voulait qu'on dise de lui. Or, on disait qu'il était un chantre de la fraternité et de l'abîme, que son œuvre était une expérience vécue, que nul plus que lui n'avait payé de sa personne, qu'il était par excellence un témoin et un acteur de son temps. Allait-il rendre compte de la tragédie nazie, de l'extermination des innocents ? On attendait de lui un mot, une ligne, un livre sur la

---

1. Henri Noguères, *op. cit.*, pp. 306-314. Cette relation de l'action d'André Malraux dans la Résistance fut publiée de son vivant. Ni lui ni personne ne vint la contester.

Solution finale et l'ère nazie. Il observa un silence de plomb.

Tous ces écrivains étaient tellement dominés par l'Histoire et passaient si bas par-dessous qu'ils n'en étaient même pas pénétrés, à moins que l'énormité de la tragédie ne dépassât leurs facultés d'expression. Ce fut la démission des élites françaises, un silence complice des horreurs récentes et qui ne fut même pas troublé.

Sartre et Beauvoir restèrent muets en démocratie comme ils l'avaient été sous la dictature. Le célèbre anathème de Sartre : « L'écrivain est en situation dans son époque : chaque parole a son retentissement, chaque silence aussi. Je tiens Flaubert et Goncourt pour responsables de la répression qui suivit la Commune car ils n'ont pas écrit une ligne pour l'empêcher [1] » se retournait contre lui. Il n'avait pas écrit une ligne pendant l'Occupation pour empêcher la persécution des juifs, même dans des journaux clandestins de la Résistance. Il y avait même eu complicité de fait quand, par exemple, il avait accepté que *Les Mouches* et *Huis clos* soient joués dans des salles où la présence des juifs était interdite.

Sartre et Beauvoir, qui prêchaient l'engagement, s'étaient désengagés du monde contemporain, plus sensibles aux idées qu'aux faits, et ils ne surent pas le comprendre. D'où les erreurs en cascades qu'ils commirent après la guerre quand ils voulurent parler de luttes ouvrières, de communisme et de révolution. Ils étaient hors d'état, par ignorance de l'Histoire, de faire comprendre à leur public qu'entre le nazisme

---

1. Sartre, « Présentation des *Temps modernes* », p. 13, *Situations II*.

vaincu mais persistant et le communisme victorieux et agissant, l'Europe continuait à sombrer dans le crime.

Sous l'influence de la guerre, il résulta qu'à la Libération, *L'Être et le Néant* fut l'une des œuvres de Sartre qu'on citait le plus volontiers, ce qui explique le succès de notoriété de cet ouvrage abscons que presque personne ne lut. Le titre prêtait à confusion. Le public crut que l'être, c'était l'homme et le néant la mort. Une telle interprétation correspondait aux obsessions de l'époque : par suite de la guerre l'homme était la grande question et la mort la grande réponse. Presque tout le monde crut que le titre signifiait « L'homme devant la mort ».

Ce public allait bientôt former les gros bataillons de Saint-Germain-des-Prés et se goberger du nouveau vocable d'existentialisme. À l'heure de la libération de Paris, Saint-Germain-des-Prés appartenait encore à ses habitués. Tout au plus, le quadrilatère formé par le café de Flore, les Deux-Magots, Lipp et le café du Pont-Royal s'étoffait-il de nouveaux venus, jeunes pour la plupart, à l'affût des dernières trouvailles que Paris sait offrir. Sartre et Beauvoir se montraient sur ces portions de trottoirs qui, un an plus tard, deviendraient le nouveau continent de l'intelligentsia, une farce hissée au rang d'un mythe grâce à la presse populaire, et notamment *Samedi-Soir*, qui les rendit célèbres du jour au lendemain par des reportages fracassants. Cependant, Sartre et Beauvoir étaient déjà des figures parisiennes et se mêlaient à la vie mondaine. Le Paris de la Libération était aussi dépourvu que le Paris de l'Occupation, mais la richesse s'affichait. La disparition des Allemands et l'intrusion brutale de la politique ranimèrent les querelles partisanes, recomposant les classes sociales en blocs antagonistes. Les lieux de plaisir ne désemplissaient pas alors que les classes populaires, reléguées au fond des quartiers excentrés et vétustes, ne se montraient guère la nuit dans les secteurs où l'on s'amusait. Pourtant, la vieille France était toujours à l'œuvre. La Libération, l'irruption du monde libre ne concouraient guère à l'émancipation des mœurs qui demeuraient rigides. La virginité des jeunes filles restait une valeur sûre et la sexualité un chapitre honteux dont on ne parlait pas. Certains jeunes gens de la bourgeoisie regrettaient les surprises-parties du temps de l'Occupation, quand les coupures de courant contribuaient aux rapprochements amoureux.

L'existentialisme n'était pas encore une mode. Sartre régnait déjà sans atteindre à la célébrité qui sera bientôt la sienne, tout en travaillant d'arrache-pied à instaurer une hégémonie culturelle. Pour la première fois depuis le Moyen Âge, des philosophes allaient tenter de régir la vie intellectuelle française et créer de puissants réseaux d'influence. À côté de Sartre et de Beauvoir figuraient, pendant le premier stade de la conquête, Maurice Merleau-Ponty, Raymond Aron, Albert Camus qui se prenait pour un philosophe. Une confiance limitée les réunissait. Sartre était suspect aux autres. Sa méthode était connue. « À n'en pas douter, il saisissait au vol les idées qui passaient à sa portée. Merleau-Ponty me confia vers 1945 qu'il se gardait de lui communiquer les siennes [1]. » Sartre était l'écrivain, le philosophe, le dramaturge dont on parlait. Il allait créer une revue : *Les Temps modernes*, destinée à égaler le rayonnement de la *Nouvelle Revue française* d'avant-guerre. Qu'il fît jouer des pièces et écrivît des scénarios de films, ces activités suscitaient autour de lui un concours de jeunes femmes prêtes aux dernières faveurs pour obtenir un rôle ou être au mieux avec l'homme célèbre. De ce point de vue, il triomphait et avait vaincu sa laideur. La formule qu'il lançait comme un défi à ses amis Morel, à La Pouèze, se concrétisait : les femmes lui tombaient sur la bouche. Sous peu, ses qualités d'orateur lui vaudront des succès enflammés dans des salles combles où l'on écouterait ses subtiles digressions sur l'existentialisme et l'engagement, ses appels à la liberté, tel Abélard, adulé des femmes, qui neuf siècles plus tôt drainait une foule enthousiaste à ses cours sur la montagne Sainte-Geneviève où il parlait d'essence, de substance et incitait ses auditeurs à la recherche de la vérité.

Quant à Simone de Beauvoir, Héloïse vieillissante, chargée de labeur, elle avait toujours un regard tendre sur son vieux compagnon avec qui elle entretenait un rapport d'égalité. Mais ses yeux et son coin de lèvres s'accordaient en un sourire quand venait s'asseoir près d'elle une jeune fille ou un jeune homme.

---

1. Raymond Aron, *Mémoires*, Julliard, 1983, p. 36.
Merleau-Ponty avait écrit pendant l'Occupation un article favorable aux *Mouches* dans *Confluences*, 1943, n° 25.

Sources

L'auteur a consulté les Archives nationales, les archives du Service historique de l'armée de Terre, les archives du Rectorat de Paris, celles de la bibliothèque de l'Arsenal, les archives de l'Éducation nationale, et d'autres encore, publiques et privées — telles les archives de Jean Paulhan —, dont les cotes et les références figurent en bas de page dans le corps du livre et que le lecteur a déjà lues. Des dérogations lui ont été généreusement accordées.

Il a recueilli un certain nombre de témoignages et d'informations dont l'origine figure également en lieu et place. Il a opéré une sélection sévère. C'est ainsi qu'à peine la moitié des témoignages a été utilisée.

Ce sont les archives et les sources privées qui constituent l'apport majeur à cet ouvrage.

En ce qui concerne les livres, dont la plupart sont déjà cités en note, le lecteur se reportera à la liste bibliographique ci-dessous.

Il ne s'agit pas de donner ici la nomenclature des livres de Jean-Paul Sartre et de Simone de Beauvoir, mais d'énumérer ceux qui couvrent plus particulièrement la période concernée par le présent ouvrage.

Œuvres de Jean-Paul SARTRE :

La Nausée, Gallimard, 1938.
Le Mur, Gallimard, 1939.
L'Imagination, Presses universitaires de France, 1936.

La Transcendance de l'Ego, Vrin, 1937.

Esquisse d'une théorie des émotions, Hermann, 1965.

Bariona, cf. *Les Écrits de Sartre,* Gallimard, 1970.

L'Être et le Néant, Gallimard, 1943.

Les Mouches, Gallimard, 1943.

Huis clos, Gallimard, 1944.

Les Chemins de la liberté, tome I : *L'Âge de raison,* Gallimard, 1945.

Les Chemins de la liberté, tome II : *Le Sursis,* Gallimard, 1946.

Les Chemins de la liberté, tome III : *La Mort dans l'âme,* Gallimard, 1949.

Les Mots, Gallimard, 1964.

Situations, Tomes I à X, Gallimard.

L'existentialisme est un humanisme, Nagel, 1946.

Un théâtre de situations, textes choisis et présentés par M. Contat et M. Rybalka, Gallimard, 1973.

Lettres au Castor et à quelques autres, Gallimard, 1983.

Les Carnets de la Drôle de Guerre, Gallimard, 1983.

Œuvres de Simone de BEAUVOIR :

Mémoires d'une jeune fille rangée, Gallimard, 1958.

La Force de l'âge, Gallimard, 1960.

La Force des choses, Gallimard, 1963.

L'Invitée, Gallimard, 1943.

Pyrrhus et Cinéas, Gallimard, 1944.

Le Sang des autres, Gallimard, 1945.

Tous les hommes sont mortels, Gallimard, 1946.

La Cérémonie des adieux, Entretiens avec Jean-Paul Sartre, Gallimard, 1981.

Lettres à Sartre, Gallimard, 1990.

Journal de guerre, Gallimard, 1990.

AMOUROUX, Henri, *La Grande Histoire des Français sous l'Occupation. Joies et douleurs du peuple libéré, 6 juin-1ᵉʳ septembre 1944,* Robert Laffont, 1988.

ARON, Raymond, *Mémoires,* Julliard, 1983.

AUDRY, Colette, *La Statue*, Gallimard, 1983.

BARRAULT, Jean-Louis, *Souvenirs pour demain*, Le Seuil, 1972.

BATAILLE, Georges, *Œuvres complètes*, tome II, Gallimard, 1973.

BUCHET, Edmond, *Les Auteurs de ma vie*, Buchet-Chastel, 1969.

Cahiers André Gide, n° 6, *Les Cahiers de la Petite Dame, 1937-1945*, Gallimard, 1975.

CAMUS, Albert, *Essais*, La Pléiade, 1984.

CAMUS, Albert, *Théâtre, récits, nouvelles*, La Pléiade, 1985.

CARDÍNE-PETIT, Robert, *Les Secrets de la Comédie-Française*, Nouvelles Éditions Latines, 1958.

COCTEAU, Jean, *Journal 1942-1945*, Gallimard, 1989.

COHEN-SOLAL, Annie, *Sartre 1905-1980*, Gallimard, 1985.

CONTAT, Michel, RYBALKA, Michel, *Les Écrits de Sartre*, Gallimard, 1970.

DANSETTE, Adrien, *La Libération de Paris*, Fayard, 1946.

DELARUE, Jacques, *Histoire de la Gestapo*, Fayard, 1963.

DUX, Pierre, *Vive le théâtre*, Stock, 1984.

FABRE-LUCE, Alfred, *Journal de la France*, Fayard, 1969.

FOUCHÉ, Pascal, *L'Édition française sous l'Occupation*, Université Paris VII, 1987.

FRANCIS, Claude, GONTIER, Fernande, *Les Écrits de Simone de Beauvoir*, Gallimard, 1979.

GALSTER, Ingrid, *Le Théâtre de Jean-Paul Sartre*, J.-M. Place, 1986.

GUÉHENNO, Jean, *Journal des années noires*, Gallimard, 1947.

GERASSI, John, *Jean-Paul Sartre Hated Conscience of his Century*, Chicago University Press, 1989.

GIDE, André, *Journal 1939-1949*, La Pléiade, 1972.

HELLER, Gerhard, *Un Allemand à Paris*, Le Seuil, 1981.

Histoire générale de la presse française, vol. IV, Presses Universitaires de France, 1975.

HUGO, Victor, *Histoire d'un crime*.

JOSSE, Raymond, *Naissance de la résistance étudiante à Paris*, dans *Histoire de la Deuxième Guerre mondiale*, 1962.

JÜNGER, Ernst, *Second Journal parisien*, Bourgois, 1980.

KLARSFELD, Serge, *Le Mémorial de la déportation des juifs de France*, 1978.

LEIRIS, Michel, *L'Afrique fantôme*, Gallimard, 1934.

Leiris, Michel, *L'Âge d'homme*, Gallimard, 1946.

Le Boterf, Hervé, *La Vie parisienne sous l'Occupation*, France-Empire, 1974.

La Libération de Paris 19-26 août 1944, Payot, 1946.

Loiseaux, Gérard, *La Littérature de la défaite et de la collaboration*, éditions de la Sorbonne, 1984.

Lord, James, *Giacometti*, Faber and Faber, Londres, 1986.

Michel, Henri, *Paris résistant*, Albin Michel, 1982.

Nadeau, Maurice, *Grâces leur soient rendues*, Albin Michel, 1990.

Noguères, Henri, *Histoire de la Résistance*, Robert Laffont, 5 volumes.

Perrin, Marius, *Avec Sartre au stalag XII D*, Delage, 1980.

Rapport du Comité international de la Croix-Rouge pendant la Seconde Guerre mondiale, vol. II, Genève, 1948.

Rougeron, Georges, *Le Département de l'Allier sous l'État français*, Imprimerie Typo-Centre, Montluçon, 1969.

Schwarzer, Alice, *Simone de Beauvoir aujourd'hui*, Mercure de France, 1984.

L'auteur a dépouillé la presse parisienne de l'Occupation et celle de la Libération. Il donne ici la liste des journaux auxquels il a emprunté des citations et qui figurent en note dans le texte .

Aujourd'hui, Au Pilori, Ce soir, Combat, Comœdia, La France socialiste, Front national, La Gerbe, Germinal, Les Lettres françaises, Libération, Le Matin, Les Nouveaux Temps, L'Œuvre, Panorama, Paris-Midi, Paris-Soir, Le Parisien libéré, Le Petit Parisien, Je suis partout, Le Populaire, La Semaine à Paris.

Table

*La composition de ce livre
a été effectuée par l'imprimerie Bussière,
l'impression et le brochage ont été effectués
sur presse CAMERON
dans les ateliers de la S.E.P.C. à Saint-Amand-Montrond (Cher)
pour les éditions Albin Michel*

*Achevé d'imprimer en août 1991.
N° d'édition : 11810. N° d'impression : 2062-1571.
Dépôt légal : septembre 1991.*